근대 장애인사

이 저서는 2014년도 대한민국 교육부와 한국학중앙연구원(한국학진흥사업단)을 통해 창의 연구지원 시범사업의 지원을 받아 수행된 연구임(AKS-2014-ORS-1120006).

근대 장애인사

정창권 지음

사우

| 머리말 |

일제강점기 장애인 소외의 역사

어린 시절 필자에게는 '넙수'(본명 김낙형)라는 지적장애 친구가 있었다. 둘은 가끔씩 우리 집 마당에서 복싱 대결을 벌이곤 했는데, 웬만한 동네 형들도 이기던 나였지만 그 친구와의 대결에선 매번 지거나 기권하고 말았다. 아무리 쳐도 그 친구는 결코 쓰러지거나 물러서는 법이 없었기 때문이다. 하지만 이후 필자가 대학에 다니던 시절, 그 친구는 집을 나가 객지를 떠돌다가 한 정신병원에 갇히게 되었다. 그 친구 아버지의 말에 따르면 그곳에서 맞아 죽었다고 한다. 지금도 가끔 그 친구를 생각할 때마다 한없이 미안한 마음이 들곤 한다.

고등학교 2학년 시절, 필자는 한 장애인 시설에서 중증장애인, 정신장애인, 지적장애인 등과 함께 생활한 적이 있었다. 하루는 원장님이 급히 부르기에 가보니, 같이 공부하던 모 대학 국문과 1학년 형도 마루에 앉아 있었다. 그날은 밤새 비가 내리다가 새벽녘에 그친 상태였다. 원장님은 멀리 펼쳐진 들판을 바라보면서 먼저 그 대학생 형에게 물었다.

"자네는 비 온 뒤엔 뭐가 생각나는가?"

"비가 오면 학교 가는 길이 진흙탕이 되어 저의 흰 운동화가 붉게 물들까 걱정됩니다."

원장님은 다시 필자에게 물었다.

"그럼 자네는 뭐가 생각나는가?"

"세상이 온통 맑게 변하여 제 마음마저 맑아집니다."

원장님은 갑자기 자리에서 일어나 방 안에서 고서(古書) 한 권을 가지고 와서는 필자에게 건네주며 말했다.

"자네는 이곳에 있을 사람이 아닌 듯하네. 지금 당장 짐을 챙겨 집으로 돌아가게. 밖에 나가 열심히 공부해서 꼭 대학에 들어가 자네처럼 어렵게 살아가는 사람들이나, 여기 있는 장애인들처럼 소외된 사람들의 이야기를 글로 써서 세상에 알리는 일을 해주게. 약속을 꼭 지켜주길 바라는 마음으로 이 책을 자네에게 주는 거라네."

그 책은 구한말경에 출판된 신약성서 가운데 4복음서(마태, 마가, 누가, 요한)를 묶은 것으로, 지금은 필자의 청소년 시절 선생님이었던 김영산 목사님이 소장하고 있다.

이것이 바로 필자가 장애인사를 연구하게 된 계기다. 필자가 장애인사 관련 강연이나 방송에 나갈 때면 "선생님은 비장애인이면서 어떻게 장애인사를 연구할 생각을 하셨나요?"라는 질문을 자주 받곤 하는데, 실은 그때 원장님과 했던 약속을 지키고 싶었던 마음이 크게 작용했던 듯하다.

실제로 필자는 박사학위를 받은 후 비정규직 교수이자 저술가로서의 길을 걸어왔다. 특히 여성사, 장애인사, 기타 하층민사 등 역사 속 소외계층을 주로 연구해왔다. 그 가운데 장애인사에 대해서만 간략히 살펴보면, 『세상에 버릴 사람은 아무도 없다』(2005)에서는 고대부터 조선시대까지의 장애인 복지정책과 각 유형별 장애인사를 개괄적으로 검토했고,

『역사 속 장애인은 어떻게 살았을까』(2011)에서는 그 시기의 다양한 장애인사를 사료와 함께 그야말로 실증적으로 보여주었다. 또 공저인 『한국 장애인사』(2014)에서는 당시 유명한 장애 인물들을 평전 형식으로 서술했다.

그런데 막상 장애인사를 연구하다 보니, 역사는 때로 후퇴할 수도 있다는 사실을 알게 되었다. 과거 장애인의 역사가 지금까지 우리가 알고 있던 것과는 사뭇 달랐던 것이다. 조선시대만 해도 장애인에 대한 복지정책과 사회적 인식은 대단히 선진적이었다. 당시 장애인은 다른 사람들과 더불어 스스럼없이 살아갔고, 장애인에 대한 사회적 편견도 훨씬 덜했다. 예컨대 양반층의 경우 과거시험을 치러 정1품 정승의 높은 벼슬에까지 오를 수 있었다. 즉 조선시대 장애인은 단지 몸이 불편한 사람일 뿐, 그 이상도 이하도 아니었다.

하지만 근대, 특히 일제강점기에 이르러 장애인의 삶은 크게 위축되었다. 일제강점기엔 근대화, 산업화, 식민지 상황으로 인해 장애인의 수가 급증한 반면 그들을 위한 복지정책은 거의 시행되지 않았다. 또 장애에 대한 사회적 인식도 매우 부정적으로 바뀌어서, 이제 장애인은 동정과 비유의 대상을 넘어 놀림과 학대, 배제의 대상이 되었다. 그 결과 장애인들은 자신의 처지를 비관하여 극단적인 경우 스스로 목숨을 끊기도 했다. 이렇게 근대는 장애가 하나의 '낙인', 즉 사회적 질곡이 되고, 지금과 같은 편견과 차별, 배제로서의 장애인사가 본격적으로 형성되던 시기였다. 다시 말해 현대의 장애 문제는 조선시대가 아닌 근대 이후에 비롯된 것이고, 그것도 우리나라 자체가 아닌 외부로부터 이입된 현상이었다는 점이다.

이 책을 쓴 목적은 바로 여기에 있다. 개화기에서 일제강점기에 이르는 근대 장애인사가 과연 어떠했는지 그 실체를 파악하고자 한 것이다. 예컨대 근대 장애인 복지정책에서 각 유형별 장애인 생활상, 근대의 장애 인물들까지 집중적으로 분석해보고자 했다. 특히 시각장애인, 청각·언어장애인, 지체장애인, 안면장애인, 뇌전증, 정신장애인, 지적장애인, 성기능 장애인, 기형아, 한센인, 장애 여성, 장애 일본인 등을 포함한 당시 거의 모든 장애인사를 종합적으로 살펴보는 한편, 관찬사료와 신문·잡지, 문학작품, 일기·문집류, 외국인 견문록 등을 토대로 아주 미시적으로 살펴보고자 했다.

이 책을 통해 현재 우리가 겪고 있는 장애 문제의 본격적인 형성기인 '근대 장애인사'의 실체를 명확히 파악할 뿐 아니라, 그러한 암흑기 속에서도 굴하지 않고 의병·독립운동가, 교육자, 예술가 등 다양한 분야에서 뛰어난 업적을 이루었던 한국 장애인사의 저력을 다시금 확인할 수 있었으면 한다.

끝으로 이 책을 쓰는 데에도 많은 분들의 도움을 받았다. 무엇보다 2년 6개월 동안 물심양면으로 지원해준 교육부와 한국학중앙연구원 한국학진흥사업단의 관계자 분들에게 깊이 감사드린다. 또 신문자료의 해제 작업에 도움을 준 토요일 모임의 식구들(윤종선, 노혜진, 박현정, 윤태근, 허지이)에게도 다시 한 번 감사의 마음을 전한다.

2019년 4월

태정(泰井) 정창권

차례

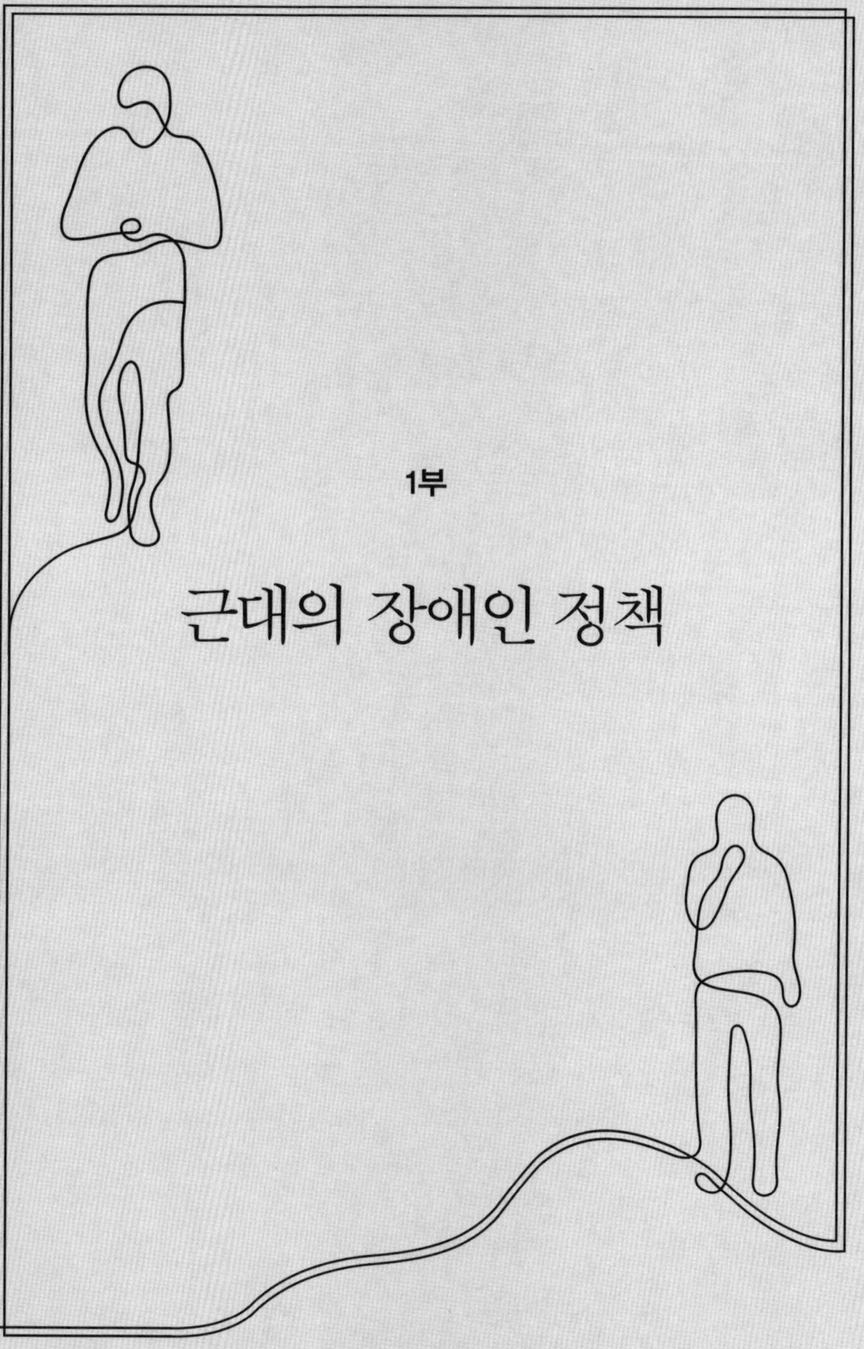

1부

근대의 장애인 정책

1장

근대와 함께 출현한 장애

한국 장애인사에서 근대는 편견과 차별 및 배제로서의 사회적 장애가 비로소 출현한 시기였다. 다시 말해 오늘날 우리가 겪고 있는 장애 문제가 본격적으로 형성되던 시기였다. 하지만 지금까지 우리는 근대 장애인사에 대해 거의 관심을 기울이지 않았다. 그러므로 우리는 먼저 근대의 시대적 배경을 비롯해 조선시대 장애인사와의 차이점, 장애 원인, 근대식 장애인 교육기관, 일제강점기 장애인 정책, 장애에 대한 부정적 인식 등 근대의 장애인 정책과 인식부터 차례대로 규명해보기로 하자.

격동과 암흑의 시대

우선 근대의 시대적 배경부터 개괄적으로 살펴볼 필요가 있다. 1876년 조선은 일본과 불평등한 강화도조약을 체결하면서 그동안 굳게 닫아걸었던 문호를 개방했다. 당시 조선은 일본을 비롯한 미국, 영국, 독일,

중국, 러시아 등과 통상조약을 체결했는데, 이로 인해 반강제적으로 자본주의적 세계질서 속으로 편입되었다.

이후 조선 정부는 적극적으로 개화정책을 추진하여 부강한 나라를 건설하고자 했다. 특히 1880년대에 들어서면 여러 가지 개화정책을 빠르게 추진했다. 우리나라 최초의 근대식 군대인 별기군을 창설하고, 자주적 근대화를 달성하기 위해 육영공원, 배재학당, 이화학당, 원산학사 등 근대식 학교들을 설립했으며, 최초의 근대 신문인 『한성순보』를 발간했다. 또 근대화의 상징인 전신, 전화, 우편, 철도 등을 설치하기도 했다.

하지만 이에 따른 재정 수요가 폭발적으로 늘면서 정부의 재정 상태는 극도로 악화되어갔다. 또 정부는 혼란을 틈타 발호하는 탐관오리의 학정도 제대로 통제하지 못했다. 그래서 백성들은 동학의 기치 아래 들고일어나 개화정책에 반발하기도 했다.

한편 일찍이 강제로 조선의 문호를 개방시킨 일본은 1894년 청일전쟁에서의 승리를 계기로 조선에서 청나라를 몰아낸 뒤 정치 · 경제 · 사회 등 국정 전반에 걸쳐 본격적인 개혁 작업에 착수했다. 하지만 그것은 이권을 챙기기 위한 명분에 불과했고, 결국 백성들의 생계만 더욱 어려워지고 말았다. 그리하여 고종은 1897년 대한제국을 선포하고 황제로 즉위함으로써 국권을 회복하고자 했다.

나아가 일본은 1904년 러일전쟁에서마저 승리한 뒤 조선의 정치에 본격적으로 간섭하기 시작했다. 1905년에는 이토 히로부미를 특사로 파견하여 강제로 을사조약을 체결했다. 이로써 대한제국은 독립국으로서의 지위를 잃고 일제의 보호국으로 전락하고 말았다. 뿐만 아니라 일제는 1907년 군대 해산 후 격렬하게 일어난 의병운동과 애국계몽운동을 무력으로 탄압한 후, 1910년 8월 한일병합조약을 체결하여 조선을 식민지로 만들어버렸다. 결국 우리나라는 주권을 잃고 일제의 압제를 받는 처지가 되었다.

이후 전개된 일제의 식민지 정책은 세계 역사상 가장 폭압적이고 무단적이며 악랄한 것이었다. 식민지 통치의 목적은 다름 아닌 철저한 사회적 · 경제적 수탈이었다. 또한 그것을 원활히 수행하기 위해 조선총독부를 설치하고, 헌병으로 하여금 경찰 업무를 대신하게 하는 이른바 무단 통치를 실시했다.

그렇게 일제의 압박에서 신음하던 우리 민족은 1919년 3 · 1운동으로 폭발했다. 3 · 1운동은 우리 역사상 전례가 없는 대규모 시위운동이자 전 세계적으로도 독립운동사상 가장 큰 규모의 시위운동이었다. 이 일을 계기로 중국 상하이에 대한민국 임시정부가 수립되었고, 독립운동도 더욱 조직적이고 거세게 진행되었다. 이처럼 강력한 반발에 부딪힌 일제는 헌병경찰제를 폐지하고 한국인에 대한 처우 개선, 관리 임용, 언론 · 집회 · 결사의 자유를 보장한다는 이른바 문화정치를 실시했다. 하지만 그것은 날이 갈수록 거세지는 독립의지를 무마시키기 위한 기만적인 술책에 지나지 않았다. 실제로 이후 일제의 경찰 병력은 더욱 증가했을 뿐 아니라 일본군도 크게 늘어났다.

1929년 세계 대공황의 여파로 일본 경제는 대혼란에 빠지고 실업자도 급증했다. 일제는 경제적 난국을 타개하기 위해 1931년 9월 만주를 침략했다. 이른바 만주사변을 일으킨 것이다. 1937년 7월에는 중일전쟁까지 일으켜 중국 대륙 침략을 본격화했다.

일제의 식민지 지배정책도 더욱 강압적으로 전개되었다. 먼저 민족말살정책을 추진하여 한국어 사용 금지, 한국어 신문 폐간, 창씨개명, 신사참배 등을 단행했다. 또 중일전쟁으로 인력이 부족해지자 국민징용령,

학도병지원제도, 징병제도, 여자정신대근무령 등을 선포하여 한국의 인력을 전쟁 수행에 강제 동원했다. 나아가 경제수탈을 더욱 강화하여 1939년부터는 공출제를 실시했으며 양곡, 송진 기름, 아주까리 기름, 심지어 밥그릇과 숟가락까지 강탈해갔다. 그 결과 우리 민족은 초근목피로 겨우 연명하거나, 먹고살기 위해 만주나 시베리아로 유랑을 떠나야 했다.

급기야 일제는 1941년 12월 태평양전쟁까지 일으켜 승승장구했으며, 1942년에는 미드웨이 해전에서 미군에 결정적인 타격을 입히기도 했다. 그러나 1945년 8월 히로시마와 나가사키에 원자폭탄이 투하되어 한순간에 10만 명이 즉사함으로써 일제는 완전히 전의를 상실하고 말았다. 1945년 8월 15일, 마침내 일본은 연합군에 무조건 항복을 선언했다. 그리하여 우리나라도 일제로부터 해방되었다. 하지만 안타깝게도 38도선을 경계로 북쪽에는 소련군이 주둔하고 남쪽에는 미군이 주둔하는 이른바 분단시대를 맞게 되었다.

이와 같이 개화기에서 일제강점기에 이르는 근대는 한국사의 가장 큰 격동기이자 암흑기였다. 특히 개화기엔 열강의 압박이 거세지고 정부의 기능이 약화되면서 백성들은 날이 갈수록 심한 고통을 겪어야 했다. 더 나아가 일제강점기엔 과도한 사회적 · 경제적 수탈과 민족말살정책으로 우리 민족은 역사상 유례없는 극심한 물질적 · 정신적 고통을 겪어야 했다.[1]

조선시대에 '장애'는 없었다

어떤 장애인도 배우고 일할 수 있어야

근대는 한국사뿐 아니라 장애인사에 있어서도 일대 전환기이자 암흑기였다. 조선시대만 해도 장애인 복지정책과 사회적 인식은 대단히 선진적이었지만, 개화기와 일제강점기에 이르러 크게 후퇴하고 말았던 것이다. 그러므로 근대 장애인사를 살펴보기에 앞서 필자의 기존 연구성과와 그 이후 새롭게 찾아낸 자료들을 토대로 조선시대 장애인사에 대해 개괄적으로 살펴보기로 하자.

조선시대는 가족을 단위로 살아가는 가족사회였다. 가족은 생산과 소비의 단위이자 사회활동과 교류의 단위였다. 이에 따라 정부의 각종 복지정책, 예컨대 홀아비 · 과부 · 고아 · 자식 없는 노인 등 이른바 환과고독(鰥寡孤獨)에 대한 부양도 일차적으로 가족이 책임지도록 했다. 마찬가지로 장애인 복지정책도 가족부양을 원칙으로 삼았다. 또 기근이나 전염병, 자연재해로 인해 피해를 입은 가족이 있으면 그 이웃이나 친척 등 마을공동체에서 지원해주도록 했다.

특히 조선시대엔 장애인도 모두 직업을 갖고 자립하도록 권했다. 예컨대 조선 후기 실학자 최한기는 『인정(人政)』에서 장애인도 배우고 일할 수 있어야 한다고 강조했다. 북학파의 선구자 홍대용도 『담헌서』에서 "소경은 점치는 데로, 궁형당한 자는 문 지키는 데로 돌리며, 심지어 벙어리, 귀머거리, 앉은뱅이까지도 모두 일자리를 갖게 해야 한다"라고 주장했다. 실제로 조선시대 장애인은 자신에게 맞는 갖가지 직업을 갖고 자립적인 삶을 살아갔다.

그렇다고 정부가 가족에게 모든 책임을 지우고 수수방관했던 것은 아니다. 조선시대 장애인 복지정책도 현대에 비해 결코 뒤떨어지지 않은, 아니 오히려 더 합리적이라고 생각될 정도로 체계적으로 이루어졌다.

조선 정부는 장애인을 자립 가능한 사람과 자립하기 어려운 사람으로 나누어 지원정책을 펼쳤다. 예컨대 정종 2년(1400) 임금이 정전에 나아가서 "환과고독과 노유(老幼) · 폐질자(장애인) 가운데 산업이 있어 스스로 살아갈 수 있는 자를 제외하고, 궁핍하여 스스로 살아갈 수 없는 자는 소재지 관아에서 우선적으로 진휼하여 살 곳을 잃지 말게 하라"[2]라고 지시했다.

자립 가능한 사람은 소경, 봉사, 맹인 등으로 불린 시각장애인을 들 수 있다. 현대사회에서 그들은 주로 안마업에 종사하지만, 전통사회에선 점(占)을 치는 점복, 경(經)을 읽어 질병을 치료하는 독경, 악기를 연주하는 악사 같은 다양한 직업을 가졌다. 이 직업들은 조선 중기까지만 해도 상당히 대우를 받았다. 특히 정부는 시각장애인을 위해 별도로 명과학이나 관현맹인 같은 관직제도를 두어 정기적으로 녹봉과 품계를 올려주었다. 또 조선 초기인 태종 대와 세종 대에는 세계 최초의 장애인 단체인 명통시(明通寺)가 있었는데, 이는 서울 5부의 시각장애인이 모여 조직적으로 활동하던 곳이다. 명통시는 시각장애인을 위해 특별히 설립한 것으로, 국가의 지원을 받는 엄연한 공적 기관이었다.

다음으로 자립하기 어려운 사람은 거동이 힘든 각종 중증장애인을 들 수 있는데, 이들은 구휼이나 진휼, 진제 등의 명목으로 국가에서 직접 구제했다. 예컨대 다산 정약용도 "등이 굽은 사람이나 불치병자가 자력으로 살아갈 수 없을 경우엔 의탁할 곳을 마련하고 휼양(恤養)해주어야 한다"[3]라고 주장했다. 이러한 전통은 고대부터 고려, 조선에 이르기까지 지속적으로 이어져왔다. 임금들은 특히 왕위에 오를 때나 흉년이 들어

살기 어려울 때, 그리고 평상시에도 자주 환과고독과 함께 장애인을 우선적으로 구제하도록 신하들에게 당부했다.

이 밖에도 장애인을 위한 다양한 지원정책이 있었다. 장애인에겐 조세와 부역 및 잡역을 면제하고, 죄를 범하면 형벌을 가하지 않고 포(布)로 대신 받았으며, 연좌제도 적용하지 않았다. 또한 시정(侍丁), 곧 부양자(오늘날의 활동보조인)를 제공하고, 때때로 노인과 함께 잔치를 베풀어주며 쌀, 고기 같은 생필품을 하사했다. 동서활인원이나 제생원 같은 구휼기관을 설치하여 위기에 처한 장애인을 구제하기도 했다.[4]

장애인 왕과 종친들

장애인에 대한 사회적 인식도 대단히 수준 높은 편이었다. 조선시대엔 장애인/비장애인의 이분법적 사고가 거의 존재하지 않았다. 장애인을 불완전한 존재로 보거나, 비장애인을 완전한 존재로 보지 않았던 것이다. 그들은 '완전함'에 중심을 두지 않았기 때문에 장애를 있는 그대로 받아들였고, 다른 것이 있다면 그 차이를 이해하고 배려하려고 노력했다. 그리고 장애보다는 능력을 중시하여 조화로운 세상을 만들고자 했다. 오늘날처럼 장애를 한계나 극복의 대상으로 보지 않고 그 사람이 지닌 능력에만 최대한 집중했던 것이다.[5]

물론 조선시대에도 장애인 차별은 엄연히 존재했다. 사회적으론 공동체를 지향했지만 개개인의 인식과 태도에는 차이가 있었던 것이다. 장애인을 업신여기는 사람도 있었고, 그들을 제대로 돌보지 않는 사람도 있었다. 그렇다고 당시 장애인이 오늘날과 같은 차별을 받았느냐 하면 그건 또 아니었다. 현대의 장애인이 사회의 음지에서 거의 숨어 사는 것과 달리, 조선시대 장애인은 사회의 양지에서 비교적 떳떳하게 살아갔다.

또 장애인이라 할지라도 능력이 뛰어나면 그에 걸맞은 존경과 대우를 받았다. 장애인이라도 능력과 의지만 있다면 종9품 미관말직에서 정1품 정승에까지 오를 수 있었던 것이다.

그렇다면 과연 조선시대 장애인 관료층은 얼마나 많이 존재했는지 간략히 살펴보기로 하자. 그에 앞서 왕실의 장애인, 즉 장애인 왕이나 종친부터 살펴볼 필요가 있다. 왕족 가운데에서도 장애인이 상당수 존재했기 때문이다.

먼저 장애를 갖고 있는 왕도 적지 않았다. 조선의 제4대 왕인 세종은 평생 동안 소갈증(消渴症 : 목이 말라 물이 자주 먹히는 병. 주로 당뇨, 과로, 병후 쇠약 등으로 일어난다)과 풍습병(風濕病 : 습기로 인해 뼈마디가 저리고 아픈 병) 등 많은 질병에 시달렸으며, 특히 안질(眼疾), 곧 시각장애로 고생을 많이 했다. 참고로 조선시대 사람들은 시각장애를 안질, 즉 눈에 병이 있는 것으로 여겼다. 세종은 35세 무렵(재위 13년, 1431)부터 눈이 보이지 않는 시각장애를 겪다가, 45세(재위 23년, 1441)부터는 조금만 어두운 곳이면 지팡이에 의지하지 않고서는 걷기조차 어려울 지경이었다. 그래서 온천욕을 해서 안질을 치료하고자 했다.

도승지 조서강 등이 문안드리니, 임금이 말하기를,

"내가 두 눈이 흐릿하고 깔깔하며 아파서 봄부터 음침하고 어두운 곳은 지팡이에 의지하지 않고서는 걷기가 어려웠다. 온천에서 목욕한 뒤에도 효험을 보지 못하였더니, 어젯밤에 이르러서는 『본초(本草)』의 잔 주석을 펴 놓고 보았는데도 또한 볼 만하였다."

하니, 조서강 등이 청하기를,

"안심하시고 오래 목욕하시어 영구히 치유되게 하소서."

하니, 임금이 말하기를,

"이제 여름철을 당하여 흙비가 있을까 염려되니, 내달 초하루에는 환궁하고자 하노라."

하였다. 이 당시에 임금이 모든 일에 부지런하였고, 또한 글과 전적(田籍)을 밤낮으로 놓지 않고 보기를 즐겨 하였으므로 드디어 안질을 얻게 된 것이었고, 왕비도 묵은 병이 있었던 까닭에 이 행차가 있었다.[6]

하지만 안질은 더욱 심해져만 갈 뿐이었고, 결국 외교와 군사 같은 중요한 국정 외에는 세자에게 대리청정을 시켰다.

정사를 보았다. 임금이 여러 승지에게 이르기를,

"요즘 내가 소갈증과 풍습병을 앓아 모든 정령과 지위가 능히 처음과 같지 못하다. 온천에서 목욕한 이후에는 소갈증과 풍습병이 조금 나은 것 같지만, 안질은 더욱 심해졌다. 이로 인해 여러 병증이 번갈아 괴롭히게 되므로 능히 정치를 부지런히 할 수 없다. 무릇 사람의 몸에서 귀와 눈이 간절한 것인데 안질이 발생한 이후엔 시력이 미치지 못한 것이 있으니, 비록 정치에 부지런하고자 하나 그것이 과연 되겠는가. 의서에도 일찍 일어나서 몸을 힘들게 하는 것을 피하라 했으니, 무릇 중국과의 외교관계와 군정 이외에 나머지 모든 서무는 세자로 하여금 처결토록 하고 싶다."[7]

세종은 오늘날로 치면 시각장애 2급 정도로 추정된다고 한다. 그래서인지 세종은 시각장애인 복지정책에 많은 관심을 가졌다. 예컨대 재위 18년(1436)에는 시각장애인 점복가 지화와 이신에게 특별히 벼슬을 내렸다. 또 시각장애인 점복가를 위한 관직으로 명과학을, 시각장애인 독경사를 위한 단체로 명통시를, 시각장애인 음악가를 위한 관직으로 관현맹인을 설치하는 등 매우 적극적으로 시각장애인 복지정책을 펼쳤다.

다음으로 조선의 제14대 왕인 선조는 심질(心疾) 혹은 광질(狂疾)에 시달렸다고 한다. 오늘날로 표현하면 정신분열증이다. 선조의 심질은 37세(재위 21년, 1588)부터 본격적으로 거론되기 시작했으며, 1592년 임진왜란이 일어난 후 더욱 악화되었다.

> 상이 이르기를,
>
> "옛날 중국 제나라에 맹인 재상 조정이 있었지만 어찌 맹인 임금이 있었겠는가. 게다가 나는 심질이 날로 고질이 되어 불을 대하고도 춥다는 소리가 나오고 눈을 씹어도 오히려 열이 생긴다. 때로는 소리를 지르며 미친 듯이 달리며 혼미하여 동서를 구분하지 못해 좌우에서 모시는 자들이 모두 아연실색하는데, 유독 경들만 모르고 있는 것이다. 이런 병 가운데 한 가지만 있어도 백성들 위에 군림할 수가 없는 법인데, 더구나 몇 가지가 겸해 있고 허다한 죄악을 지은 자이겠는가. 내가 하루를 더 왕위에 있으면 백성들이 하루를 더 걱정하게 된다. 지금이 물러나기에 합당할 때이니 경들은 불쌍하게 생각하여 속히 물러나게 허락하라."[8]

선조는 나이가 들수록 심질이 더욱 심해져 왕위에서 물러나게 해달라고 신하들에게 여러 차례 호소했다. 그의 심질 증상은 임진왜란을 계기로 더욱 심해졌는데, 아마 전쟁으로 인한 근심과 걱정 때문이었던 것으로 추정된다.

조선의 제19대 왕인 숙종은 56세부터 시각장애를 겪었다. 왼쪽 눈은 거의 실명에 가까웠고, 오른쪽 눈은 보이기는 하나 뚜렷하게 보이지 않았다.

임금이 이르기를,

"지금 왼쪽 안질이 더욱 심하여 전혀 물체를 볼 수가 없고, 오른쪽 눈은 물체를 보아도 희미하여 분명하지 않다. 소장의 잔글씨는 마치 백지를 보는 것과 같고, 비망기의 큰 글자에 이르러서도 가까이에서 보면 겨우 판별할 수 있기는 하지만 그래도 분명히 보이지 않는다. 지금 만약 안력(眼力)을 조리한다면 그래도 장님이 되지는 않을 것 같으나 달리 할 만한 일이 없다."[9]

그래서 신하들이 과거 세종대왕의 예에 따라 숙종에게도 온천욕을 권유했지만, 끝내 효험을 보지 못하고 오히려 어지럼증만 더할 뿐이었다. 이후 숙종의 시각장애는 더욱 심해져서 오른쪽 눈마저도 전혀 사물을 볼 수 없게 되었다. 그리하여 이듬해인 숙종 44년(1718)에 세종 대의 전례에 따라 세자에게 대리청정을 하게 했다.

조선의 제22대 왕인 정조 역시 만년에 거의 장님에 가까울 정도로 눈이 좋지 않아 돋보기를 쓰고서도 책을 읽기 어려웠다고 한다. 정조는 책과 문서를 보느라 심혈(心血)이 메말라 눈이 어두워졌다고 생각했다.[10]

구한말 의료선교사이자 세브란스병원의 설립자인 올리버 R. 에비슨에 따르면, 조선의 마지막 왕인 순종은 지적장애를 갖고 있었다고 한다. 그는 늘 무표정한 얼굴이었고 주변의 일에도 관심이 없었는데, 사물의 형태나 이름에 대해선 놀라운 기억력을 갖고 있었다. 그는 단 한 번 만난 사람도 기억했으며, 이름도 거침없이 부를 수 있었다. 또 수천 자의 한자를 익혔으나 그 의미는 알지 못했다. 이로 보면 그는 지적장애보다 자폐증을 갖고 있었던 듯하다. 게다가 성기능 장애가 있어서 두 번이나 결혼했지만 후사가 없었다고 한다. 다만 이런 이야기는 일제의 계략일 수도 있으므로 좀 더 신중히 판단할 필요가 있다.[11]

이 밖에 왕실의 종친 중에서도 장애를 가진 사람이 많았다. 중종 대의 환성군은 평소 간질, 즉 뇌전증을 앓았고, 선조의 열한 번째 아들인 경평군 이륵은 정신분열증으로 자주 문제를 일으켜 여러 차례 파직 위기를 당했다. 선조의 막내딸인 정화옹주도 어릴 때부터 말을 하지 못하는 언어장애를 갖고 있어서 쉽사리 혼인을 하지 못했다. 인조의 셋째 아들 인평군의 외손자인 안흥군 이숙 역시 청각장애와 언어장애를 갖고 태어나서 글로 써서 의사소통을 했다고 한다.[12]

장애인 관료들

조선시대엔 장애의 유무보다 그 사람의 능력을 더 중시했다. 그래서 비록 장애가 있다 할지라도 능력이 뛰어나면 오늘날 장관에 해당하는 판서나 국무총리에 해당하는 정승에까지 오를 수 있었다. 먼저 좌의정과 우의정, 영의정 등 정1품 정승에 오른 장애인 관료부터 살펴보자.

세종조의 정치사에서 황희와 더불어 빼놓을 수 없는 중요한 인물이 있다. 조선 건국 후 예악을 정비하고 국가의 기틀을 마련하는 데 큰 공을 세운 허조(1369~1439)다. 그는 좌의정에 오를 만큼 세종의 신임을 받았다. 하지만 그는 어려서부터 체격이 왜소하고 어깨와 등이 구부러진 꼽추, 즉 척추장애인이었다. 비록 등은 굽었지만 마음은 대쪽같이 곧아서, 일을 처리하는 데 빈틈이 없었다.

다음으로 권균(1464~1526)은 중종반정에 참여하여 정국공신 4등에 녹공되고 영창군에 봉해진 인물이다. 이후에도 그는 좌찬성, 이조판서,

우의정에 임명되고 영창부원군에 봉해졌다. 이러한 권균에게도 한 가지 고질병이 있었으니 바로 간질, 즉 뇌전증이다. 뇌전증은 뇌의 한 부위 또는 전반에 걸쳐 일어나는 경련 현상으로, 한 번 발작이 일어나면 온몸을 떨면서 쓰러져 정신을 잃을 뿐 아니라 입에 거품을 머금기도 했다. 권균은 뇌전증을 치료하기 위해 백방으로 노력했지만 별다른 효험을 보지 못하다가 중종에게 사직을 청했다. 그러자 중종은 "사직은 허락하지 않겠다. 휴가만 더 주도록 하겠다!"라고 답했다.

이원익(1547~1634)은 선조와 광해군, 인조 때 영의정을 지냈는데, 키가 아주 작아 '키 작은 재상'으로 불렸다. 개화기의 풍자소설 『병인간친회록(病人懇親會錄)』에서도 이원익은 키가 아주 작은 왜소증 장애인에 가까웠다고 말하고 있다. 그래서인지 사람들과 번잡하게 어울리는 것을 좋아하지 않았고, 공적인 일이 아니면 외출도 하지 않았다고 한다. 모두 다섯 차례나 영의정을 지냈으나 그의 집은 두어칸 짜리 오막살이 초가였으며, 벼슬에서 물러난 후에는 끼닛거리조차 없을 정도로 청빈했다.[13]

심희수(1548~1622)는 조선 중기의 문신이자 충신이다. 그는 특히 어린 시절 기녀 일타홍과의 사랑 이야기로 유명하다. 임진왜란이 일어나자 심희수는 도승지로서 선조를 의주까지 호송했고, 중국어에 능통해 명나라 사신을 영접하기도 했다. 이후 심희수는 대제학에 올랐으며, 이조판서를 거쳐 우의정과 좌의정을 지냈다. 하지만 선조가 죽고 광해군이 즉위한 60세 이후에는 다리에 중병이 들어 절뚝거리는 지체장애를 입었다. 심지어 그는 누가 부축해주지 않으면 거동조차 힘들었다.

> 영부사 심희수가 입시하였으나 앉은뱅이병(病躄) 증세가 있었으므로, 왕이 중관(中官)에게 명하여 그를 부축해서 오르내리도록 하였다.[14]

그리하여 무려 104번에 걸쳐 사직을 청했으나, 광해군은 계속 받아들이지 않고 속히 몸을 조리하고 나와서 공무를 보게 했다.

윤지완(1635~1718)은 숙종 때의 문신이자 소론의 영수로, 기개와 도량이 뛰어날 뿐 아니라 청렴하고 검소한 성품을 지녀 신망이 높았다. 일찍이 중국의 점복가에게 자신의 운명을 물었더니, 다른 말은 없고 그저 '무족가관(無足可觀: 다리가 없으니 볼 만하다)'이란 네 글자만 써주었다. 당시엔 그 점괘가 틀렸다고 여겨 크게 화를 냈으나, 훗날 풍증으로 다리를 자른 후 더욱 현달하여 우의정이 되고 청백리에 뽑히니, 과연 그 말이 맞았음을 알게 되었다. 1682년 통신사로 일본에 다녀온 후 풍증으로 한쪽 다리를 잃고 지체장애인이 되었던 것이다. 그런 그를 사람들은 '일각정승(一脚政丞: 한쪽 다리의 정승)'이라 불렀다.

김재로(1682~1759)는 영조 때의 문신이자 노론의 영수였다. 몸이 마르고 낯빛에 핏기가 없으며, 곱사등이(傴僂), 즉 척추장애인이었다. 그럼에도 1710년 과거에 급제한 후 홍문관과 사헌부의 여러 관직을 지냈고, 1731년 이후 우의정과 좌의정을 거쳐 1740년 영의정에 올랐다. 1758년 관직을 떠나기까지 네 차례에 걸쳐 10여 년간 영의정을 지냈는데, 영중추부사까지 역임해 세도가 매우 컸다. 50여 년을 관직에 있으면서 거의 절반을 정승으로 지냈다. 결백하고 검소한 성품으로 박식하고 예학에 조예가 깊었으며, 상하로부터 신망받는 재상이 되었다. 금석학에도 조예가 깊어 『금석록』이란 저서를 남겼다. 78세에 죽으니, 영조가 직접 가서 조문했고, 제문도 친히 지어 보냈다.[15]

영·정조 때의 명재상이었던 채제공(1720~1799)은 지금도 생생히 남아 있는 초상화를 보면 왼쪽 눈이 사시(斜視)임을 알 수 있다. 『황성신문』 1905년 4월 27일자 기사에 따르면 채제공은 한쪽 눈이 사시인 데다 앞을 못 보는 시각장애인이었다고 한다. 15세인 1735년에 향시에 급제하고, 1743년 과거에 급제한 뒤 좌의정과 우의정, 영의정 삼정승을 역임했다. 심지어 영조는 정조에게 채제공을 가리켜 "진실로 나의 사심 없는 신하이고 너의 충신이다"라고 말했다. 또 정조 때에는 10여 년간 재상자리에 있으면서 탕평책, 사노비 혁파, 신해통공, 수원화성 축조 등 수많은 업적을 이루었다.[16]

정승 이하의 장애인 관료도 대단히 많았다. 먼저 조선 초기의 학자이자 문신인 양성지(1415~1482)는 말이 어눌해서 호를 눌재(訥齋)라고 했다. 언어장애가 있었던 것이다. 그는 입으로 말하지 못하는 것을 글로 쓰곤 했는데, 그것이 도리어 분명하고 통쾌했다. 6세에 독서를 시작하여 9세에 글을 짓고, 세종 23년(1441) 과거에 급제하여 집현전에 들어가 왕의 총애를 받았다. 이후 세조, 성종조에 이르기까지 벼슬하면서 문풍(文風)과 무풍(武風), 농정, 의료, 노비, 풍속, 서적 등 다양한 개혁정책을 주장했다. 그는 조선 왕조가 한창 번창할 때에 등장한 색다른 존재였다는 평을 받는다.[17]

공서린(1483~1541)은 중종 대의 신진사림이다. 일찍이 김굉필의 문하에서 수학했으며, 조광조와 권발, 김정국 등과 교유하며 학문을 넓혔다. 중종 14년(1519) 기묘사화 때 조광조와 함께 투옥되었다가 풀려났는데, 감옥에서 죽어가는 벗들을 구하지 못했다는 죄책감 때문인지 마음의 병에 걸리고 말았다. 급기야 심질, 즉 정신분열증에 걸리게 되었고, 관직생활에도 어려움을 겪게 되었다. 중종 32년(1537) 부제학에 제수된 지 얼마 되지 않아 대사헌에 제수되었지만, 심질이 더욱 심해져 결국 파직되고 말았다.

사헌부가 아뢰기를,

"대사헌 공서린은 근래 심질에 걸려 정신착란증이 있어서 어제도 모여 함께 일을 의논할 적에도 멍하니 시비를 모르고 있었습니다. 이 병은 기한을 정하여 조리할 수가 없는 것이고, 그렇다고 장관의 자리를 오래 비워둘 수도 없으니 체직하소서."

하니, 답하였다.

"공서린은 논박을 받았으니 체직하라."[18]

공서린은 원래 정신착란증이 있었음에도 대사헌의 직위에까지 오를 수 있었다. 하지만 날이 갈수록 증세가 심해져 위와 같이 해당 부서의 논박으로 파직되고 말았다. 그의 친필이 『근묵(槿墨)』(성균관대학교 박물관 소장)이란 서첩에 실려 현재까지 전해오고 있다.

미암 유희춘(1513~1577)은 선조 대의 문신이자 대표적인 호남 사림이다. 다섯 살 때 왼쪽 다리에 큰 종기가 났는데, 침을 잘못 놓아 다리를 절게 되었다. 어렸을 때에도 잘 걷지 못했고, 노년이 되어서는 오랫동안 서 있기조차 힘들었다.[19] 전라도 해남현에서 태어난 그는 어려서부터 영민하고 글 읽기를 좋아하여 26세 때 과거에 급제한 뒤 홍문관 수찬, 무장현감 등을 지냈다. 하지만 35세 때 양재역 벽서사건(이기, 윤원형 등이 어린 명종을 대신해 정치를 하던 문정왕후를 속여 일으킨 옥사)에 연루되어 20여 년 동안 함경도 종성에서 유배생활을 했다. 1567년 선조가 즉위하면서 학문이 해박하다는 이유로 유배에서 풀려나 홍문관 부제학, 사헌부 대사헌, 전라도 관찰사 등의 벼슬을 지냈다. 특히 그는 11년 동안 거의 매일같이 그날의 일을 기록한 『미암일기』(11책)의 저자로 널리 알려져 있다.[20]

장만(1566~1629)은 선조, 광해군, 인조 대에 활약한 문신이자 장군이다. 당시 조선은 임진왜란과 이괄의 난, 정묘호란 등 국가적 위기에 처해 있었다. 이 시기에 장만은 특히 국경 방어에서 뛰어난 능력을 발휘했다. 그리하여 인조 대는 오늘날의 국방부 장관격인 팔도도원수에 임명되어 후금의 침입에 대비했고, 1624년(인조 2) 이괄의 난이 일어났을 때는 관군과 의병을 모집해 난을 진압하기도 했다. 10여 년 동안 변방을 지키던 그는 결국 병을 얻게 되었고, 이괄의 난 때에는 병든 몸으로 밖에서 지내다가 왼쪽 눈을 실명하고 말았다. 그는 한쪽 눈이 보이지 않는 시각장애인으로 살아야 했던 것이다. 그의 초상화가 지금까지 남아 있는데, 특이하게도 안대를 쓰고 있다. 비장애인으로 표현할 수도 있었지만, 당당하게 애꾸 모습으로 그렸던 것이다. 그만큼 장만은 자신의 외모를 부끄러워하지 않았던 듯하다. 그는 병자호란 때 주화파로 유명한 최명길의 장인이기도 하다.[21]

장만 초상화

영조 대의 문신 이덕수(1673~1744)는 문장이 뛰어나 내직으로는 대사성, 대제학, 대사헌, 이조참판, 공조판서, 형조판서 등을 지냈고, 외직으로는 개성유수를 지냈다. 하지만 그는 귀가 어두워 소리를 듣지 못하는 청각장애인이었다. 그럼에도 영조는 이덕수를 무척 총애했다.

이덕수 초상화

임금이 소대를 청하였다. 우참찬 이덕수도 함께 입시할 것을 명했는데, 이덕수는 늙어서도 책을 좋아하여 다방면으로 박식했으므로 임금이 매우 귀하게 여겼다. 이날 『주자어류(朱子語類)』의 글을 진강했는데, 어려운 것을 묻는 것이 있으면 이덕수가 대답하는 것이 매우 상세하였다. (…)

이덕수는 본디 귀머거리 병이 있어 여러 신하들이 강독하는 소리를 들을 수 없었다. 그래서 책만 어루만지며 좌우를 돌아볼 뿐 제대로 대답하지 못하였다. 그의 형모가 사세에 맞지 않았으나, 말은 질박하였다. 임금은 물어볼 것이 있으면 늘 사관에게 글을 써서 보이게 하는 등 후의가 자못 두터웠다. 이덕수가 성현의 뜻으로 임금의 마음을 열어주지 못한 채 불로(佛老)를 이야기하는 곳에 이르러서도 싫어하지 않고 친절히 설명했으므로 식자들이 이를 단점으로 여겼다.[22]

이덕수는 귀머거리, 즉 청각장애가 있었음에도 책을 좋아하고 다방면에 박식했다. 그래서 영조 임금이 늘 곁에 두고 필담을 나누는 등 후의가 아주 두터웠다는 것이다.

심지어 영조는 1735년 이덕수를 동지정사(冬至正使)로 삼아 청나라에 보내기도 했다. 한 신하가 "동지정사 이덕수는 문학과 지조에 있어서 당세에 제일이지만 다른 나라에 가서 사람을 상대하는 일은 적임이 아니라고 여겨집니다. 만약 수작할 일이 있을 경우 이는 진실로 염려스러우니

마땅히 바꾸어야 합니다"라고 반대하자 임금이 대답했다. "한어(漢語: 중국어)에 대해서는 우리 모두가 귀머거리인데, 어찌 이를 병폐로 여길 것이 있겠는가. 그러나 이미 이런 말이 나왔으므로 그가 반드시 가지 않으려고 할 것이니 아뢴 대로 하라." 하지만 결국 이덕수는 영조의 지시에 따라 동지정사로 청나라에 무사히 다녀왔다.[23]

유수원(1694~1755) 역시 영조 대의 문신이자 실학자로 호가 농암(聾菴: 귀머거리)이다. 그는 25세에 문과에 급제해 벼슬길에 나아간 뒤 정언, 낭천현감, 지평, 단양군수 등을 역임했다. 40세 무렵 단양군수 시절에 질병으로 청각장애를 입었지만, 이에 굴하지 않고 사회개혁서인 『우서(迂書)』를 저술했다. 이 책은 청나라의 선진문물을 수용하자는 북학사상의 선구적인 저서로, 이후 박지원, 박제가, 홍대용 등 북학파에 많은 영향을 주었다. 그는 또 신분질서를 타파하여 만민평등을 이루고, 상공업의 진흥을 통해 부국안민(富國安民)을 이루자고 주장했다.

이 책은 당대 지식인들에게 깊은 공감을 불러일으켰고, 특히 영조로부터 극찬을 받았다. 영조는 그 책을 읽고 나서 "대체로 우리나라 사람들의 저술은 선유(先儒)의 말을 뽑아 모아 공교로움을 구하는 데 지나지 않는다. 허나 이 책은 자기 마음속에서 우러나오는 것만을 기술했으니 참으로 귀하다"라고 칭찬했다. 이후 유수원은 내직으로 불려 들어가 경연에 참여했는데, 영조는 그와 더불어 붓으로 토론하며 진기한 장면을 연출하기도 했다. 또한 영조는 특명으로 이덕수와 함께 『속오례의』를 편찬하도록 했다.

이 밖에도 세종 대의 권절(1422~1494)은 과거에 급제하여 승문원 정자와 박사, 사헌부 감찰, 지승문원사 등을 지내고 집현전에 들어간 인물인데, 그는 태어날 때부터 양쪽 네 손가락이 모두 붙어 있는 지체장애인이었다. 또 세조 대의 시각장애인이었던 이옥산은 신숙주와 함께 두만강에서 야인들을 토벌한 공로로 정5품의 벼슬을 하사받기도 했다. 성종 대의 시각장애인이었던 신자교(1413~1484)도 사간원 사간과 성균관 사성을 지냈는데, 결국은 시각장애로 인해 벼슬을 그만두고 고향인 남원으로 내려가 여생을 마쳤다.

중종 대의 조욱(1498~1557)도 일찍이 과거에 급제했으나 심질, 즉 정신장애로 인해 벼슬길에 오르지 않고 학문의 길로 나아갔다. 용문산에 은거하면서 학문을 닦아 '용문선생'이라 불렸다. 명종이 즉위하여 그의 학문적 깊이를 알아보고 장수현감에 제수했지만, 이번에도 심질을 이유로 벼슬을 버리고 돌아갔다. 중종 대의 이정호도 심질을 앓고 있었음에도 성균관 전적과 경성판관, 함경도 평사 등을 지냈다.

선조 대의 황대중(1551~1597)은 한쪽 다리를 저는 지체장애인이었으나 말을 잘 타고 활쏘기에 능했다. 임진왜란 때 선조의 호위무사로 활약했고, 청나라 이여송의 휘하에 들어가 진주성 싸움에도 참가했다. 나중엔 이순신 장군 밑에서 왜적과 싸우다 총탄에 맞아 다른 쪽 다리마저 절게 되었다. 그럼에도 끝까지 싸우다가 정유재란 때 남원성 전투에서 왜적의 총탄에 맞아 전사했다. 그의 시문집인 『양건당문집』이 현재까지 남아 있다.

조선 후기 광해군 대의 이람과 원욱도 한쪽 눈이 보이지 않는 시각장애인이었지만, 둘 다 과거에 급제하여 이람은 3품관, 원욱은 절충장군을 지냈다. 효종 대의 임익상(1789~?) 역시 뇌전증 장애인이었지만 황해도 금천현감과 평안도 안주목사를 지냈다.[24]

18세기 후반의 실학자인 초정 박제가(1750~1805)는 40대 초반에 왼쪽 시력이 나빠져 안경을 써도 잔글씨를 읽지 못해 애태우다가 검서관을 사직했다. 양반 가문의 서자로 태어나 사회적인 차별을 받아서인지 일찍부터 박지원, 이덕무, 유득공 등 북학파와 교유했고, 청나라의 선진문물을 받아들여 상공업을 발전시켜야 한다는 이용후생학을 주장했다. 대표적인 저서로 『북학의』가 있다. 다행히 정조의 서얼허통 정책으로 규장각 검서관이 되어 많은 책을 교정 · 간행했으며, 부여군수를 지냈다.[25]

이렇게 조선시대엔 거의 모든 왕대마다 시각장애나 청각 · 언어장애, 지체장애, 뇌전증, 정신장애 등 각종 장애인 관료들이 한두 명씩은 조정에서 벼슬을 하고 있었다. 오늘날 장애에 대한 편견과 차별로 인해 장애인 장 · 차관이나 국무총리 같은 고위 관리를 생각하기조차 힘든 상황과는 너무도 달랐던 것이다.

근대화로 달라진 장애인의 삶

이상과 같이 조선시대 장애인 정책은 공동체 지향적이었다. 장애인과 비장애인이 함께 살 수 있도록 했고, 자립할 수 있는 자는 스스로 먹고살 수 있도록 했다. 장애인에 대한 사회적 인식도 상당히 개방적이어서 왕족과 관료들을 비롯한 다방면의 예술가,[26] 기타 인물[27] 등 장애를 뛰어넘은 사람들이 지속적으로 출현하여 많은 역사적 업적을 이루었다. 장애인도 엄연히 우리 역사의 한 축을 이루었던 것이다.

하지만 근대에 이르러 장애인사는 크게 후퇴하기 시작했다. 개화기의 불안정한 시대상황에서 장애인은 더 이상 관직에 참여할 수 없게 되었고, 국가의 지원정책도 제대로 시행되지 않았다. 물론 개화기에도 일부 장애인은 관직에 참여했다. 황현의 『매천야록』에 따르면, 개화기의 이조참판 서상익(1835~?)은 나면서부터 어리석었고, 늙어서까지 굶주림과 배고픔, 추위와 더위를 알지 못했다고 한다.[28] 일종의 지적장애를 갖고 있었던 것인데, 개화기만 해도 이렇게 지적장애인도 참판 벼슬에까지 오를 수 있었다. 또한 그는 갑신정변의 주역인 개화파 서광범의 아버지이기도 하다.

근대화로 인해 장애인의 직업도 급속히 사라져갔다. 게다가 일제강점기에 이르면 과도한 사회적 · 경제적 수탈로 인해 극심한 생활고를 겪으면서 장애인의 수는 급증한 반면 그들을 위한 지원정책은 거의 시행되지 않았다. 그 결과 장애인은 거리로 내몰려 구걸로 연명할 수밖에 없었고, 사람들은 장애인을 무시하고 학대하는 지경에 이르게 되었다. 장애가 하나의 '낙인', 즉 사회적 질곡이 된 것이다.

종합적 · 미시적으로 살펴본 근대 장애인사

개화기에서 일제강점기에 이르는 근대는 오늘날 우리가 생각하는 편견과 차별 및 배제로서의 사회적 장애가 비로소 탄생하던 시기였다. 그럼에도 지금까지 근대 장애인사에 대한 연구는 제도사적 관점에서 단편적으로만 이루어져왔다. 특히 개화기는 개신교 선교사들에 의한 특수교육의 성립 문제를 중심으로,[29] 일제강점기는 제생원 맹아부[30]와 한센인 수용시설[31]을 중심으로 논의가 이루어져왔다. 이 책에서는 먼저 근대 장애인의 명칭과 유형, 정책, 사회적 인식 등을 상세히 규명한 뒤, 각 유형별 장애인의 특성과 인구수, 생계 방식(직업), 사회적 인식과 태도, 가정 및 사회생활 등 그들의 실제 생활상을 자세히 살펴보고자 한다. 나아가 어두운 시대현실 속에서도 장애를 뛰어넘어 역사의 한 축을 이루고자 했던 장애 인물들, 예컨대 의병 · 독립운동가, 교육자, 예술가(작가, 화가, 음악가), 그 밖의 인물들의 생애와 업적을 자세히 살펴보고자 한다.

또한 기존 연구에선 시각장애인, 청각 · 언어장애인, 한센인 등 제한된 장애 유형만을 고찰했지만, 이 책에서는 당시 존재했던 모든 장애 유형을 다루고자 한다. 대개 현대의 장애는 신체적 장애와 정신적 장애로 나뉜다. 신체적 장애는 외부기능의 장애(시각, 청각, 언어, 지체, 뇌병변, 안면장애)와 내부기능의 장애(신장, 심장, 간, 호흡기, 장루, 요루, 간질 장애)로, 정신적 장애는 지적장애, 자폐성 장애, 정신장애로 분류된다. 하지만 이것은 현대의 장애복지를 위한 분류일 뿐 과거로 소급해서 적용하기는 어렵다. 시대에 따라 장애인의 존재와 유형도 계속 달라져왔던 것이다. 단적인 예로 윗입술이 선천적으로 벌어진 구순구개열은 과거엔 '언청이'라 해서 장애로 취급했으나 오늘날엔 치료가 가능하기 때문에 더 이상 장애로 보지 않는다. 음양을 함께 구비한 양성인이나 생식기가 불완전한 장애인인 이른바 '고자'도 마찬가지다.

그럼 전통시대엔 과연 어떤 장애인이 존재했을까? 조선시대에도 오늘날 우리가 볼 수 있는 모든 장애인이 존재했다. 단지 명칭만 달랐을 뿐이다. 조선시대 장애 유형을 우선 신체적 장애와 정신적 장애로 분류해서 살펴보면, 신체적 장애로는 시각장애인, 청각 · 언어장애인, 지체장애인, 안면장애인, 뇌전증 등이 있었고, 정신적 장애로는 정신장애인과 지적장애인 등이 있었다. 또한 오늘날엔 의학이 발달하여 단순한 질병에 지나지 않지만 전통시대엔 고질병인 장애로 취급되는 경우도 있었다. 위에서처럼 양성인이나 고자와 같은 성기능 장애인, 선천성 장애인인 기형아, 나병환자인 한센인 등이 그것이다. 또 장애 여성은 그들과 또 다른 특수한 상황에 처해 있었다. 그녀들은 장애인으로서의 질곡만이 아니라 여성으로서 겪는 차별, 즉 장애와 여성이라는 이중의 고통을 겪어야 했다.

그러므로 이들은 '기타 장애인'으로 분류하여 별도로 살펴볼 필요가 있다.[32]

이러한 장애 유형은 근대에도 거의 그대로 적용할 수 있다. 우선 개화기의 장애 유형은 『대한민보』 제58호(1909년 8월 10일)부터 제101호(1909년 10월 21일)까지 연재된 개화기의 풍자소설 『병인간친회록』에 비교적 잘 나타나 있다. 이 작품에 등장하는 시각장애인으로는 장님, 애꾸눈, 청맹과니(겉으로 보기엔 멀쩡하나 실상은 눈이 보이지 않는 사람), 청각장애인으로는 귀머거리, 언어장애인으로는 벙어리와 반벙어리, 지체장애인으로는 절름발이, 곰배팔이(한쪽 팔을 쓰지 못하는 사람), 앉은뱅이, 난장이, 곱사등이, 육손이(손가락이 여섯 개인 사람), 육발이(발가락이 여섯 개인 사람), 안면장애인으로는 언청이 등이 있다. 또 특이하게도 당시에는 배부장이(배가 불룩하게 나온 사람), 혹부리(얼굴에 혹이 달린 사람), 대머리, 무턱이(턱이 없는 사람) 등도 장애인으로 보았다고 한다. 다만 이 소설에는 정신장애인이 등장하지 않는다.[33]

일제강점기의 장애 유형도 이와 크게 다르지 않다. 다만 구순구개열은 서양의술에 의해 치료가 가능해졌고, 1930년대 이후에는 한센인이 크게 증가했다. 또 일제강점기엔 장애 일본인도 많이 이주해왔는데, 이들에 대해서도 집중적으로 살펴볼 필요가 있다.

이상의 논의를 바탕으로 근대의 장애 유형을 간단히 정리하면 다음 〈표 1〉과 같다.

근대의 장애인사를 온전히 파악하려면 최소한 이상의 장애 유형을 살펴봐야 할 것이다. 물론 이 밖에도 여러 가지 장애 유형이 추가될 수 있겠으나, 현재로선 자료가 부족해 살펴보기 어려운 형편이다.

한편 이 책에서는 관찬 사료를 토대로 제도적 측면만이 아니라 신문이

〈표 1〉 **근대의 장애 유형**

분류	유형	종류 및 명칭
신체적 장애	시각장애	맹인(장님, 봉사, 소경, 판수), 애꾸눈
	청각 · 언어장애	농아
	청각장애	귀머거리
	언어장애	벙어리, 반벙어리
	지체장애	절름발이, 앉은뱅이, 곰배팔이, 난장이, 꼽추
	안면장애	언청이
	뇌전증	간질
정신적 장애	정신장애(정신분열증)	정신병자, 광인
	지적장애(정신지체)	바보, 천치
기타 장애	성기능 장애	고자, 무자궁증, 양성인
	기형아	백색증
	한센인	문둥병자, 나병환자
	장애 여성	
	장애 일본인	

나 잡지, 일기, 문집, 문학작품, 외국인 견문록, 기타 그림이나 사진, 영상자료 등을 토대로 미시적이고 생활사적 측면의 연구도 진행하고자 한다. 이 책의 대상 자료를 유형별로 구분하여 제시하면 〈표 2〉와 같다.

이 책에서는 특히 이들 자료를 인용하는 경우 원문을 최대한 살리되 한자어나 고어투는 가급적 현대어로 바꾸고자 한다. 물론 개화기 자료들에선 아직까지도 한문이나 고어체가 많이 쓰이고 있는데, 그럴 경우엔 현대어로 번역해서 싣고 원문은 후주에 싣도록 하겠다. 또한 이 책이 '근대 장애인사 자료집'의 성격까지 띨 수 있도록 중요한 사건들에 대해선 다소 길어지더라도 가급적 전문을 싣고자 한다.

이상과 같이 이 책에서는 당시 존재했던 거의 모든 장애 유형만이 아니라, 폭넓은 자료를 바탕으로 미시적이고 생활사적으로 근대 장애인사를 살펴보고자 한다.

〈표 2〉 **연구 자료**

구분	자료명
신문	한성순보(1883),[34] 독립신문(1896), 황성신문(1898), 대한매일신보(1904), 매일신보(1910), 조선일보(1920), 동아일보(1920), 시대일보(1924), 중외일보(1926), 중앙일보(1931), 조선중앙일보(1933) 등
잡지	개벽(1920), 조선지광(1922), 신민(1925), 동광(1926), 별건곤(1926), 신생(1928), 삼천리(1929), 비판(1931), 신동아(1931), 중앙(1933), 조광(1935) 등
관찬 사료	『승정원일기』 고종편, 『일성록』 고종편, 제생원사업요람, 통계연보, 조선맹아자통계요람, 조선사회사업요람 등
일기 · 문집류	『저상일월』, 『오하기문』, 『매천야록』, 『해은일록』, 『윤치호 일기』, 『구례유씨가의 생활일기』, 『백범일지』 등
문학작품	『병인간친회록』, 『소경과 앉은뱅이의 문답』, 『백치 아다다』, 『캉가루의 조상이』, 『벙어리 삼룡이』, 『오몽녀』, 『실명』, 『누이동생을 따라』, 『누님』, 『추물』, 『바위』, 『옥심이』, 『지하촌』, 『사계와 남매』, 『계산서』, 『항구』, 『발가락이 닮았다』 등
외국인 견문록	『한국과 그 이웃나라들』, 『알렌의 일기』, 『서울에 남겨둔 꿈』, 『파란 눈에 비친 하얀 조선』, 『대한제국멸망사』, 『조선견문기』, 『한국의 아동생활』, 『조선풍물기』, 『고요한 아침의 나라, 조선』, 『코레아 1903년 가을』, 『구한말 40여년의 풍경』 등
기타	김준근 풍속화, 유리원판 사진(필름) 등

*( ) 안은 창간 연도

2장

다양해진 장애 원인

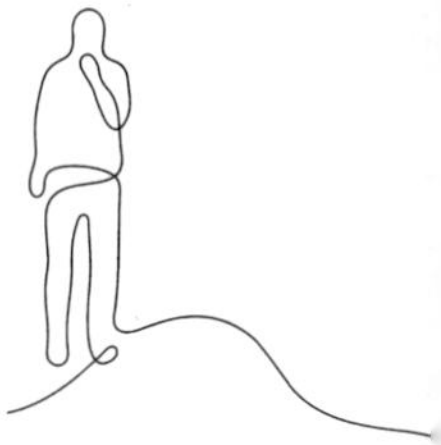

장애는 시대의 산물이다. 시대 환경에 따라 장애인의 수나 원인도 계속 달라진다. 예컨대 조선시대엔 장애인 수도 상대적으로 많지 않았고, 장애 원인도 선천성이나 어렸을 때 질병에 의해 장애를 입는 경우가 많았다. 하지만 근대에 이르러 장애인 수도 계속 늘어나고, 장애 원인도 후천성이 많아질 뿐 아니라 이전보다 훨씬 다양해졌다. 더 나아가 21세기인 현대에 들어서는 의학기술의 발달로 인간의 평균 수명이 늘어나면서, 특히 노화로 인해 장애를 입는 노인성 장애인이 급증하고 있다.[1] 그럼 근대(개화기와 일제강점기)에는 과연 무엇 때문에 장애를 입게 되었는지 당시 사료들을 토대로 실증적으로 살펴보자.

개화기, 전차사고로 장애인이 늘어나다

개화기에도 여전히 질병으로 장애를 입는 경우가 많았다. 예컨대 겨울

철 동상에 걸리거나 콜레라, 천연두(두창), 장티푸스 같은 전염병에 걸려 장애를 입기도 했던 것이다.

> 의병장 민긍호가 싸움에 패하여 죽임을 당했다. (…) 그의 부하들은 솜옷도 없이 겨울을 나서 동상으로 손가락이 떨어져 나간 이들이 많았다. 민긍호가 죽자 민간에서는 슬퍼하며 그를 추모하였다.[2]

> 세상 맹인의 실명한 원인을 조사해보면 두창으로 인한 자가 10에 8~9가 되고, 또 얼굴에 심한 흉터까지 생겨 하늘이 주신 예쁜 모습을 하루아침에 망쳐버렸으니 이는 그 부모의 죄라 이를 만하도다.[3]

전차사고로 지체장애를 입는 경우도 있었다. 1899년 5월 동양에서 최초로 서울에 전차가 다니기 시작했다. 처음에는 서대문-청량리를 왕복하는 전차가 개통되었고, 그해 12월에는 종로-남대문-용산 노선이 개통되었다.[4] 그런데 전차를 처음 접해서인지 교통사고가 의외로 자주 일어났다. 예컨대 구한말 캐나다의 의료선교사이자 고종의 주치의였던 에비슨의 기록을 보면, 전차사고로 한쪽 다리를 절단한 소년의 이야기가 나온다.

한 소년이 전차에 무임승차했다가 막 출발할 즈음에 뛰어내린다는 것이 그만 전차 바로 앞에 떨어져서 그의 오른쪽 대퇴부 위로 전차가 지나가버렸다. 결국 그 소년은 대퇴부를 절단해야 했다. 나중에 알고 보니 그 소년은 바로 한 시간 전에 천연두로 죽은 형을 묻고 왔다는 것이다. 이 소식을 전해들은 고종은 에비슨에게 소년의 치료를 특별히 부탁하면서 소년을 위해 의족을 구해달라고 말했다. 다행히 소년은 빨리 회복했고,

1899년 5월 서울에 전차가 가설된 후 교통사고가 자주 일어났다.

의족도 구해주었다. 나중에 에비슨이 소년과 함께 궁궐에 들어가 감사의 인사를 올리자, 고종은 매우 흡족한 표정을 지었다고 한다.[5]

전차사고는 특히 시각장애인이 자주 당했다. 전차 선로와 인도가 명확히 구분되지 않아 혼자서 길을 가던 시각장애인이 전차에 치이곤 했던 것이다. 1900년 6월에 발생했던 전차사고를 살펴보자.

> 재작일 오후 2시 황토현에서 한 맹인이 길을 지나다가 전차와 부딪쳐 머리가 깨졌는지라. 곧장 전차에 실어 제중원으로 보냈다더라.[6]

개화기에는 혹독한 고문이나 형벌로 장애를 입기도 했다. 1895년 왕족 이준용은 반역죄로 감옥에 갇혔을 때 모진 고문을 당해 발가락과 손가락이 모두 떨어져나갔다고 한다.

> 이준용이 국문을 받을 때 서광범이 심문에 임했는데, 온갖 고문을 가하여

발가락과 손가락이 모두 떨어져나갔다. 이준용은 소리 높여 "오직 빨리 죽기를 바란다. 더 이상 할 말이 없다"라고 하였다. 옥졸들도 모두 눈물을 흘렸고, 이 이야기를 들은 사람들은 분개하여 모두 팔뚝을 걷어붙였다.[7]

이와 같이 개화기에 이르면 질병이나 고문, 형벌뿐 아니라 특히 전차 사고로 장애를 입는 일이 점차 늘었다.

일제강점기, 식민지와 산업화가 낳은 여러 장애

일제강점기의 장애 원인은 조선시대나 개화기에 비해 훨씬 다양해졌다. 이 시기의 장애 원인은 신문이나 잡지, 문학작품 등을 통해 비교적 자세히 파악할 수 있는데, 좀 더 체계적으로 살펴보자.

첫째, 이 시기엔 일제의 사회적 · 경제적 수탈로 극심한 생활고를 겪었는데, 그로 인해 많은 사람들이 각종 장애를 입었다. 1926년 조선총독부 위생과의 조사에 따르면 당시 전국의 정신장애인은 2500여 명에 이르렀는데, 그들은 대부분 먹고 입을 것이 없어 고민하다가 극도의 우울증에 걸려 정신장애를 입게 되었다고 했다.[8]

둘째, 일제강점기에도 각종 질병으로 장애를 입는 경우가 많았다. 1935년 평안북도 위생과에서 시각장애 원인에 대해 조사한 결과를 살펴보자.

평안북도 위생과에서 도내의 '눈의 불건강자' 장님과 애꾸눈을 조사했는데, 이에 의하면 도민 15만 명 중 장님과 애꾸눈은 1987명(남자 1238명, 여자 749명)으로, 눈 병신 된 원인은 '도라홈'이 635명으로 수위요 날 때부터 의 병신이 326명, 결막염이 312명 등이요, 그다음은 '광업 평안북도'란 이름이 있으니만큼 다이너마이트 등의 부상으로 눈 병신 된 것이 289명, 화류병으로부터 된 것이 81명이다. 그리고 각 경찰 관할별로 보면 복진이 198명으로 수위요, 영변, 정주, 태천, 박천 등이 그다음 순위인데, 위생과에서는 이곳의 보통학교 생도의 눈을 조사하리라고 한다.[9]

이처럼 평안북도에서는 도라홈이나 결막염, 화류병 같은 질병으로 시각장애인이 되는 경우가 많았으며, 그 밖에 선천성, 산업재해 등으로 시각장애를 입는 경우도 있었다. 도라홈이란 안질의 하나로 눈에 핏발이 서고 눈곱과 고름 같은 진물이 흐르는 것인데, 증세가 악화되면 시력을 잃을 수도 있었다.

질병으로 인한 청각장애도 많았다. 1935년 일본인 와쿠이 마사시(和久正志)가 제생원 맹아부를 대상으로 청각장애의 발생 원인을 조사해보니, 후천성 농아자가 다수를 차지했는데 뇌막염이 20퍼센트, 마진과 성홍열, 장티푸스 등 열병에 의한 것이 30퍼센트였다. 또 중이염 치료를 잘못하거나 방치해서 청각장애를 입은 자도 많았다고 한다.[10]

특히 1930년대에는 화류병, 즉 성병(매독)이 유행했다. 이는 시각장애뿐만 아니라 정신장애의 원인이 되기도 했다. 『매일신보』 1937년 3월 17일자에 따르면, "이 정신병의 발생은 직접적으로는 일반 화류병으로부터 발생하는 것도 많고, 또는 생활환경의 불안으로부터 오는 것과 함께 간접적으로는 유전성에 의하는 것도 많다"[11]라고 했다. 사실 정신병과 성병은 별로 관계가 없으나, 당시 성병에 대한 부정적 인식 때문에 그렇게 생각했던 듯하다.

셋째, 일제강점기에는 열악한 작업환경 때문에 산업재해가 빈번히 일어났는데, 그로 인해 각종 장애를 입기도 했다. 예컨대 1934년 대창토목주식회사의 인부 이봉우는 공장에서 작업하다가 기계에 왼발을 다쳐 거동을 못하게 되었다. 그런데 의사가 단순 타박상으로 오진하고 그를 집으로 돌려보냈다. 2주 후 다리 상태가 더욱 심각해지자 다시 의원을 찾아갔더니 뼈가 부러져 고치기가 아예 어렵다는 말을 들었다.[12] 또 1936년 인천의 한미상회에서 목재를 운반하던 엄태랑이란 사람이 있었는데, 주인이 갑자기 그에게 톱을 주며 통나무를 자르라고 했다. 엄태랑이 그 일을 할 줄 모른다고 거절했으나, 주인은 강제로 일을 시켰다. 결국 엄태랑은 그 일을 하다가 왼손의 엄지손가락만 남기고 네 개를 전부 잘리고 말았다. 그런데도 주인은 최소한의 위자료와 생활비조차 주지 않았다.[13]

심지어 어떤 회사들은 공장에서 일하다가 장애를 입은 사람들을 가차 없이 해고했다. 1931년 소야전 시멘트 회사에서 있었던 사건인데, 당시의 신문기사를 직접 살펴보자.

> 강동군 승호리 소야전 시멘트 회사에서 남녀 직공 317명을 오는 5월 1일부터 해고한다고 선언하였다. 이것이 제1회의 해고인고로 앞으로 또다시 적지 않은 직공을 해고하리라 하여 이 공장의 천여 명 직공은 크게 불안상태에 빠져 있다. 그리고 해고된 직공 중 불구자가 8명인데 이들은 전부 이 공장에 5~6년 내지 10여 년 근무하다가 이 회사에서 부상되어 불구자들이 된 사람이다. 그럼에도 이 공장에서는 그들에게 겨우 월급 23일분 내지 15일분의 퇴직금을 주어서 5월 1일부터 공장에 나오지 말라는 것이다. 소야전 시멘트 공장의 직공 해고자는 별항과 같거니와 불구자 8명 중 김양철은 17세부터 이 공장에서 근무하여 18세에 팔이 부러져가지고 불구자가 되어 금

> 년까지 13년이나 근무하다가 해고 선언을 받았다 한다. 또 여직공 장처성은 해고되면 병든 남편과 자식을 부양할 길이 없다 하여 십장 길강모의 집에 가서 목을 매고 자살하려다가 발견되어 구조되는 등 해고된 직공들은 물불을 가리지 않고 날뛰는 중이라 한다. 그중 불구자로서 해고된 직공들은 다시금 공장에 복직시켜달라고 진정하였으나 아무 효과도 없었다 한다.[14]

소야전 시멘트 회사는 1930년대 일본인이 경영하던 회사였는데, 당시 해고된 장애인들은 모두 이 공장에서 오랫동안 근무하다가 부상당한 사람들이었다. 그럼에도 회사에선 퇴직금조차 제대로 주지 않고 부당하게 해고해버렸던 것이다.

넷째, 의료사고로 장애를 입기도 했다. 위의 대창토목주식회사의 인부 이봉우처럼 의사가 오진하거나, 혹은 치료나 처방을 잘못하여 장애를 입기도 했다. 예를 들어 1936년 평양에 사는 조병준이란 사람은 갑자기 심한 복통이 일어 모 의원 의사 박덕수에게 진찰을 받고 왼팔 상박부에 주사 한 대를 맞았다. 그런데 이후 주사를 맞은 자리가 몹시 아파 다시 가서 진찰을 요청했으나 의사가 응해주지 않았다. 그는 하는 수 없이 도립병원에 가서 진찰을 받았더니, 놀랍게도 그 상박부가 썩어서 절단 수술을 해야 한다는 말을 들었다. 결국 불구자가 된 조병준은 의사 박덕수로부터 사과의 뜻으로 600원을 받기는 했으나, 평생 폐인(장애인)이 될 생각을 하면 도저히 참을 수 없다며 팔 한 개 값으로 6천 원을 내라는 진기한 소송을 제기했다.[15] 보통 체내에 주입하는 주사로 인해 신체 조직이 썩는 경우는 없는데 아마도 위생 불량이나 관리 부실로 오염된 주사액을 놓았던 것이 아니었을까 한다.

다섯째, 일제강점기엔 전차나 기차, 자동차 등 교통사고로 장애를 입는 경우가 많았다. 1932년 조선총독부 경무국의 조사에 따르면, 당시 전국의 교통사고 건수는 총 4670건이었는데, 사망자가 385명, 부상자가 1904명이었다. 이들 부상자 중 상당수가 장애인이 되었다고 할 수 있다.[16]

먼저 1899년에 전차가 개통된 이래 교통사고가 자주 일어났는데, 특히 시각장애인이 전차와 부딪치는 사고가 많았다. 일제강점기에 들어서도 시각장애인의 전차사고가 빈번하게 일어났는데, 시각장애인의 생활상에 대해서는 2부 1장에서 더 자세히 살펴볼 것이다.

1900년 11월에는 경인철도가 개통됨으로써 우리나라에도 비로소 철도시대가 열렸다. 뒤이어 1905년 1월에는 경부선이, 1914년 1월에는 호남선이, 그해 9월에는 경원선이 개통되었다. 이에 따라 철도사고도 빈번히 일어났다. 특히 청각장애인이 자주 사고를 당했다. 1924년 경원선과 호남선에서 일어난 청각장애인 철도사고를 살펴보자.

> 21일 오전 9시 30분에 경원선 의정부-덕정 간을 진행하는 제130호 열차의 기관수가 선로 위를 통행하는 자를 발견하고 경적을 울렸으나 그자는 여전히 선로 위에 섰으므로 정거를 시켰으나 서지 못하고 진행하던 속력에 결국 부딪치고 말았다. 부상자의 주소와 성명은 알 수 없으나 32~33세의 귀머거리인데 생명이 위독하다 한다. 또 같은 날 오후 7시경에 호남선 군산 지점에서 제319호 열차를 정거시킨 자가 있었는데, 그도 역시 귀머거리로 기관수가 급히 정거를 하여 다행히 무사하였다더라.[17]

일제강점기에는 택시나 버스, 화물차 등 자동차도 늘어나 교통사고가 자주 일어났다. 서울에 택시가 첫선을 보인 것은 1911년이고, 시내버스가 등장한 것은 1928년 4월이다. 1931년에는 용산의 심상소학교 1학년생이 굽은 도로를 걸어가는데, 화물차가 빠른 속도로 달려와 그 학생을 쳐서 불구자로 만들었다. 이에 학생의 부모가 화물차 기사를 상대로 7388여 원을 배상하라고 청구했다.[18] 또 1940년 강원도 평성에 사는 김명현이 춘천에 가기 위해 정류장에서 승합자동차를 기다리고 있었다. 얼마 후 승합자동차가 도착했는데, 운전 부주의로 그만 김명현을 쳐서 다리를 부러뜨리고 말았다. 이에 그는 손해배상으로 4100원을 청구했다고 한다.[19]

여섯째, 일제강점기엔 태형과 고문으로 장애를 입는 경우가 많았다. 일제는 1910년 9월에 헌병경찰제도를 만들어 무단통치를 실시했다. 헌병경찰제도란 헌병으로 하여금 일반 국민에 대한 경찰행정을 담당하게 하는 제도였다. 나아가 1912년 3월엔 헌병경찰이 일정한 범죄에 대해 자의로 법을 집행할 수 있는 '조선태형령'을 실시했다. 이에 따라 헌병경찰, 곧 순사들의 가혹한 태형으로 사망자와 부상자가 속출하게 되었다. 그래서 당시 사람들은 어떤 트집을 잡혀 순사에게 끌려가 태형을 당할지 몰라 항상 불안에 떨어야 했다. "순사 온다!"라는 말이 어린아이의 울음마저 그치게 하는 공포의 말이 된 것도 바로 이때부터였다.[20]

일제는 독립운동가들을 가혹하게 탄압했다. 그들의 비밀결사를 찾아내어 학살하거나 투옥했으며, 심지어 독립운동을 할 가능성만 보여도 즉시 체포하여 고문하는 만행을 저질렀다. 그리하여 수많은 독립운동가들이 투옥되어 고문을 받던 도중에 순직하거나 불구자가 되었다.[21]

단적인 예로 3 · 1운동 때 원산 심씨 집안의 무남독녀였던 19세 소녀는 일본 유학 도중 급히 귀국했는데, 일본 헌병이 그녀를 독립운동의 비밀지사로 지목하여 경성의 감옥에 가두었다. 그녀는 감옥에서 육체적 ·

정신적 고통에 시달리다 결국 정신이상자가 되었다. 그녀는 때때로 감옥의 유리창을 깨고 "대한독립만세!"와 "어머니!"를 외치곤 했는데, 감옥 밖에 있던 어머니가 그 소리를 듣고서 "아무 죄도 없는 내 딸을 석방하라!"며 대성통곡을 했다. 하지만 일본 관헌은 오히려 그들을 욕하며 매를 때렸다고 한다.[22]

3 · 1운동 때 전주에서 만세운동을 하던 여학생들도 감옥에 갇혔는데, 고압적인 일본 순사의 심문에 한 여학생이 이렇게 항변했다.

"우리들은 너희의 판결에 불복한다. 너희들은 우리의 강토를 모두 빼앗고 우리의 부형을 학살한 강도 도적인데, 오히려 삼천리 주인이 되는 우리를 판결함은 불법이다."

그러자 일본 순사는 도리어 칼을 뽑아 그 여학생의 왼쪽 귀를 잘라버리고, 다른 여학생들도 모두 발가벗겨 조롱하는 만행을 저질렀다.[23]

독립운동가에 대한 탄압과 고문은 날이 갈수록 악랄해졌다. 특히 1930년대 이후에는 일본 순사뿐 아니라 그에 동조하는 친일파 조선인 순사의 만행도 결코 간과할 수 없는 수준이었다. 대표적인 인물로 하판락을 들 수 있다. 그는 사천과 부산에서 순사로 일하면서, 경상남도 지역의 독립운동가들을 색출하는 데 앞장섰다. 신사참배를 거부하는 기독교인을 대거 붙잡아 고문했고, 1943년엔 친우회 회원인 여경수를 잡아들여 숨지게 했을 뿐만 아니라 그에 가담한 자들을 불구자로 만들어 '고문귀신'이란 별명을 얻었다.[24]

이상과 같이 개화기와 일제강점기에는 질병이나 사고, 생활고, 고문, 형벌 같은 다양한 원인으로 장애를 입었고, 장애인 수도 훨씬 증가했다. 특히 이 시기에는 근대화와 산업화, 식민지 상황으로 인해 후천적인 장애인이 급증했다.

3장

개화기 장애인 정책

어쩌면 조선시대가 현대보다 앞섰다

우리는 흔히 과거엔 장애인 정책이 전혀 존재하지 않았으며, 근대에 이르러 서구의 영향을 받아 비로소 마련되었을 것으로 생각한다. 하지만 그것은 일제의 식민사관이나 서구 학문의 사대주의에서 비롯된 그야말로 왜곡된 생각일 뿐, 실제로는 앞에서 살펴본 것처럼 조선시대 장애인 정책은 비록 성문화되어 있지는 않았지만 나름대로 체계적으로 시행되고 있었다. 어쩌면 조선시대가 현대보다 더 앞섰다고도 볼 수 있다. 장애인을 크게 경증과 중증으로 나누어 정책을 펼친 점, 장애인도 모두 직업을 갖고 자립할 수 있도록 유도한 점, 범사회적으로 장애인에 대한 편견과 차별이 없도록 노력한 점 등이 그렇다.

그렇다면 조선시대에 장애인 정책이 발달할 수 있었던 배경은 과연 무엇이었을까? 그것은 독특한 유교적 재이관(災異觀) 때문이 아니었을까 한다. 조선시대 왕들은 부모와 같은 마음으로 백성을 보살펴야 했다.

만약 그렇게 하지 않으면 백성의 원망이 하늘에 닿아 가뭄이나 홍수, 지진, 태풍, 일식, 월식 같은 갖가지 자연재해가 일어난다고 생각했다. 특히 장애인은 환과고독(홀아비, 과부, 고아, 자식이 없는 노인)과 함께 그러한 민심을 대변하는 척도였기에 왕들은 늘 장애인 정책에 신경 써야 했다.

개화기에도 장애인 정책이 계속 시행되고는 있었다. 그때까지만 하더라도 아무리 장애인이라 할지라도 배워서 스스로 먹고살수 있어야 한다고 여겼다. 당시 신문기사들의 주장을 살펴보자.

> 일리(一里), 일촌(一村)에도 숙당(학교)이 없는 곳이 없게 하여 전국에 역부와 농부, 거지, 폐질(장애인)이라 할지라도 배우지 않는 사람이 없게 해야 한다.[1]

> 위생관념을 전국에 보급케 하여 환과고독과 폐질(장애인)이라 할지라도 각기 스스로 구호하고 양육하여 실업(實業)에 나아가게 하자 하였다더라.[2]

개화기 사람들은 이렇게 장애인도 배워서 직업을 갖고 자립해야 한다고 생각했다. 그리고 어려움에 처한 장애인이 있으면 국가가 직접 나서서 구휼 혹은 진휼하도록 했다. 실제로 임금도 장애인에게 구휼이나 진휼을 실시하도록 자주 지시했다.

> 백성들 가운데 환과고독과 오래도록 폐질(장애)을 앓고 궁벽하여 스스로 살아갈 수 없는 자는 부서를 따로 두어 구휼하게 하고….[3]

> 각 도의 인민 가운데 홀로 되고 가난한 폐질자를 지방관이 더욱 마음을 써서 어루만져 구휼하라 하시고 백성의 고단함에 마음을 쓰라 하셨으니….[4]

뿐만 아니라 개화기에는 민간 차원의 구휼 기관인 진민소(賑民所)가 운영되기도 했다. 진민소란 1898년 6월 전 승지 고운정과 관립학교 교원 윤태진 등 16명의 민간인들이 각기 2만 냥씩 내놓아 총 32만 냥의 자본금으로 설립한 빈민구제 시설이다. 서소문 안의 전 선혜청 소속 진휼청 자리에 있었던 것으로 보아, 정부의 협조를 받아 설립되었음을 알 수 있다. 진민소는 스스로 살아가기 어려운 빈민이나 환과고독 및 장애인을 구휼하기 위한 목적으로 설립되었다. 날마다 아침저녁으로 식사를 제공하고, 계절에 맞는 의복을 제공했으며, 잠을 잘 거처를 제공했다. 또 병에 걸리면 약과 치료비를 대주고, 죽으면 장례비를 보조해주었다. 이후 진민소는 운영비를 조달하기 위해 상인들이 곡물을 거래할 때 일정한 세금을 걷는 방식을 취했는데, 이 때문에 1898년 10월 고종 황제로부터 폐쇄 명령을 받았다. 하지만 이듬해인 1899년 3월 고운정의 상소에 따라 정부 시설로 다시 설치되었다.[5]

또한 장애인에게는 세금, 특히 잡세를 면제해주었다.

> 조맹인 호소. 각 경찰서에서 인민에게 위생비를 받았으나 맹인에게는 받지 않았는데, 중부대묘공사는 맹인 조장익 씨에게 위생비를 내라고 장내 순사를 시켜 성화하고 독촉하므로 조맹인이 중부경찰서에 가서 호소하였다더라.[6]

원래 시각장애인에게는 위생비 등 잡세를 면제해주었다. 그런데 경찰서에서 갑자기 잡세를 걷으려 하자, 조맹인이 중부경찰서를 찾아가서 잡세를 면제해달라고 강력히 호소했던 것이다.

나아가 장애인이 범죄를 저지를 경우 그 정상을 참작하여 감면하거나 사면해주었다. 대표적으로 다음의 신문기사들을 살펴보자.

제144조. 폐질(장애)인이 죄를 범한 경우엔 법률에 따라 한 등급을 낮춘다. 단 반역이나 고의로 살인한 자는 이러한 제한이 없다.

제145조. 정신이상자가 범죄를 저질렀을 때는 아래와 같이 한 등급을 낮춘다. 하나, 사형에 1등급. 둘, 유역형에 2등급. 셋, 감옥형에 3등급. 넷, 태형에 4등급. 단 반역을 행한 자는 이러한 제한이 없다.[7]

법부에서 조칙을 받들어 감옥의 중한 죄인 중 나이 70세 이상과 폐질인 사람을 풀어주되 그 사람의 성명을 다른 종이에 기록하여 올리라.[8]

개화기에는 이렇게 정신장애인을 포함한 장애인이 범죄를 저질렀을 경우엔 법에 따라 한 등급을 낮추어 처벌하거나 심지어 감옥에서 풀어주기도 했다.

시각장애인은 야간통행금지에서도 제외되었으며,[9] 순검의 직무 규정에도 늙은이와 어린이, 부녀자와 함께 불구자(장애인)에 대해 더욱 힘써 보호하도록 명시되어 있었다.[10]

지식인들의 부단한 노력

우리나라의 장애인 교육과 복지제도는 서양의 영향, 특히 선교사들에 의해 도입된 것으로 알고 있는 사람이 많다. 하지만 개신교 선교사들이 근대적 장애인 교육과 복지제도를 전파하기에 앞서, 이미 개화 지식인들이 그것들을 도입하고자 노력했다. 특히 그들은 고종의 명을 받고 해외로 시찰을 떠난 공식적인 지식인들이었다.

1881년에 고종은 일본의 문물과 제도를 시찰하기 위해 관료 12명과 수행원 27명, 통역관 12명, 하인 13명 등 총 64명의 조사시찰단(일명 신사유람단)을 파견했다. 그들은 당시 일본이 서구를 본받아 이룩한 괄목할 만한 성과들을 기록하여 고종에게 보고했다. 그중 강문형은 병원과 함께 시각 · 청각장애인 교육 및 복지기관인 맹아원에 대해 다음과 같이 소개했다.

> 맹아원(盲啞院)을 설치해 남녀 맹아자를 취집해놓고 교사를 두어 교육한다. 맹자(盲者)는 지세(地勢)의 형편과 도로의 원근 및 일본 언문을 가르치는데 입으로 가르치면 귀로 들어 일과월고(日課月攷)하니 자연히 깨우친다. 아자(啞者)는 서화, 산수, 조각 등의 기술을 가르치면 입으론 말하지 못해도 눈에 보이고 손으로 하는 것은 정통하지 않은 게 없다. 처음에는 급료를 주어 권과(勸課)하나 마침내 기술이 숙련되면 수세(收稅)한다. 이익을 좇음에 가깝다고 해도 백성들이 놀고먹지 않게 해 강학(講壑)을 면케 하려는 의도에서다.[11]

이 맹아원은 1878년에 설립된 도쿄맹아원으로 추정된다. 강문형은 그

기관의 시각·청각장애인에 대한 교육 방법을 소개하면서, 운영 방법과 설립 취지에 대해서도 간략히 언급했다.

고종은 또한 1883년 정사 민영익과 부사 홍영식을 비롯한 서광범, 변수, 유길준 등의 개화파 인사들을 미국과 유럽에 친선사절단, 즉 보빙사로 파견했다. 그때 유길준은 미국 보스턴에 남아 계속 공부했는데, 1885년에 귀국하여 국한문 혼용체로 서양 기행문이자 근대적 국정개혁서인 『서유견문(西遊見聞)』(1895)을 집필했다. 이 책의 제17편에서는 빈원(貧院), 병원 등 사회복지기관에 이어 치아원, 광인원, 맹인원, 아인원 등 장애인 교육과 복지기관에 대해서도 차례대로 소개하고 있다. 이 책은 당시 서구의 근대적 장애인 교육과 복지기관의 모습뿐만 아니라 그것을 도입하고자 하는 개화 지식인의 의지도 잘 보여준다. 더 나아가 오늘날 장애인 교육과 복지기관의 운영에도 시사하는 바가 많다. 따라서 장황하더라도 전문을 좀 더 자세히 살펴보기로 한다.

먼저 유길준은 정신지체아 교육기관인 치아원(痴兒院)에 대해 이렇게 소개하고 있다.

> 치아원은 치아(정신지체아)를 가르치는 학교다. 여러 가지 제도는 예사 학교와 같으나, 치아란 본래 그 천품이 이해하고 깨닫는 데 부족한 아이들인 것이다. 그런 까닭으로 그 가르치는 제도는 다른 곳과 다를 수밖에 없다. 학습하는 책도 특별히 큰 글자로 인쇄하되, 말을 가르치는 경우, 글자만으로 그 의사를 깨닫게 하는 것이 어렵기 때문에 그림을 쓰도록 하고 있다. 가령 개라는 글자는 가르칠 때는 개를 그리고 글자는 그 옆에 첨기할 뿐이다. 물품 구입하는 일을 가르치려면 역시 그림으로 사람이 물건을 사는 모양을 그리고 글자로 그 뜻을 풀이한다. 이와 같이 그 본뜻을 깨닫지 못할까 우려

한 나머지, 한 구절 한 마디를 상세하게 되풀이 숙독케 하여 차츰 독서하는 법을 배우도록 한다. 수학을 가르치는 데도 여러 가지 기기(機器)가 있다. 그 일례를 들어보자. 교사가 작은 구슬 몇 개를 가지고 있으면서, 손에 2개를 들고 말하기를 "구슬이 몇 개인가"라고 물을 때 한 아이도 대답하는 자가 없으면 교사 스스로가 2개라고 가르쳐주며, 만약 아는 아이가 있거든 또 2개를 더하여 "2개에 2개를 더하면 몇 개가 되는가?" 하여 4개라 대답하는 이가 있거든 또 3개를 다시 더하여 말하기를 "4개에 3개를 더하면 몇 개가 되는가?" 하여 대답이 7개라 하는 이가 있거든 교사가 다시 묻되 "4개와 3개를 합하여 7개이다. 지금 이 7개 가운데서 1개를 감하면 몇 개가 남는가?" 6개라 말하면 또 말하되 "이 6개를 두 사람이 똑같이 나누면 한 사람의 몫이 몇 개가 되는가?" 하는 식으로 가르쳐 나아가 계산하는 지각을 양성토록 한다. 또 유희하는 데 쓰이는 여러 도구도 예사로운 것이 없을뿐더러 하나 둘로 그치지 않는다. 그 가운데 간단하고 쉬운 것은 두꺼운 종이에 초목·금수 및 배·수레 혹은 주택의 상을 그린 다음, 쪼개기를 모나게 혹은 둥글게 하며, 길게 혹은 짧게, 세로 혹은 가로로 하여 그 쪼개놓은 여러 조각을 각각 그 원상태로 합하게 하되, 잘한 자는 상을 주고 능하지 못한 자라도 결단코 꾸짖어서는 안 된다. 또 그 밖에도 춤추는 법과 노래를 가르쳐서 심지(心志)와 기도(氣度)를 활발케 한다. 나무 오르기라든가 그네뛰기를 가르쳐서 몸과 근골을 건장케 해준다. 근래에는 군대식 조련도 가르쳐서 상하의 서열과 순서를 알도록 하기도 한다.[12]

정신지체아는 이해하고 깨닫는 것이 부족하므로 그 가르치는 방법이 다를 수밖에 없으므로 학습교재도 특별히 큰 글자로 만들고, 언어를 가르칠 때는 글자와 함께 그림을 활용했다. 수학의 계산법을 가르칠 때도

덧셈에서 뺄셈으로 단계적으로 가르쳤다. 놀이하는 도구도 유별난 것이 많았는데, 대표적으로 두꺼운 종이로 만든 퍼즐 맞추기가 있었다. 그 밖에 춤과 노래, 나무 타기와 그네뛰기, 군대식 조련 등도 가르쳤다. 그런데 선행연구에 따르면 이 치아원에 대한 정보는 일본의 후쿠자와 유키치(福澤諭吉)가 쓴 『서양사정(西洋事情)』의 내용을 거의 그대로 인용한 것이라고 한다.[13]

다음으로 정신장애를 치료하는 복지기관인 광인원(狂人院)에 대해 소개하고 있다.

> 광인원은 미친 사람을 치료하는 곳이다. 옥사를 짓는 데 있어서는 화려하고 정결케 하여, 한가한 운치를 곁들인 아담한 풍치가 사람의 마음을 즐겁게 해놓고 있음을 본다. 일상적으로 쓰는 여러 기구도 기명으로부터 실내의 배열에 이르기까지 다 그러할뿐더러, 원의 둘레에는 동산을 만들고 기이한 꽃과 이상한 풀을 가꾸며, 작은 초롱에는 아름다운 새를 기르고, 연못에는 금붕어를 기르는 등 모든 것이 다른 원에 비하여 유난히 다르다. 환자는 한 사람마다 방 하나씩을 차지하고 있으며 증세의 차가 가벼운 자는 낮에 정원을 배회토록 허락받으며, 그 뜻이 즐거운 대로 화초를 완상하는 사람이라든가, 새와 물고기를 희롱하는 사람도 있고, 노래 부르는 사람, 춤추는 사람, 읊조리는 사람, 그림 그리는 사람과 음악을 하는 사람도 있기 때문에 그들의 마음을 자극하지 않고 치료하여 구하는 좋은 법을 강구하고 있다. 한편 의사의 약 쓰는 방법도 극진하여 빠른 효력만을 구하지 않고 좀 오래되어도 완치되기를 기다리며 재발할 염려가 없어야 비로소 퇴원하도록 허락한다. 미친 증세로 말미암아 죽을죄를 범한 자는 비록 다 나은 뒤라도 죽을 때까지 원내에 머물러 있도록 한다. 연전에 영국 여왕이 행행할 때 갑자기 한 사

람이 뛰어나와 소총을 발사했으나, 천행으로 여왕의 옥체는 무사했다. 유사(有司)가 그 사람을 체포하여 심문한즉 시내에 사는 미친 사람이었다. 그의 범죄는 용서 못할 대역죄에 해당되었으나, 여왕은 그의 본심에서 나온 범죄가 아님을 용서하고 아울러 불행한 병을 측은하게 여겨, 왕실의 비용으로 광인원에 보내서 치료토록 했다. 온 천하 사람들이 여왕의 관후, 인자한 덕을 칭송하였다.

서양 의사의 말에 의하면, 범인으로서 미친 사람은 지각과 재식이 본래 뛰어난 자라고 한다. 그런 까닭으로 어리석은 자는 미친 증세를 나타내지 않는다. 치료하는 방법으로는 뜻을 순하게 하며 약을 알맞게 사용하여 그의 성정을 한가롭게 요양하면 온전한 치유를 기약할 수 있다.

미국 광인원의 규칙을 살펴보면 다음과 같다. 부유한 자는 치료하는 여러 비용을 내며, 가난한 자는 내지 않아도 된다. 30년 전에는 광인원 안의 여러 가지 시설이 갖추어지지 못하였기 때문에 치료하는 효험이 극히 적었었으나, 그 뒤 여러 가지 시설이 갖추어진 후에는 치료하는 방법이 크게 개선되었다. 30년 전과 뒤의 치료 상황을 비교해보면, 그전에는 100명 가운데서 온전히 나은 이가 5~6명에 불과했지만 오늘날에는 백 사람 가운데서 완전히 나은 이가 30명 이상에 이른다고 한다.[14]

이 글에 따르면 광인원은 동산과 정원, 연못까지 갖추고 있고 유난히 화려하고 정결했다. 환자들은 독방을 쓰고 있었으며, 증세가 가벼운 이들은 낮에 정원을 산책하기도 했다. 의사들의 치료법도 극진하여 비록 시간이 걸려도 환자가 완치되기를 기다렸다가 퇴원시키곤 했다. 특히 정신장애인의 범죄는 그의 본심에서 나온 것이 아니므로 오히려 불행한 병에 걸린 것을 측은하게 여겨 그 죄를 용서하고 광인원에 보내 치료받게 한다고 했다. 나아가 정신장애를 치료하는 방법은 마음을 편안하게 하고 약을 적절히 사용하면서 한가롭게 요양하는 것이라고 했다. 이곳의 운영 방침은 부유한 자는 비용을 내고, 가난한 자는 내지 않아도 된다고 했다.

바로 이어서 시각장애인을 위한 교육과 복지기관인 맹인원(盲人院)에 대해 소개하고 있다.

> 맹인원은 장님을 가르치는 학교다. 여러 가지 제도는 대략 아인원(啞人院)과 같다. 그러나 학습하는 책자는 물체의 꼴과 글자를 볼록하게 인쇄하고, 지도는 바늘로 뚫어 물과 뭍의 형상을 나타내며, 산수도 그 기기를 따로 만들어 더하고 빼고 곱하고 나눔 등의 네 가지 방법으로 천문과 지리까지를 측량할 수 있으므로, 불능한 것이 없는 셈이다. 음악과 가무도 보통 사람과 차이가 없으며, 이 밖에도 좁고 가는 교묘한 공작과 섞어 짜는 섬세한 일을 능히 해내어 그 제품을 시장에 판 다음, 그 이윤을 이 원의 비용으로 제공하고 있다. 영국의 맹인원 제도는 어른 · 아이를 막론하고 가르치는 기한을 6개월로 정해놓고 있다. 이 연한 전에 학업을 마칠 수도 있지만 가난하여 돌아갈 곳이 없는 이는 그냥 원내에 머물면서 입고 먹는 데 필요한 모든 비용은 자기가 번 돈으로 충당한다. 그들이 살아가는 방책은 경문을 외거나 점술을 익히는 것이 아니라 물건을 제조하는 일에 종사하고 있음을 본다. 그들은 가르치는 동안에 드는 잡비는 모두 정부가 담당하고 있지만, 부잣집 자녀는 반드시 그 비용을 내도록 하고 가난한 이는 내지 않도록 한다.
>
> 필자가 다른 나라에 가 있을 때에 맹인원에 가본 일이 있다. 그곳의 교사들은 맹인들이 만든 물품을 보이면서, 공부하는 차례를 이야기해준 일이 있었다. 자세히 살펴보니, 그 수단의 정교함과 규모의 아름다움은 두 눈 가진 이의 재주에 뒤지지 않을뿐더러 학습하는 정신 또한 도리어 뛰어났다. 돌아

올 때에 필자의 성명을 말했더니 흘림 글씨로 쓰는 솜씨가 뛰어나고, 우리나라 이름을 말했더니 지도를 어루만져보고 말하되 아시아 동쪽의 먼 나라라고 하는 것이었다.[15]

맹인원에선 점자 책과 지도로 공부하고, 수학은 별도로 만든 기기로 배웠지만, 나머지 음악이나 무용은 보통 학교와 차이가 없었다. 그들은 우리나라의 시각장애인처럼 점복이나 독경을 하는 것이 아니라 주로 물건을 만드는 일에 종사했다. 그 기술도 매우 정교하여 비장애인에 못지 않을뿐더러 배움에 대한 열의도 대단했다는 것이다.

끝으로 유길준은 청각장애인의 교육기관인 아인원(啞人院)에 대해 소개하고 있다.

아인원은 벙어리를 가르치는 곳이다. 가르치는 조목으로서의 어학, 산술, 천문, 지리 등에 관한 한 보통학교와 다를 바가 없다. 그러나 가르치기 시작할 때에는 손가락으로 알파벳의 26자를 형상하되, 말을 하지 않고 글자만 보면 깨달을 수 있게 하는 것이 다르다. 또 다른 사람이 말할 때 나타내는 입술, 혀, 이, 목구멍의 운동을 배우도록 하고 이러한 이치를 배워 소리를 내는 경지에 이를 것 같으면 타인의 말을 듣지는 못하되, 그 입술, 혀, 이, 목구멍의 움직임을 보고 말하는 뜻을 해득하여 타인과 능히 수작할 수 있게 된다. 벙어리가 말을 못하는 연유는 발음하는 기관이 건전치 않은 데 있는 것이 아니라 귀청이 열리지 않아 타인의 음성을 듣지 못하는 까닭으로 자기의 음성 또한 고르지 못하기 때문이다. 그 증거를 밝혀보면 즐거운 때의 웃음소리와 슬플 때의 울음소리는 천연스러운 성질에서 우러나오는 것으로서 말 잘하는 사람의 경우와 똑같기 때문에 벙어리는 귀가 반드시 먹어 있는 것이다. 그러므로 오래도록 가르치게 하여 발음하는 형용에 익숙해지면 해득하지 못하는 것이 없을뿐더러 어떠한 학문이든지 능히 배울 수 있는 것이다. 또 책을 보는 데 있어서도 옥편과 운고(韻藁) 등까지 교사를 대신하여 통달하지 않는 것이 없다. 한편 유희하는 기구도 그림이나 글자로 표시하여 가르침을 기다리지 않아도 능히 해득할 수 있도록 해놓고 있다. 필자가 외국에 가 있을 때, 어느 아인원에 가서 그곳 교사에게 벙어리의 말하는 거동을 청하여 본 일이 있었다. 벙어리 한 사람을 불러오자, 일어나서 절한 다음 계절에 대한 인사를 했더니, 그이도 친절하게 대답하는 것이었다. 다시 일어나 말하기를 "나는 조선 사람이다"라고 하니까, 벙어리가 흑판에 써서 말하기를 "조선 사람은 참으로 우리나라의 귀빈이다"라고 하는 것이었다.[16]

아인원에서 가르치는 교과목은 보통학교와 다를 바 없으나, 다만 가르치기 전에 손가락으로 말하는 수화(手話)와 상대방의 입술과 혀, 이, 목구멍 등의 움직임을 보고 말뜻을 해석하는 독화(讀話)를 통해 타인과 의사소통할 수 있게 했다. 또 언어장애인이 말하지 못하는 것은 발음기관에 문제가 있어서가 아니라 귀청이 열리지 않아 타인의 음성을 듣지 못하고 자기의 음성 또한 고르지 못하기 때문이라고 유길준은 지적하고 있다.

이와 같이 개신교 선교사들이 근대적 장애인 교육과 복지기관을 전파하기에 앞서, 이미 국왕을 비롯한 개화 지식인들이 정부 차원에서 그것들을 도입하기 위해 적극적으로 노력했음을 알 수 있다. 하지만 개화기의 혼란한 정국에서 그러한 사업을 추진할 여력이 없었다. 만약 일제의 치밀하고도 집요한 침략 시도가 없었고 국내의 정치와 경제도 안정되어 있었더라면, 단언컨대 우리나라에서도 자생적으로 근대식 장애인 교육과 복지기관이 설립되었으리라 본다.

4장

근대식 장애인 교육기관

개화기의 조선은 정부 기능이 약화되면서 장애인 정책이 제대로 시행되지 않았다. 사회사업이나 장애인 복지는 주로 민간단체, 특히 외국 선교사에 의해 이루어졌다. 그와 함께 조금씩 과학적이고 체계적인 장애인 교육제도가 도입되기 시작했다. 그러므로 이 장에서는 개화기 외국 선교사들에 의해 이루어진 근대식 장애인 교육기관에 대해 집중적으로 살펴보기로 하자.

외국인 선교사와 함께 시작된 장애인 특수교육

당시 천주교는 조선 정부로부터 공식적인 인정을 받지 못하고 끊임없이 박해를 당하고 있었다. 그럼에도 빈민이나 고아 등에 대한 사회복지사업을 전개했다. 특히 천주교는 아동구제사업에 많은 신경을 써서 1855년부터는 고아나 기아를 신자들의 가정에 맡기거나 유모를 두어 양육하고, 1857년에는 시약소를 설치하여 병든 아이들을 구제하기도 했다. 하지만 이러한 아동구제사업은 병인박해(1866)로 인해 중단되고 말았다.[1]

1876년 개항 이후 주로 미국에서 건너온 개신교 선교사들은 이러한 상황에 영민하게 대처해나갔다. 그들은 당시 조선 사람들이 기독교에 대해 갖고 있던 이질감과 거부감을 완화하기 위한 방편으로 의료나 교육, 복지사업과 같은 간접적인 선교 방법을 채택했다. 과학적이고 체계적인 근대식 장애인 교육, 곧 특수교육도 바로 이들 개신교 선교사들에 의해 처음 도입되었다.

원래 우리나라의 장애교육은 주로 가정에서 부모에 의해 이루어졌다. 다만 교육 내용이나 방식은 신분에 따라 차이가 났는데, 양반층의 경우는 여러 가지 학문을 익혔고, 서민층의 경우는 살아가는 데 필요한 각종 직업교육을 받았다. 특히 점복이나 독경, 음악에 종사하는 시각장애인의 경우 주로 선배 판수들의 구전과 암송을 따라 익히는 도제식 교육을 받았다.[2] 하지만 장애의 특성을 이해하고 그것을 과학적으로 보완하기 위해 특수한 교육적 도구나 방법을 사용하는 장애인 교육, 곧 특수교육은 개신교 선교사들에 의해 본격적으로 이루어졌다.[3]

근대 개신교 선교사로서 우리나라에 처음으로 입국한 사람은 일본 주재 감리교 선교사였던 맥클래이 목사였다. 그는 1884년 6월 김옥균의 소개로 고종을 알현하여 선교협회가 조선에 병원과 학교를 개설할 수 있도록 허락받았다. 이후 장로교 선교사 알렌, 헤론, 언더우드 등이 1885년 4월 국립병원 광혜원을 열어 의료사업을 시작했고, 감리교 선교사 아펜젤러는 1885년 여름에 배재학당을, 의료선교사 스크랜턴의 어머니 메리 스크랜턴 여사는 이화학당을 설립하여 교육사업을 시작했다. 또한 의료선교사 스크랜턴은 1887년 10월 여성 의료기관인 보구여관을 개설한 뒤 메타 하워드를 초청하여 그곳에서 일하게 했다. 하워드는 열심히 환자들을 돌보았지만 건강을 해쳐 2년 만에 귀국하고 말았다. 그리하여 1891년 10월 감리교 여성 의료선교사 로제타 셔우드 홀이 그의 후임으로 오게 되었다. 이후 그녀는 43년 동안 여성들을 위한 수많은 의료활동을 펼쳤을 뿐 아니라 여성 의사 육성에도 커다란 업적을 남겼다. 또한 평양에 맹여아와 농아를 위한 학교를 설립하는 등 우리나라에 근대식 장애인 학교를 도입하는 데에도 크게 기여했다.[4] 아래에서는 먼저 로제타 셔우드 홀의 생애와 업적을 통해 우리나라의 근대식 장애인 교육기관을 자세히 살펴보도록 하자.

로제타 홀, 조선 최초로 맹아학교를 설립하다

기름종이에 바늘로 찍어 만든 점자 교재

로제타 셔우드 홀(1865~1951)은 미국 뉴욕 리버티에서 태어났다. 그곳의 체스넛 릿지 학교에서 초등교육을 받은 후, 열일곱 살에 오스웨고 스테이트 노멀 스쿨에서 초등학교와 고등학교 교사 자격을 취득했다. 그 후 1년 동안 모교인 체스넛 릿지 학교에서 교사로 근무하다가, 의료선교사가 되기 위해 스무 살에 펜실베이니아 여자의과대학에 들어갔다. 그 후 뉴욕 빈민가에서 의료봉사 활동을 했으며, 그곳에서 윌리엄 제임스 홀을 만났다. 두 사람은 1889년 8월에 약혼하고, 의료선교사가 되기로 약속한다.[5]

1891년 10월, 로제타는 메타 하워드의 후임으로 입국하여 보구여관

선교사 로제타 홀과 자녀들. 로제타 홀은 우리나라에 근대식 장애교육을 도입하는 데 큰 역할을 했다.

에서 의료 및 선교활동을 하기 시작했다. 그녀는 이화학당에서 생물학과 약물학을 가르치기도 했는데, 당시 학생들 가운데 한 명이 바로 김점동, 즉 박에스더(1876~1910)였다. 그녀는 뒷날 로제타의 주선으로 박유산과 결혼한 후 미국으로 유학하여 한국 최초의 여성 의사가 된다. 박에스더는 남편의 성과 세례명을 딴 이름이다.

이듬해 약혼자 윌리엄도 조선에 들어와 선교활동을 시작했다. 1892년 6월에 두 사람은 결혼식을 올렸다. 조선 최초의 서양식 결혼식인지라 고종 임금도 군악대를 보내 축하해주었다. 하지만 그해 8월 감리교 연례회의의 결정에 따라 로제타는 보구여관에서 계속 근무하고, 윌리엄은 선교기지를 개척하기 위해 평양으로 떠나야 했다. 그로부터 2년 후인 1894년 5월에 로제타도 남편이 있는 평양으로 갔다. 그녀의 품안에는 6개월 된 아들 셔우드가 안겨 있었고, 곁에는 조수이자 통역관인 박에스더가

평양여맹학급의 작업 모습

평양맹아학교의 수화 모습

있었다.

그런데 그들이 평양에서 선교활동을 시작하자마자 기독교인 박해사건이 일어났다. 그곳의 관리들이 평양마저 외국인에게 넘어갔다며 주민들을 자극하는 한편 윌리엄의 조수이자 기독교도인 김창식을 붙잡아 가서 처형하려고 했던 것이다. 다행히 윌리엄이 서울에 전보를 쳐서 가까스로 그를 구해냈다. 이후 기독교인에 대한 핍박이 조금 누그러지자, 두 사람은 다시 선교활동을 펼쳤다. 로제타는 성문 옆에 있는 한옥에서 환자들을 치료했는데, 이때 맹인 소녀 오봉래를 만나게 된다. 오봉래는 평양에서 윌리엄의 첫 번째 신자인 오석형의 딸이었다. 로제타는 기독교 신자 오석형의 딸 오봉래와의 만남을 계기로 장애교육을 실시할 때가 왔다고 생각했다. 로제타의 아들 셔우드 홀은 『닥터 홀의 조선 회상』에서 그때의 일을 이렇게 적었다.

> 평양에서 닥터 홀(아버지)의 첫 신자가 된 사람은 오석형이다. 그는 이번 사건 중 감옥에 갇혔다가 석방된 사람들 중 하나로 앞을 못 보는 어린 딸이 있었다. 홀 부인(어머니)의 환자 중에는 장님, 벙어리, 귀머거리들이 많았다. 그 당시 조선의 장님, 벙어리, 귀머거리들은 매우 처참한 상태에 놓여 있었다. 장님들은 점쟁이나 무당이 되지만, 그것도 부모가 돈이 있어서 그들을 훈련시킬 수 있는 처지가 되어야 가능했다. 그렇지 못하면 그들은 소외되어 잘 먹지도 입지도 못해 결국은 보행 능력까지도 잃게 된다. 홀 부인은 눈먼 어린이들을 어떤 방법으로든지 도와주고 싶었지만 조선인들이 그녀의 의도를 곡해할 수도 있었으므로 조심하지 않을 수 없었다. 그 당시의 긴장된 상황으로는 자칫 잘못하면 1888년에 파급되었던 유언비어처럼 "의사들이 약을 만들기 위해 아이들의 눈을 뽑았다"는 모함으로 이용될 수도

있었다.

홀 부인은 오씨의 딸이 장님이라는 사실을 알았을 때 "이곳에서 일을 시작할 기회가 비로소 왔구나. 그 애의 아버지는 기독교인이니 내 의도를 곡해하지 않겠지"라고 생각했다. 홀 부인은 일기에 "나는 봉래를 가르치기 위해 조선 기름종이에 바늘로 점을 찍어 일종의 점자를 고안했다"라고 기록하고 있다.

봉래는 총명했다. 거기다 높은 열성을 가지고 좋은 반응을 보였다. 홀 부인은 맹인을 교육시킬 수 있는 지식이 있으면 봉래에게 점자를 읽게 할 수 있다고 생각했다. 그녀는 이 분야에 대해 공부하기로 결심했다. 장님은 이 세상에 쓸모없다는 세간의 그릇된 관념을 깨뜨리기 위해서는 맹인 교육이 시급했다.[6]

이처럼 로제타는 맹인 소녀 오봉래를 가르치기 위해 기름종이에 바늘로 점을 찍어 일종의 점자를 고안해냈다. 혹자는 이것을 우리나라 특수교육의 기원으로 보기도 한다. 또한 이 인용문을 통해 로제타가 장애 교육을 실시한 이유를 알 수 있는데, 그녀는 맹인이나 농아인 등 장애인들이 비참한 처지였기 때문에 어떤 방식으로든 그들을 도와주고 싶다고 했다.

하지만 또 다른 개신교 선교사 언더우드는 당시 조선의 판수들은 천리안(千里眼)을 가진 사람으로 상당한 대우를 받았을 뿐 아니라 다른 나라에서처럼 눈이 멀었다는 것을 고통스러운 일로 여기지 않는다고 말했다.[7] 다시 말해 로제타는 지극히 기독교적이고 서양적인 입장에서 점복이나 독경을 미신 취급할 뿐만 아니라 시각장애인들이 매우 비참한 처지에 있는 것처럼 보았던 것이다. 이런 영향으로 이후 우리나라 기독교인들은 장애인을 지나치게 피해자적 존재이자 동정의 대상으로 보기도 했다.

그런데 로제타는 현지 사정이 여전히 좋지 않고 전쟁이 일어날 우려도 있어 평양에 간 지 한 달 만에 서울로 철수할 수밖에 없었다. 과연 얼마 안 있어 청일전쟁이 일어나 평양에 많은 환자들이 발생했다. 보다 못한 윌리엄은 1894년 10월 평양으로 달려가서 부상자들을 치료하는 데 그야말로 혼신의 힘을 다했다. 그러다 과로와 흑사병에 걸려 서울로 돌아왔고, 1894년 11월 24일에 세상을 떠나고 말았다. 그들 사이엔 한 살 된 아들 셔우드가 있었고, 로제타는 둘째를 임신 중이었다.

로제타는 남편을 잃은 슬픔을 이기지 못하고 일시 귀국했다. 미국에서 남편 윌리엄 제임스 홀을 기념하는 병원을 평양에 세우기 위해 모금운동을 펼치는 한편, 남편의 전기를 출간하기 위한 자료 수집을 하기도 했다. 그리하여 1897년 2월 평양에 홀 기념병원을 개원하고, 1897년 8월에는 『윌리엄 제임스 홀의 생애』를 출간했다.[8] 다시 말해 슬픔을 긍정적으로 승화시켰던 것이다.

그럼에도 로제타에게는 여전히 한 가지 숙제가 남아 있었다. 조선의 맹인들을 위해 일하리라는 다짐이었다. 그녀는 곧 맹인교육에 도움이 될 만한 방법들을 찾기 시작했다. 당시에는 두 가지 점자가 있었다. 1829년 파리의 맹학교 교사인 루이 브라유가 개발한 6점으로 된 이른바 '브라유 점자'와, 1860년 뉴욕 맹학교의 교장인 윌리엄 웨이트가 개발한 4점으로 된 이른바 '뉴욕 포인트'였다. 로제타는 웨이트 교장을 직접 찾아가 점자 구조를 배웠다. 그리하여 여러 유형의 점자 구조를 비교해본 결과 뉴욕 포인트가 조선어에 가장 적합하다는 결론을 내렸다.[9]

1897년 11월 로제타는 아들 셔우드와 딸 에디스를 데리고 조선으로 돌아왔다. 그녀는 우선 서울 보구여관에서 근무하며 맹인들을 가르칠 교재를 만드는 데 많은 시간을 보냈다. 아들 셔우드는 『닥터 홀의 조선 회상』에서 그 모습을 이렇게 기록했다.

> 조선에 돌아온 그해 겨울, 어머니는 여가를 이용해 조선어 교재를 점자법으로 복사했다. 교재는 조선말의 알파벳인 가, 나, 다, 라와 조지 히버 존슨 여사가 지은 '조선어 기도서', 그리고 십계명이었다. 어머니는 카드보드와 비슷하게 빳빳한 조선 기름종이에 바늘로 찍어 점자를 만들었다.[10]

이듬해 로제타는 자녀들을 데리고 평양으로 갔다. 남편의 유언을 생각하며 홀 기념병원에서 열심히 일하는 한편, 맹인 소녀들에게 뉴욕에서 배워온 점자를 가르쳤다. 당시 그녀의 얼굴은 기쁨과 희망으로 가득 차 있었다고 한다. 하지만 그 행복은 오래가지 못했다. 1898년 5월 딸 에디스가 이질에 걸려 죽은 것이었다. 로제타는 몹시 고통스러웠지만, 이번에도 슬픔을 극복하고 딸을 기념하는 '에디스 마거릿 병동'을 지었다.

1898년 6월에는 평양 최초의 여성병원인 광혜여원을 설립했다. 서울의 보구여관과 쌍벽을 이루는 큰 규모의 병원이었다. 또 병원 한쪽에 별도의 방을 마련하고서 오봉래에게 본격적으로 점자를 가르치기 시작했다. 오봉래는 처음엔 진도가 느리고 지루해했지만, 점자로 한글을 깨우친 뒤로는 순풍에 돛단배처럼 진도가 매우 빨랐다. 오봉래는 1년여 만에 로제타가 준비한 모든 교재를 읽을 수 있었다. 나아가 점자로 글을 쓸 수 있을 뿐 아니라 다른 학생들에게 점자 교습을 하기에까지 이르렀다. 로제타는 오봉래에게 뜨개질 같은 직업교육을 시키기도 했다. 이러한 로제타의 맹인 교육이 널리 알려지자 다른 맹인 소녀들도 하나둘씩 찾아오기

시작했다. 그리하여 조선에서 최초로 맹인학교가 생기게 되었다.[11]

"통합교육이 유리하다"

1900년이 되자 맹인학교의 학생 수는 4명으로 늘어났다. 때마침 인근에 정진소학교가 설립되자, 로제타는 맹인 소녀들을 위해 그 학교 부설로 맹인학급을 만들었다. 그들은 낮엔 정진소학교에서 일반 학생들과 같이 수업을 받고, 방과 후엔 어린이 병동에서 기숙하며 점자교육과 직업교육을 받았다.[12]

그러던 중 1906년 11월 어린이 병동이 화재로 불타버리자 맹인 소녀들은 정진소학교의 한 교실로 이전했다. 건물 중앙에 있는 큰 교실 두 개는 정진소학교가 사용하고, 'ㄴ'자형의 작은 교실은 통합신학원에 다니는 감리교 여학생들의 기숙사였고, 다른 한쪽은 맹인 소녀들이 사용했다. 1~2년 후 정진소학교가 새로 지은 건물로 옮겨가고 통합신학원 여학생들도 함께 옮겨감에 따라, 학교 건물을 모두 맹인 소녀들이 사용하게 되었다.[13]

당시 평양여맹학급의 교육 내용을 『The Korea Mission Field』의 보고서를 토대로 정리해보면 다음과 같다.

연도	과목	과목 내용
1906	정규과목 실업교육	한글, 성서, 지리학, 음악(기악, 성악) 마사지, 편물, 수공예품 제작법
1907	정규과목 실업교육	한글, 성서, 지리학, 음악(기악, 성악), 초보 단계의 수학 마사지, 편물, 수공예품 제작법

이처럼 정규과목은 점자를 통한 한글의 읽기와 쓰기, 성서, 지리학, 음

악(기악과 성악) 등이었고, 1907년에는 더하기와 빼기 등 초보 단계의 수학이 추가되었다. 실업교육으로는 생계를 위해 필요한 마사지와 편물, 수공예품 제작법 등을 가르쳤다.[14] 다른 맹인 소녀들이 점복과 독경을 배웠던 데 비해, 이들은 성서와 보통교육, 기술교육을 받았던 것이다.

교구재로는 앞이 안 보이는 것을 감안해 촉각적인 기기들을 활용했는데, 맹인용 주판, 점자타자기, 돌출형 지도, 점역화된 찬송가와 음악책 등이었다.[15]

교육 방법의 특징은 철저한 '통합교육'을 실시했다는 것이다. 평소 로제타는 맹인 소녀들도 일반 소녀들과 함께 배워야 하며, 운동이나 놀이에도 똑같이 참여해야 한다고 생각했다. 이런 통합교육에 대한 소신은 그녀가 쓴 보고서에 잘 나타나 있다.

> 나는 처음부터 항상 맹인 소녀들과 정안 소녀들을 함께 가르치고 그들과 함께 섞여 어울려 놀게 하는 것이 가장 좋은 방법이라고 여겨왔다. (…) 맹인을 위한 시설의 규모가 큰 이유는 맹인들이 오랫동안 사회에서 제외당하고 무시되어왔음에 의거한다. 박애주의자들이 처음으로 생각해낸 것은 특별 수용시설에서 맹인을 수용해야 한다는 것인데, 이는 맹인들이 필요로 하는 근본적인 것은 아니며 맹인들과 일반 사람들에게 모두 손해되는 것이다. 비록 도처에서 특수교사가 지탱되고 있으나 특별 수용시설보다 특수교사가 비용이 적게 든다. 맹아들과 정안 아이들을 함께 접촉하도록 해야 한다. 그리고 지역사회의 일원으로 허물없이 참여할 수 있어야 한다. 정안 아이들은 맹아들의 약점에 접했을 때 친절을 베푸는 것을 배우게 된다. 그러면 어느 쪽이 더 유익한 것이 되겠는가?[16]

이처럼 로제타는 장애인 수용시설과 같은 분리된 기관보다는 일반 학교에서 특수교사를 활용한 통합교육이 오히려 비용이 더 적게 든다고 생각했다. 또 장애인과 비장애인이 서로 접촉하고, 더 나아가 장애인도 그들과 똑같이 지역사회의 일원으로 허물없이 참여할 수 있어야 한다고 했다. 그렇게 하면 비장애인도 남에게 친절을 베푸는 법을 배우게 된다는 것이었다.[17]

자립심과 직업의식 고취

평양에서 맹교육을 실시한 지 10여 년 후인 1909년, 로제타는 농(聾) 교육까지 실시했다. 이 일은 무엇보다 1908년 선교회 소속이 아닌 개인 자격으로 로제타를 찾아온 록웰과 그 가족의 역할이 매우 컸다.

우선 록웰은 시각 · 청각장애아의 실태를 조사하고, 교육시설들을 정비하며, 시각장애 학생들을 모집하기 위해 전국을 순회하는 등 다양한 활동을 펼쳤다.[18] 또한 그는 1909년 영어와 중국어를 할 줄 아는 이익민과 자신의 아내를 중국 체후의 농학교에 보내 농교육법을 배워오도록 했다. 이익민은 돌아올 때 그 학교에서 농교육을 담당하던 조카까지 데려왔는데, 그들 덕분에 한국에서 처음으로 농교육을 실시하게 되었다. 훗날 언더우드는 그들에 의해 시작된 농교육을 다음과 같이 얘기했다.

> 맹교육이 시작된 지 10년 후에 홀 여사와 록웰 씨는 중국 체후에 있는 밀 부인의 농학교에 농교육 시스템을 배우게 하기 위해 한국인 한 사람과 그의 처(록웰 씨의 부인)를 파견했다. 그들은 그곳에서 농교수법을 확실히 익혀 다른 사람들을 지도하기 위해 한국으로 들어왔다. 평양에 있는 이 작은 학교는 그간 결코 많은 시설이 확충되지는 않았지만, 이제 맹과 농 양쪽 모두

를 위한 기관으로 발전했다.[19]

청각장애인에 대한 교육도 앞의 시각장애인 교육과 비슷했다. 기본적으로 수화법과 구화법을 통해 말하기와 읽기를 가르치고, 교구재로는 지구본이나 지도, 그림 등을 활용했다. 로제타는 이들에게도 시각장애인과 마찬가지로 통합교육을 실시했다.

> 내게는 이번 일(농교육)도 맹인사업과 마찬가지로 여겨진다. 나는 이들이 일반 아이들과 함께 학교에 다닐 수 있도록 준비될 때까지 처음 몇 년 몇 개월간 공부하고 생활하는 기숙사 몇 개를 제외하고는 특별히 분리시설에 있을 필요가 없다는 데에 밀 여사와 생각을 같이한다. 맹인사업에서와 같이 그 계획은 상호 간에 도움이 되는 것이며, 비용도 크게 줄게 된다.[20]

이처럼 로제타가 농교육까지 실시할 수 있었던 것은 무엇보다 록웰의 도움이 컸다. 그리하여 1910년 평양여맹학급은 '평양맹아학교'로 이름이 바뀌게 된다. 하지만 그해 록웰은 갑자기 세상을 떠나고 만다. 그의 부음을 들은 학생들이 달려와 자기 아버지가 죽은 것보다 더욱 슬퍼했다고 한다.[21]

1910년 평양맹아학교는 사립학교로 일제로부터 정식인가를 받았다. 당시 학생 수는 총 26명이었는데, 그중 청각장애인이 3명이었다.[22] 이후 1913년 평양맹아학교의 현황과 교육 방법, 졸업생 진로 등은 다음의 신문기사에 잘 나타나 있다.

> 평양 남산재 맹아학교는 원래 미국 부인 홀 씨의 자선사업으로 설립한 것

인데, 지금 눈먼 학도가 20여 명이요 벙어리 학도가 7명이다. 그 학교의 일반 경비는 홀 부인이 전담하고 학교 집은 감리교회당 한 칸을 쓰며, 과정은 여자보통학교와 비슷하다. 교사는 남자 2명, 여자 1명이다. 눈먼 학생의 글 배우는 방법은 종이 위에 글자 획을 두드러지게 하여 손으로 어루만져 익히게 하고, 벙어리 학생은 국문 한문을 손으로 쓰고 익히게 하며, 또 발음법을 가르쳐 한두 마디 말을 능히 한다 하며, 지난여름에 이 학교에서 학예회를 열고 공부하던 표를 각국 사람들에게 구경시키매 모두 칭찬이 자자하였다. 소경 여학생의 창가와 벙어리 학생의 능히 말하는 것은 세계에 첫 일이라 한다. 또 그 학교에서 이미 졸업한 눈먼 여학생 중 평양 숭의중학교에서 공부하는 자가 2명, 지금 본 학교에서 교사가 된 자가 1명, 일본 동경맹아학교에 유학하는 자가 1명, 그나마 출가하여 살림살이 하는 자와 예수 전도인이 되어 전도에 종사하는 자가 근 20명이라더라.[23]

1914년에는 이 학교의 졸업생 오봉래, 조배녀 등이 도쿄(東京)맹학교로 유학을 떠나고, 1914년 8월 11일~15일에는 이 학교에서 제1회 동양맹교육회의를 개최하기도 했다.[24]

1933년 로제타가 정년퇴임하여 귀국하자 아들 셔우드가 그 뒤를 이었다. 로제타는 미국으로 돌아가서도 계속 의료봉사를 하다가 1943년 뉴저지의 한 양로원으로 들어갔다. 1951년 85세의 나이로 세상을 떠났으며, 그녀의 유언대로 가족이 묻혀 있는 서울 한강변의 양화진 외국인묘지에 안장되었다.

1942년 서양인 선교사들이 일제에 의해 추방되면서 평양맹아학교는 조선인이 운영하게 되었고, 1945년 해방 후에는 수용소로 쓰였다고 한다. 50여 년 동안 90여 명이 졸업했는데, 1년에 2명꼴로 졸업생을 배출

한 셈이다.[25]

이상과 같이 로제타는 우리나라에 근대식 장애교육을 도입하는 데 큰 역할을 했다. 특히 장애의 특성을 고려한 특수교육 방법을 도입했고, 교육 내용에 있어서도 보통교육과 더불어 실업교육을 실시함으로써 자립심과 직업의식을 키워주고자 했다. 그 밖에 장애인과 비장애인이 함께 배우는 통합교육을 실시하여 사회통합을 이루고자 했다.[26] 다만 당시 조선의 장애인들을 지나치게 동정의 대상으로 인식하고 장애교육을 선교 수단으로 이용했다는 점은 한계로 지적할 수 있겠다.

페리와 패시, 시각장애아에게 기술을 가르치다

1898년경 로제타가 평양여맹학급을 설립할 당시, 서울에서는 페리와 패시가 남맹학급을 개설하고 있었다. 이는 다음과 같은 자료들을 통해 확인할 수 있다.

> 서울에서도 두 영국인 부인 패쉬(패시)와 페리가 남자 맹인 시설을 하나 더 설립했는데, 이것은 남자 맹인들을 수용 보호하는 것이 중심이었으며, 여기에 수용된 남자 맹인들은 후에 설립된 공립맹아학교로 옮겨졌다.[27]

> 모든 군자께서는 평양 마 목사(모펫 목사) 부인의 남맹학교가 있고 서울 폐례(페리) 부인이 남자 맹인을 교육하는 것을 널리 전하여주시며 학생들을 천거하시는 것을 깊이 바라노라.[28]

첫 번째 인용문은 언더우드가 진술한 것인데, 당시 서울에서도 페리와 패시가 남맹학급을 설립했으며, 이 학생들은 나중에 공립맹아학교인 제생원 맹아부가 설립되자 그곳으로 옮겨갔다는 내용이다. 두 번째 인용문은 『대한매일신보』의 기사로 평양의 모펫과 서울의 페리 여사가 남맹학급을 운영하고 있음을 널리 알려 학생들을 그곳으로 보내게 해달라는 것이다.

페리(Jean perry)는 1863년 영국 런던 근교의 세인트메리스 크레이에서 태어났으며 열아홉 살에 가족을 따라 오스트레일리아로 이주했다. 1891년 10월 12일 선교사 파송단체인 장로교 여선교회연합회 소속으로 제임스 맥카이 목사 부부, 멘지스, 포세트 등과 함께 부산을 통해 한국에 들어왔다. 이듬해인 1892년에 페리와 선교사 일행은 집 한 채를 얻어 3명의 고아를 교육하는 것으로 선교활동을 시작했다. 첫 번째로 받아들인 아이는 거리에서 구걸하던 다섯 살짜리 여자 고아였다. 그 뒤 2명의 여자 고아를 동시에 데려왔는데 그중 한 아이는 지체장애가 있어 목발을 짚고 다녔다고 한다. 하지만 1894년에 페리는 신앙적 견해 차이로 오스트레일리아 장로교 여선교회연합회의 선교사직을 사임하고 잠시 일본으로 건너가 머물렀다. 얼마 후 한국으로 돌아온 그녀는 서울에서 독자적으로 영국복음선교회를 조직하고 고아와 시각장애아를 위해 일하고자 했다.[29]

엘런 패시(Ellen Pash)도 역시 영국 출신으로 1878년 케임브리지의 기튼대학을 졸업했다. 이후 명문 사립학교에서 교사로 근무하다가 구세군에 가입하여 런던에서 1년, 프랑스에서 3년간 선교와 자선 및 교육사업을 펼쳤다. 또 인도로 건너가 2년간 선교활동을 했다. 1896년에 구세군 일본지부를 돕기 위해 일본에 갔다가 페리를 만났으며, 두 사람은 서울

영국 출신 선교사 페리가 서울 서대문 밖에 설립한 불우아동을 위한 집.

에서 함께 선교활동을 하기로 했다.[30]

페리와 패시는 우선 필요한 자금을 모으기 위해 오스트레일리아로 떠났다. 이듬해 서울로 들어와 영국복음선교회를 만들어 본격적으로 활동하기 시작했다. 한국어에 능통한 페리가 주로 한국인과의 접촉을 담당하고, 패시는 선교회의 재정 및 대표성을 갖는 역할을 담당했던 것으로 추정된다[31](패시는 1916년 한국을 떠날 때까지 페리를 도와 고아와 시각장애아를 위한 사회사업을 계속했다).

마침내 그들은 '불우아동을 위한 집'을 서대문 밖에 세웠는데, 이는 다음과 같은 보고서에 잘 나타나 있다.

> 불우아동을 위한 집은 관리자인 페리의 지칠 줄 모르는 열정에 의해 3~4년 전에 세워졌다. 서울 서대문 밖에 적당한 장소를 빌려 이 사업은 전개되었다. 여러 선교단체로부터 구성된 남녀 9명의 이사회가 구성되어, 불우아

동을 위한 집을 관리하고 페리에게 도움을 주었다.[32]

이 보고서는 1901년에 작성된 것이므로 그보다 3~4년 전이라면 1898년과 1899년 사이에 페리의 '불우아동을 위한 집'이 서울 서대문 밖에 세워졌음을 알 수 있다. 또 여러 선교단체로부터 구성된 9명의 이사회의 도움을 받고 있었다.

페리는 이곳에 집 없는 아이나 걸인, 부랑아를 수용하여 창가, 한글과 한문, 산수, 지리, 기초지식을 가르쳤을 뿐 아니라 직접 만든 벽돌과 직물 등을 시장에 내다팔기도 했다. 그러한 실업교육을 통해 시설 운영비를 마련하는 한편 학생들에게 경제적 자립심을 키워주고자 했다.[33]

1900년부터는 시각장애 소년과 청년까지 수용하여 궁핍한 시각장애인들을 돕고자 했다. 페리의 보고서를 직접 살펴보자.

맹소년과 맹청년을 위한 가정형 시설은 1900년부터 운영되어왔다. 이 가정형 시설의 설립 목적은 궁핍한 맹인을 돕고자 하는 데 있었다. 그러나 맹아동과 청년이 집을 떠날 때가 되었을 때에는 생계수단을 제공하는 데 어려움이 있었다.[34]

이로써 페리가 시각장애 소년과 청년을 위한 가정형 수용시설을 운영했음을 알 수 있다.

1901년 당시 그곳엔 23명의 불우아동과 함께 시각장애 남아들이 수용되어 깔개나 바구니 등을 만드는 기술교육을 받았다. 그러다가 1913년 제생원 맹아부가 설립되자, 앞에서 언급한 것처럼 이곳은 수용 기능만 하게 되었고 교육적 기능은 제생원 맹아부에 병합되었다.[35]

뿐만 아니라 페리는 1899년 영국 선비 안포영(우리말 이름)과 함께 서울 정동에도 훈맹학당을 개설하려 했던 것으로 보인다. 예컨대 다음의 신문기사를 살펴보자.

대저 하늘이 사람을 내심에 사람마다 다 같지 아니하며 여러 가지 병신이 있으니, 앞을 보지 못하는 이와, 듣지 못하고 말 못하는 이와, 앉은뱅이와 저는 이며, 또 여러 가지 병신이 있는지라. 서양의 문명한 나라에서는 이런 병신이라도 다 학교에 넣어 여러 가지 공부도 시키며 물건 제조하는 법과 또 제 힘으로 능히 할 만한 것을 가르쳐서 병신이라도 다 각각 제 직업이 있게 하는지라. 특별히 눈먼 이를 위하여 일주간에 한 번씩 출판하는 신문과 월보가 많으니 이 신문과 월보는 전부 맹인을 교육하는 일이 어떻게 해야 흥왕할 것과 각처에 있는 맹인을 가르치는 학교에 보고만 기재하고 큰 읍에는 학교와 제조소가 있으되, 우리나라에는 이런 학교가 도무지 없더니, 영국 선비와 부인이 정동에 한 훈맹학당을 설시하니 이런 학당은 우리나라에 처음 설시되는 학당이오, 4천 년 이래에 없던 일이다. 혹왈 훈맹학당은 설시하여 무엇하리오 하나, 이 학당을 설시하는 것이 세 가지 다행하고 유익한 일이 있다.

첫째는 눈먼 이나 안 먼 이나 다 같은 사람으로 사람이 만일 보고 쓸 줄을 모르면 금수보다 나을 것이 없다. 눈이 없는 이는 우리들과 같이 보고 쓸 수는 없다. 그러나 손으로 만져 아는 것과 정신이 눈 있는 이보다 온전하여 무엇이든지 잘 외운다. 여러 가지 책을 이상하게 만들어 손으로 만져 알게 하고 법국(프랑스) 사람 뿌레일(브라유)이 발명하여 눈을 쓰는 기계로 쓰게 하여 눈먼 이라도 가르쳐 알고 쓸 줄을 알게 하여 버린 사람이 되지 않게 하고 인류에 벗어나는 이가 되지 않게 하니 다행한 일이다.

둘째는 눈먼 이라도 제조소에 있어 무슨 일이든지 해서 직업 있는 사람이 되고 우리나라 눈먼 이와 같이 점이나 쳐서 어리석은 이들을 속이고 유혹하게 하는 일이 없으니 다행한 일이다.

셋째는 나라에 한 사람도 버릴 사람이 없고 놀고먹는 이가 없으며 다 알고 쓸 줄을 알면 이것으로 나라가 자연히 문명하고 부강한 나라 되기가 쉬울 터이니 다행한 일이다.

이 세 가지를 볼진대 나라가 문명하고 부강한 나라가 되려면 불가불 학교와 제조소를 설시하여 여러 가지 병신이라도 다 가르칠 것이다. 우리나라가 이렇게 빈약하고 외국에 수치를 받는 것은 성한 사람이라도 다 놀고먹기를 좋아하고 무식하여 서로 속기를 위주로 한다. 그런즉 우리 동포들은 제조소도 설시하여 다른 동포로 하여금 제조소에 들어가 일을 하게 하든지 다른 일을 하든지 하여 다 직업 있는 사람들이 되게 한다. 이것을 보더라도 훈맹학당을 설시하는 것이 대단히 유익한 일이다. 이 훈맹학당은 영국 선비 안포영 씨 집이오, 정동 미이미교회 회당 서편에 있으니 여기서 장차 우리나라 8세 이상 18세 이하인 눈먼 아이와 계집아이들을 모집하여 의식을 주며 또 여러 가지 공부를 시킬 것이며, 차차 물건 만드는 법도 가르친다고 한다. 그러니 모든 아이들과 계집아이들은 이런 좋은 기회를 잃지 말고 어서 이런 학당에 들어가 실업을 공부하여 이후에 우리나라에 있는 눈먼 이들을 가르칠 교사들이 되기를 바란다.[36]

1899년 1월 영국 선비 안포영과 한 부인이 정동에 훈맹학당(訓盲學堂)을 설치하려 하니, 이는 우리나라 역사상 처음 있는 일이라는 것이다. 안포영은 선교사나 교육자가 아니라 숙박이나 식당, 경매, 영어교습 등을 하는 사람이었는데, 훈맹학당의 설립에 있어서도 교육보다는 장소 제공의 역할을 담당했던 것으로 보인다.[37] 또 영국 부인은 페리로 추정된다. 당시 서울에서 시각장애인 교육사업을 주도했던 사람은 페리가 유일하기 때문이다.[38] 훈맹학당은 정동 미이미교회(현 정동제일교회) 서편에 있는 안포영의 집에 개설했으며, 장차 8~18세의 시각장애 남녀 아이들을 모집하여 의식을 제공할 뿐만 아니라 여러 가지 공부와 물건 만드는 법도 가르친다는 것이다. 하지만 이후 훈맹학당이 실제로 시각장애 남녀 아이들을 모집하여 교육을 실시했는지는 더 이상의 자료가 없어 명확히 알 수 없는 실정이다.

이와 같이 페리와 패시는 1897년에 서울로 들어와 독자적으로 영국복음선교회를 창설한 뒤 불우한 아동과 시각장애인을 위한 선교와 사회사업을 펼쳤다.

장애를 바라보는 서양인의 시선과 한계

모펫 부인은 최소한 1908년 이전부터 평양에서 시각장애 남아를 모아 교육하고 있었다. 이는 앞에서도 인용한 바 있는 『대한매일신보』 1908년 10월 7일자 기사, 즉 "모든 군자께서는 평양 마 목사(모펫 목사) 부인의 남맹학교가 있고 서울 폐례(페리) 부인이 남자 맹인을 교육하는 것을 널리 전하여주시며 학생들을 천거하시는 것을 깊이 바라노라"라는 대목에서 확인할 수 있다. 1908년 당시 평양에서는 로제타의 여맹학급과 모펫 부인의 남맹학급이, 서울에서는 페리와 패시의 남맹학급이 각각 운영되고 있었음을 알 수 있다.

모펫 부인은 1897년 12월 미국 북장로교의 의료선교사로 한국에 왔고, 1890년에 이미 입국하여 평양에서 선교활동을 하고 있던 모펫 목사와 결혼했다. 모펫 목사는 평양에 정착한 후 교육사업에 전념하여 장로교 신학교와 숭실중학교와 대학교의 교장을 맡기도 하는 등 매우 유명한 사람이었다.[39]

하지만 모펫 부인의 남맹학급에 대해서는 기록이 거의 없어 그 자세한 내막을 파악하기 어렵다. 모펫 부인의 남맹학급은 지지부진하게 운영되다가 1935년에 장로교 소속 이창호 목사가 이어받아 평양 광명맹아학교를 설립했다고 하는데, 이에 대해서는 다음 장에서 살펴보기로 하자.[40]

지금까지 살펴보았듯이, 우리나라의 근대식 장애인 교육기관은 주로 개신교 선교사들에 의해 설립되었다. 특히 미국의 의료선교사 로제타 홀의 활동이 두드러졌는데, 그녀는 우리나라 최초로 평양여맹학급을 개설하여 맹인 소녀와 정안 소녀가 함께 배우는 통합교육을 실시했다. 이후 독실한 기독교 신자 록웰의 도움으로 농교육까지 실시하는 평양맹아학교를 설립하기도 했다. 이와 비슷한 시기에 서울에서는 페리와 패시가 남맹학급을 설립했고, 평양에서는 모펫 부인이 남맹학급을 개설했다. 하지만 선교사들은 장애인을 지나치게 동정의 대상으로 인식했을 뿐 아니라 장애교육을 통해 기독교 전파, 즉 선교의 수단으로 이용했다는 한계를 안고 있었다.

5장

일제강점기 장애인 관리정책

일제강점기에 이르면 장애 원인이 더욱 다양해지고, 장애인 수도 훨씬 늘어났다. 그럼에도 일제의 장애인 정책은 최소한으로만 시행되었고, 그마저도 진정한 의미의 장애인 복지가 아닌 격리와 감금 및 친일화 수단, 즉 원활한 식민통치를 위한 수단으로 실시되었다. 다시 말해 일제의 장애인 정책은 복지가 아닌 관리 차원에 지나지 않았다. 이 장에서는 일제강점기 장애인 관리정책에 대해 집중적으로 살펴보기로 하자.

지원은 없이 가족에게 부양의 책임을 떠넘기다

일제강점기에도 장애인 정책은 여전히 조선시대의 가족 부양 원칙을 고수했다. 앞에서 보았듯이 조선시대에는 일차적으로 가족이 장애인을 부양하게 했다. 당시에는 인간의 모든 생활이 가족을 중심으로 이루어지는 이른바 '가족공동체 사회'였기 때문이다. 그 대신 정부는 평소 장애인에게 세금이나 부역 및 잡역을 면제해주고, 제도 · 관습적으로 신변을 보호해주었으며, 홀로 된 이들에겐 시정(侍丁), 즉 부양자를 제공하는 등 다방면에서 장애인을 지원해주었다. 또 자연재해 같은 국가적 위기가 닥칠 때에는 환과고독과 함께 장애인을 맨 먼저 구제하도록 했다.[1]

하지만 일제강점기에 이르러서는 오롯이 가족 혹은 이웃에게만 책임을 떠넘긴 채 장애인 지원정책을 거의 실시하지 않았다. 장애인 정책이 훨씬 후퇴했던 것이다. 단적인 예로 서울 한강통에 사는 김옥봉은 경성토목출장소 공사 인부로서 일급 60전으로 6명의 가족을 부양했다. 그런데 1928년 12월부터 안질이 생기더니 점점 심해져 급기야 두 눈이 보이지 않는 장님이 되고 말았다. 게다가 아내마저 해산한 뒤 영양 부족으로 병석에 누워 있어 온 가족이 굶어죽게 되었다. 인근에 사는 7~8가구가 이들 가족을 불쌍히 여겨 얼마씩 도와주었으나 그것 역시 넉넉하지 못해 살아갈 수 없었다. 이에 동리 사람들이 나서서 자신들이 직접 동정금을 모을 수 있게 해달라고 용산서에 요청했다.[2] 이렇게 일제는 장애인에 대한 책임을 오롯이 가족과 이웃들에게만 떠넘기고 있었다.

일제의 경제 수탈로 많은 사람들이 극심한 생활고를 겪는 상황에서 장애인을 부양하는 게 쉬울 리 만무했다. 게다가 장애인을 위한 일자리도 훨씬 줄어든 상태였다. 근대화 · 산업화로 인해 그동안 장애인들이 해오던 망건 짜기나 그물 짜기, 안경 수리 같은 일이 많이 사라지고, 문명화란 이유로 시각장애인이 주로 해오던 점복이나 독경도 금지되고 있었다.

결국 먹고살기 힘들어진 장애인들은 구걸로 연명할 수밖에 없었다. 심지어 장애인을 강제로 내쫓아 거리에서 구걸하도록 시키기도 했다. 예컨대 다음의 두 사건을 차례대로 살펴보자.

충청남도 서산군 음암면 상홍리 78번지에 사는 윤희가 17세 때에 임기손과 결혼한 이래 시부모 형제와 동거생활을 했다. 20세가 되자 불행히도 장질부사(장티푸스)에 걸려 오랫동안 병석에서 신음하다가 마침내 반신불수가 되어 운신의 부자유로 매일 서러운 삶을 살아왔는데, 시부모와 시동생들의 냉대가 더욱 심해지자 몰인정한 시집에 원한을 품게 되었다. 금년 8월 5일에는 시아버지 임상호와 맏동서 이지순이 바가지를 내어주면서 어디 가서 얻어먹으며 거지 생활을 하는 것이 옳다고 권하는 말을 하자, 울분이 더 한층 심해져 그 원한을 풀기 위해 젖먹이 시조카를 허리띠로 질식시켜 우물 가운데 집어넣었다. 이 살인사건은 금년 9월 7일 공주지방법원에서 징역 5년의 판결을 받았으나 피고가 불복하고 경성복심법원에 공소하였는데, 5일 오전 11시 동 법원에서는 1심보다 덜한 징역 3년의 판결이 내려졌다.[3]

경남 덕천 읍내의 강만의라는 자는 5, 6년 이래 그의 아우인 강만화가 간질과 반신불수로 폐인이 된 것을 남 보기에 창피하다 하여 유기하였다. 아우 강만화를 사방으로 돌아다니며 걸식케 하고, 10여 일 전부터는 그의 늙은 아버지 강성초를 때리다시피 하여 내쫓으므로 역시 걸인이 되어 벌벌 떨며 읍내 뒷마을에 가서 병신 아들 강만화와 같이 잤다. 덕천경찰서에서 이를 탐지하고 불공대천의 무도자 강만의를 호출하여 엄중히 설득하고, 만일 이후에도 여전히 그 부모와 아우를 돌보지 않고 걸식케 하면 유기죄로 단단히 처벌할 방침이라 한다.[4]

며느리가 장애를 입자 바가지를 내어주며 거리에 나가 빌어먹게 했으며, 장애를 입게 된 아우에게는 걸식을 시켰다는 내용이다.

어떤 부모는 생활이 궁핍해지자 장애가 있는 자식을 한강에 빠뜨려 죽이기도 했다. 1928년 경기도 양주군 미금면 도동리에 사는 이운선이란 노인은 하루하루를 겨우 연명하고 있었다. 더욱이 다섯째 아들 복쇠가 원래부터 절름발이일 뿐 아니라 오른쪽 팔까지 쓰지 못하는 지체장애인이었다. 이에 그는 '병신자식을 살리려다가 다른 자식들까지 죽이겠다'고 생각하고 복쇠를 죽이기로 결심했다. 결국 그는 아들을 데리고 한강으로 나가 간장이 녹아내리는 눈물을 흘린 후 강에 빠뜨려 죽였다.[5]

심지어 중증장애아를 유기하여 스스로 죽게 하는 일도 있었다. 1933년의 장애아 유기사건을 살펴보자.

원주군 지정면 월송리 유기치사죄를 받은 박성휘는 그날그날을 품팔이하며 살아가는 가난한 사람이었다. 몇 해 전 그의 아내는 금년 16세 난 딸 박은순과 남편을 버리고 가출했다. 가난이 싫어 육친의 애정조차 잊은 아내. 박성휘는 가슴이 무너질 듯이 한숨을 쉬고 불운의 함정에 빠져 들어가는 자기의 신세를 한탄하였다. 더욱이 정신을 잃은 병신 딸의 가여운 정상을 볼 때에는 눈물이 앞을 가리었다. 가난은 더해가고 어머니의 애정을 잃은 딸은 선천적으로 받은 천치의 병이 더해져 방에서 똥을 싸고 용납할 수 없는 완전한 폐인이 되었다. 딸의 병이 더해갈수록 이웃 사람들의 실증은 깊어가고 박성휘의 집과 거래하는 사람조차 없어졌다. 그는 '아무래도 살지 못하겠거든 이 애비를 위해서라도 죽어다오!' 하고 딸의 죽음을 속으로 바랐다. 세상의 박정(薄情)을 겪을 때마다 딸의 존재가 더욱 미워졌다. 작년 4월 15일 딸은 또 하나의 병을 드러냈다. 딸을 처치할 결심을 했다. '내 손으로 죽일까.' 그는 이 참혹한 비극을 빚어내기에는 그 가슴에 부정(父情)이 남아 있었다. 그는 딸을 길가에 내버리기로 결심하고 월송리 송호동에 내다버렸다. 길가에 버리고 가는 아버지를 본 딸은 흐린 정신에도 아버지를 부르며 뒤를 따라가다가 그만 종호동 다리에서 떨어져 머리를 부딪쳐 죽었다. 박성휘는 먹고살기 위해 마음에도 없는 죄를 범한 것이었다.[6]

박성휘의 딸 박은순은 지적장애를 갖고 있었다. 게다가 집이 가난하여 그 어미마저 가출한 상태였다. 이에 박성휘는 날이 갈수록 딸의 존재가 미워져 마음속으로 죽기만을 바랐다. 결국 그는 딸을 길가에 버렸는데, 딸 박은순은 흐린 정신에도 아버지를 부르며 쫓아가다가 그만 다리에 떨어져 죽고 말았다는 것이다. 신문기사는 그가 먹고살기 위해 어쩔 수 없이 딸을 죽였다거나 가슴 아픈 눈물을 흘렸다며 철저히 아버지의 입장에서 보도하고 있다. 그래서인지 한 달 뒤 법정에서도 '징역 2년에 집행유예 3년'이라는 동정 어린 판결을 내렸다.[7] 하지만 그것은 엄연히 아버지가 딸을 살해한 것에 다름 아니었다. 이렇게 일제강점기 장애인은 그 어디에도 설 자리가 없었다.

불구자와 고아를 구호하라!

일제강점기의 장애인 정책은 오롯이 가족에게만 책임을 지우는 왜곡된 가족부양 원칙을 고수했다. 그래서 날이 갈수록 장애인의 처지가 심각해지자, 사람들은 의지할 데 없는 장애인이나 고아에 대한 구호법을 제정할 것을 촉구했다. 다음의 신문기사를 살펴보자.

의지 없는 불구자와 임자 없는 고아를 위하여 구호법이 있어야 할 것이라 한다. 내지(일본)에는 이 법이 있어 실시하고 있으며, 그 경비는 경마의 세금으로 충당하고 있다. 그런데 조선에는 있어야 할 이 법이 없다. 그러므로 구호를 받아야 할 3만 1천여 명이 방황하고 있다. 이들을 구호하자면 하루에 10전을 잡아 1년에 109만 원이라는 돈이 들 것이라 한다. 그런데 총독부에서는 겨우 은사구휼자금으로 행려병자와 기아, 고아를 포함하여 지출하고 있을 뿐이라 한다. 이러한 사정이므로 일반 민중은 조선에도 구호법을 하루속히 실시하여주기를 열망하고 있으며, 총독부 당국에서도 이를 고려하고 있으므로 가까운 장래에 조선에도 실시되리라 한다.[8]

장애인 문제가 심각해지자 장애인 · 고아 등의 구호법을 하루속히 실시할 것을 주장하기 시작했다.

심지어 1938년 총독부 사회과에 소속된 어용단체인 조선사회사업연맹(협회)에서도 생계가 어려운 60세 이상의 노약자, 13세 미만의 고아, 장애인 등을 구제하기 위해 조선에서도 하루빨리 구호법을 실시할 것을 촉구했다.[9]

결국 일제는 1944년에야 국민기초생활보장법이라 할 수 있는 '조선구호령'을 제정했다. 조선구호령은 1933년 3월 일본에서 실시된 구호법을 기초로 하여 모자보호법과 의료보호법을 일부 추가하고 종합하여 제정한 법률로, 1944년 3월 1일에 공포되었다. 주요 내용을 살펴보면 다음과 같다.

먼저 구호 대상은 빈곤으로 인해 생활이 어려운 자로, ① 65세 이상의 노약자, ② 13세 이하의 아동, ③ 임산부, ④ 불구, 폐질, 질병, 부상자, 기타 정신 또는 신체의 장애로 인해 노동에 지장이 있는 자로 규정했다. 구호기관은 해당 거주지의 읍 · 면장이었으며, 구호시설은 양로원, 보육원, 병원 및 기타 구호를 필요로 하는 시설로 했다. 구호 방법은 ① 생활

부조, ② 의료, ③ 조산(助産), ④ 생업부조 등이었고, 구호는 거택구호, 즉 구호를 받는 자의 집에서 실시하도록 했다. 그 외 구호 비용은 그 주거지의 부, 읍, 면이 부담하도록 했다.[10]

하지만 조선구호령은 위기에 처한 사람들의 기본 생존권을 보장하기 위한 것이 아니라, 사실은 태평양전쟁이라는 전시상황에서 식민지 질서 유지와 전쟁 인력의 원활한 동원을 위한 것이었다.[11] 또한 당시 긴박한 전쟁 상황에서 그러한 복지법이 제대로 시행되었는지도 알 수 없는 상황이다.

구걸하는 장애인은 잡아다 가두고

그 밖의 다른 장애인 정책도 빈약하기 짝이 없었다. 먼저 1944년 10월 경성부 사회사업협회에서는 지금의 서울 동대문구 이문동에 장애 걸인들을 위한 '불구자 수용소'를 짓기도 했다. 다음의 신문기사를 살펴보자.

> 경성부 사회사업협회에서는 불구의 걸인들을 거리에서 일소하고자 총공사비 2만 7200원을 계산하여 지난 3월부터 동대문구 이문정 산6번지에 2천 평의 부지와 건평 75평의 단층집 '불구자 수용소'를 건설 중이었는데, 착착 진행되어 근간 준공을 보게 되었으므로 오는 10일경 준공식을 거행하기로 하였다. 동 수용소는 온돌방(六조방) 20여 개나 되는 넓은 것으로 80명 내지 120명 정도의 수용 능력을 가진 것이다.[12]

거리에 있는 장애 걸인들을 모조리 없애고자 이문동에 불구자 수용소를 짓는다는 내용이다. 하지만 이 수용소 역시 장애인 복지기관이 아니라 길거리에서 구걸하는 장애인을 잡아다 가두는 수용시설에 불과했다.

당시 장애인은 법의 보호조차 받지 못했다. 심지어 경찰마저 장애인을 보호하기는커녕 오히려 구타하기까지 했다. 1923년 4월 전라도 순창경찰서에 근무하는 순사 2명이 순창 읍내에서 술을 마시다가 그 동네에 사는 최광진이라는 사람을 무참히 구타했는데, 최광진은 한쪽 팔을 쓰지 못하고 한쪽 눈을 보지 못하는 중복장애인이었다. 자세한 사정은 알 수 없지만, 순사들이 술을 마시다가 그를 보고 무작정 때린 것으로 미루어 그가 장애인이기 때문에 폭행한 것이 아닐까 한다.[13]

나아가 일제강점기 장애인들은 앞에서 살펴본 것처럼 산업재해를 당해도 위자료조차 제대로 받지 못했을 뿐만 아니라 오히려 부당하게 해고를 당하곤 했다. 1934년에도 탄광에서 일하다가 매몰되어 장애를 입었으나 위자료는커녕 치료비도 받지 못한 사람이 있었다.

> 황남 문천군 물방덕리 우연탄광사무소에서 지난 1일 아침부터 자기 아들이 불구자가 되었다고 한없이 우는 노인이 있었다. 그는 영동에 사는 주모로 자신의 아들 병수가 무연탄광에서 밤일을 하다가 천장이 무너져서 12시간을 매몰되었다가 교대하러 온 광부들의 구조로 탈출했다. 매몰되었던 2명 중 1명은 질식사하고 병수만은 기적적으로 살아남아 병원에서 치료했으나 완치는 못 되고 불구자가 되었다. 노인은 그 자식을 이끌고 탄광사무소에 와서 구조비를 요구하며 온종일 기다렸는데, 광산 측에서는 규칙상 위자료나 구조비를 줄 수 없다고 했다.[14]

다만 일제강점기에도 장애인은 주민세나 소득세 등 세금을 감면 혹은 면제받았던 듯하다. 예컨대 가족 중 장애인이 있으면 호별세, 즉 주민세를 50원씩 공제받았으며,[15] 납세자의 소득에 따라 1500원 이하이면 소득세 60원을, 그 이상이면 30원을 공제받았다.[16]

이상과 같이 일제강점기 장애인 정책은 여전히 왜곡된 가족부양 원칙을 고수한 채 장애인 복지에 대해 거의 신경 쓰지 않았다. 물론 조선구호령을 제정했다고 하지만 해방 직전에야 제정되었을뿐더러 실제 시행 여부도 알 수 없는 실정이다.

제생원 맹아부를 설립한 일제의 의도

설립 과정

일제강점기 장애인 정책의 대표적인 사례로는 제생원 맹아부를 들 수 있다. 제생원 맹아부는 일제가 설립한 거의 유일한 장애인 복지 및 교육기관이다. 하지만 그마저도 진정한 의미의 장애인 복지나 교육기관이 아닌 또 다른 형태의 식민지 통치수단에 불과했다. 관련 자료들을 토대로 그 실상에 대해 자세히 살펴보도록 하자.

먼저 제생원 맹아부의 설립 과정부터 살펴보자. 일제는 교육을 통해 식민지 지배정책을 뒷받침하기 위해 1911년 8월에 '조선교육령'을, 그 해 9월에 '사립학교규칙'을 공포했다. 고아와 장애인 사업을 위해 1911년 6월 '제생원규정'(전문 8조)을 공포했는데,[17] 그 전문을 함께 살펴보기로 하자.

제생원규정

제1조. 제생원은 조선총독의 감독에 속하여 고아의 양육, 맹아자의 교육과 정신병자의 구료를 행한다.

제2조. 제생원은 경성에 둔다. 전항 외에 필요에 응하여 분원이나 파출소를 둘 수 있다.

제3조. 제생원에 원장, 평의원, 주사, 기타 필요한 직원을 두며, 정원은 별도와 같이 정한다. 원장, 평의원과 주사는 조선총독이 명하고, 기타 직원의 진퇴는 조선총독의 인가를 받아 원장이 행한다.

제4조. 제생원의 경비는 기본 자산으로부터 생기는 수입과 기타 수입으로 한다.

제5조. 제생원은 기부를 받을 수 있다.

제6조. 기본 재산은 토지, 건물, 국채증권이나 확실한 유가증권 혹은 은행 예금으로써 보관할 수 있다. 기본 재산은 조선총독의 허락을 받지 아니하면 처분할 수 없다.

제7조. 원장은 매 회계연도 세입세출 예산을 작성하여 연도 전에 조선총독의 인가를 받아야 한다. 예산의 추가나 갱정을 하고자 하는 때도 마찬가지다. 원장은 매 회계연도 세입세출 결산을 연도 후 3개월 이내에 조선총독에 보고해야 한다. 제2항의 회계연도는 정부의 회계연도에 의한다.

제8조. 본 규정의 시행에 관하여 필요한 사항은 조선총독의 인가를 받아 원장이 정한다.[18]

이처럼 제생원은 고아의 양육, 맹아자의 교육, 정신병자의 구료를 위해 설립되었다. 하지만 처음에는 단지 고아의 양육만 담당할 뿐, 관련 시설의 미비로 맹아자 교육은 실시할 수 없었다. 또 정신병자의 구료는 이후 1913년 4월 총독부의원에 정신병과를 신설하여 그곳에 수용하기 시작했다.

일제는 다시 고아의 양육과 맹아자 교육을 위해 1912년 3월 '조선총독부 제생원관제'를, 1913년 4월 '조선총독부 제생원규칙'을 각각 공포했다. 우선 제생원관제는 전문 7조 및 부칙으로 되어 있는데, 원장과 주사, 서기, 훈도 등 제생원 직원의 복무규정에 관한 사항이 거의 대부분을 차지한다.[19] 그에 비해 제생원규칙은 제생원의 운영에 관한 실제적인 법률이라 할 수 있다. 전문 29조인데, 제1조는 총칙, 제2조부터 제16조까지는 고아를 위한 양육부, 제17조부터 제28조까지는 맹아를 위한 맹아부, 제29조는 서무과에 관한 규정으로 구성되어 있다. 그중에서 장애인 복지 및 교육과 관련된 제1조 총칙, 제17조~제28조 맹아부의 규정에 대해서만 살펴보기로 하자.[20]

> 조선총독부 제생원규칙
>
> 제1조. 조선총독부 제생원에 양육부, 맹아부 및 서무과를 설치한다.
>
> (…)
>
> 맹아부
>
> 제17조. 본부는 맹인 및 농아자에게 보통교육을 실시하고, 그들의 생활에 필요한 적당한 기능을 가르치는 것을 목적으로 한다.
>
> 제18조. 생도는 급비생과 자비생으로 나뉜다. 급비생은 모두 기숙시킨다.
>
> 제19조. 맹생의 교과목은 수신, 국어, 조선어, 산술, 음악, 침술, 안마 및 체조 등으로 한다.
>
> 제20조. 아생의 교과목은 수신, 국어, 조선어, 산술, 수예 및 체조 등으로 한다.

제21조. 수업연한은 맹생과는 3년, 아생과는 5년, 맹생 속성과는 1년으로 한다.

제22조. 제6조 제2항 및 제7조~제10조의 규정은 맹아부에 표준으로 쓰인다.[21]

제23조. 본부에 입학할 수 있는 연령은 맹생은 12세 이상, 아생은 10세 이상으로 한다.

제24조. 입학 지원자는 그 학부형, 친족 또는 신원이 확실한 자 1명의 연서로 매년 3월 10일까지 입학원서를 제출해야 한다.

제25조. 입학을 허가받은 자는 보증인 1명과 연서한 후 재학증명서를 원장에게 제출해야 한다. 전항의 보증인은 성년 이상의 남자로 독립적으로 생계를 영위하는 자를 요구한다.

제26조. 중도에 퇴학시키려고 할 때는 그 사유를 기록하여 출원인 및 보증인 연서로 퇴학원서를 제출해야 한다.

제27조. 원장은 교육상 필요하다고 인정될 때는 징계 또는 정학시킬 수 있다.

제28조. 원장은 다음 각 호의 1에 해당하는 생도에 대해 퇴학을 명할 수 있다. 1. 성행불량으로서 개선의 가망이 없다고 간주되는 자. 2. 질병 또는 능력부족 등으로 성업의 가망이 없다고 인정되는 자. 3. 정당한 이유 없이 계속해서 1개월 이상 결석하는 자 또는 출석이 불규칙한 자….[22]

이처럼 제생원규칙은 제생원의 설립 목적과 생도, 교과목, 수업연한, 입학과 퇴학 등 실제 운영에 관한 사항을 나열하고 있다.

이상의 법률을 바탕으로 제생원 맹아부는 1913년 4월 1일부터 본격적인 맹아자 교육사업을 시작했다. 처음에 맹아부가 자리 잡은 곳은 옛 숭

의묘 자리로서 면적 2600평에 건평 363평의 규모였다. 이후 장소가 협소하여 1913년 4월 종로구 신교동 1번지 지금의 서울맹학교 자리로 이전했다.[23]

교육체제

다음으로 제생원 맹아부의 교육체제에 대해 자세히 살펴보자. 우선 제생원 맹아부는 위에서 보았듯이 맹인과 농아인에게 보통교육을 실시하고, 그들의 생활에 필요한 기능을 가르치는 것을 목적으로 설립되었다.

제생원 생도는 이미 1913년 2월 15일부터 모집하고 있었다. 조선총독부 『관보』에 실린 맹아부의 생도 모집 광고를 살펴보자.

입원 허가

본원 맹아부에선 2월 15일부터 다음과 같이 입원을 허가하니, 입원코자 하는 자는 다음의 각 항을 숙지하고 2월 10일까지 신청하시기 바랍니다.

1. 급비생(맹아자 남녀) 30명

2. 자비생(맹아자 남녀) 20명

-급비생의 연령은 10세 이상 20세까지로 한다. 단 자비생은 25세까지로 한다.

-급비생은 전부 본원 맹아부 기숙사에 기숙케 한다.

-급비생에게는 다음의 물품을 지급한다. 식사, 서적, 학용품, 피복 및 침구, 모자, 구두, 수건 등.

-자비생은 통학케 한다. 단 희망자에 한해 본원 기숙사에 기숙케 한다.

-맹아자 교과목은 보통학교 교과목 외에 침안, 음악, 재봉, 자수, 목공 등

으로 한다.

-전항 외에 상세한 사항은 본원 맹아부 또는 조선총독부 내무부 지방국 제2과에 문의하시기 바랍니다.[24]

맹아부에선 이렇게 급비생과 자비생으로 나누어 생도들을 모집했는데, 급비생의 경우는 기숙사에서 생활하게 하고 그에 필요한 물품을 지급했다.

맹아부는 1913년 4월 1일부터 맹생 16명(급비생 15명, 자비생 1명)과 아생 11명(급비생 8명, 자비생 3명) 총 27명으로 수업을 시작했다.[25] 하지만 도중 퇴학자가 있어 그 인원은 감소했다.

이후에도 맹아부의 생도 수는 매년 일정하지 않았고, 시간이 흐를수록 꾸준히 증가하는 추세를 보였다. 남녀 구성비를 보면 남학생이 여학생보다 월등히 많았다. 또 맹생과 아생을 비교해보면 처음 5년은 맹생이 많다가 이후에는 아생이 점차 많아졌다. 1913년부터 1942년까지 맹아부의 생도 수를 정리하면 〈표 1〉과 같다.[26]

〈표 1〉 **제생원 맹아부의 연도별 총 생도 수**

	맹생과			아생과		
	남	여	계	남	여	계
1913	14	-	14	6	2	8
1914	18	2	20	18	3	21
1915	26	2	28	12	6	18
1916	20	5	25	14	7	21
1917	31	1	32	26	7	33
1918	32	4	36	27	7	34
1919	27	6	33	28	8	36

1920	23	1	24	25	8	33
1921	33	4	37	36	10	46
1922	30	2	32	36	9	45
1923	27	4	31	42	5	47
1924	27	4	31	42	5	47
1925	28	2	30	43	14	57
1926	31	1	32	43	17	60
1927	33	1	34	51	20	71
1928	34	-	34	51	20	71
1929	31	1	32	49	20	69
1930	30	3	33	49	18	67
1931	33	3	36	44	17	61
1932	29	4	33	45	14	59
1933	24	4	28	47	16	63
1934	32	-	32	50	21	71
1935	36	-	36	56	22	78
1936	36	-	36	54	22	76
1937	48	-	48	70	26	96
1938	63	-	63	86	29	115
1939	77	-	77	98	38	136
1940	77	-	77	100	47	147
1941	82	-	82	112	47	159
1942	60	-	60	107	55	162

자료: 조선총독부 제생원맹아부, 창립 25년
조선총독부, 『통계연보』, 1944, 241쪽.

그런데 이들 생도 수는 일본인까지 포함한 것이므로, 실제 한국인의 수는 훨씬 적었을 것이다. 단적인 예로 1913년부터 1918년까지 일본인 생도 수를 살펴보면 〈표 2〉와 같다.[27]

〈표 2〉 **제생원 맹아부의 일본인 학생 수**

연도	맹본과	아본과	계	한국인
1913	2	-	2	29
1914	5	10	15	32
1915	4	4	8	38
1916	3	6	9	37
1917	2	12	14	51
1918	3	12	15	55

자료: 조선총독부, 『통계연보』, 1918, 1016~1017쪽.

이처럼 맹아부에서 일본인 생도가 차지하는 비율은 의외로 높았다. 어찌 보면 제생원 맹아부는 한국에 이주해온 일본인 맹인과 농아인을 위해 설립한 기관이라고 해도 과언이 아닐 정도였다.[28]

제생원의 직원들을 살펴봐도 그 점을 다시금 확인할 수 있다. 제생원에 근무하는 원장, 주사, 서기, 훈도(교사) 등이 대부분 일본인이었으며, 한국인은 훈도의 직책에만 극소수의 인원을 고용했다. 즉 한국인은 고위직이나 중요한 자리에는 배치하지 않고 낮은 직급이나 중요하지 않은 자리에만 배치했던 것이다.[29]

맹아부는 처음엔 맹본과, 맹속성과, 아본과 등 세 과정으로 구성되어 있었다. 이 중 맹속성과는 2회의 졸업생만 배출하고 폐지되었다. 수업연한은 맹본과 3년, 아본과 5년, 맹속성과 1년이었다. 그러나 일본 본토의 경우는 맹학교와 농아학교 모두 초등부 6년, 중등부 4년이었다. 일제는 자국의 맹인과 농아인에게는 보통교육을 실시하여 국민 도덕을 함양토록 하는 한편 다양한 직업교육을 실시해 생활에 필요한 기능을 갖추도록 했던 것이다. 하지만 제생원 맹아부에선 맹인과 농아인에게 각각 3년과 5년이라는 최소한의 교육 기회만 제공했다.[30]

교육 내용에 있어서도 마찬가지였다. 제생원 맹아부는 최소한의 교과목만 편성했다. 맹본과의 교과목은 수신, 국어, 조선어, 산술, 창가, 체조, 침안(鍼按) 등이었는데, 국어(일본어)와 조선어는 각 12시간, 침안은 16시간이었다. 아본과의 교과목도 맹본과와 동일하나 창가와 침안 대신 수예(도화, 재봉)와 판금만 가르쳤다. 다시 말해 제생원 맹아부에선 한국인을 일본인으로 동화시키기 위한 일어 교육과 서울에 거주하는 일본인을 위한 안마 교육, 단순노동(제조업)을 위한 수예, 판금 교육에 역점을 두었던 것이다.

수업 모습

그렇다면 제생원 맹아부의 수업 모습은 어떠했을까? 당시 신문들은 가끔 제생원 맹아부를 특집기사로 다뤄 소개했는데, 거기에 제생원 맹아부에 대한 전반적인 소개를 비롯해 맹인과 농아인에 대한 교육 모습이 잘 나타나 있다. 먼저 제생원 맹아부를 소개하는 신문기사부터 살펴보자.

> 여러 어린 동무들은 간혹 "장님이 나을까? 벙어리가 나을까?" 하는 의심을 가지고 말다툼을 하는 일이 많을 것입니다. 그러나 낮고 못하고는 그만두고, 다 같이 사람으로 태어나 어느 사람은 눈을 가지고도 물건을 보지 못하고 어느 사람은 입을 가지고 말 한 마디도 하지 못하니, 이 얼마나 가엾은 일입니까? 우리 조선이 자랑하는 세계적 명승지인 금강산이 아무리 좋다 한들 그 바위 하나 나뭇잎 하나가 장님에게 무슨 소용이 있겠습니까? 그리고 벙어리로 보더라도 마음속으로는 한없이 기쁘고 때로는 몹시 슬픈 일이 있다 하더라도 이것을 말로써 나타내지 못하니 그 얼마나 안타까운 일이겠

습니까? 아무리 돈이 많아 먹고 입는 것이 풍부한들 크나큰 비애는 언제나 떠나지 않을 것입니다. 이런 가엾은 사람들은 대개가 나면서부터 그런 것인 만큼 여러분과 같은 어린 동무 중에 꽤 많이 있습니다.

여러분은 학교에서 선생님의 말씀을 바로 들을 수 있고 볼 수 있고 쓸 수도 있지만, 그들이 공부하는 데는 특별한 방법이 있습니다. 장님은 들을 수는 있으나 볼 수가 없으므로 점자라 해서 글자가 도도록하게 나와 있는 것을 손으로 만져 읽습니다. 읽는 것이 퍽 더딜 것 같지만 한 번 익숙해지면 여간 능란하고 빠른 것이 아닙니다. 그리고 벙어리는 볼 수는 있으나 듣고 말할 수가 없으므로 손짓을 하여 서로 의견을 전하고 말을 통합니다.

조선에도 이들을 위하여 생긴 시설과 기관이 몇 군데 있는데, 그중에서도 총독부에서 경영하는 제생원 맹아부가 제일 중심일 것입니다. 인왕산의 옛 선희궁에 터를 잡았는데 공기 좋고 한적한 맛이 있으며, 봄이면 사쿠라 꽃이 구름같이 피어 있고 여름에는 녹음이 짙어져서 보기에도 좋거니와 온 세상 같은 상쾌한 맛을 줍니다.

이 맹아원의 졸업생이 지금까지 350명이나 된다 하니 얼마나 오래전부터 생긴 것인지 짐작할 수 있겠지요. 이들은 대개 가난합니다. 그래 이런 아이들은 제생원에서 먹여주기도 하고 가르쳐주기도 합니다. 배우는 것도 여러분이 보통학교에서 배우는 지식과 대개 같고, 특별히 재주가 있는 아이는 중학교 것을 배울 수도 있습니다. 다만 이들은 졸업한 후 직접 벌어서 살아갈 수 있도록 기술 방면을 더욱 힘써서 가르칩니다. 장님 생도에게는 '안마' 같은 것을 가르치고, 벙어리 생도에게는 양복 재봉 기술 같은 것을 가르치는데, 이들이 졸업하면 병원이나 상점, 공장 같은 곳에 취직하기도 하고 자기가 혼자 경영을 하기도 합니다. 잘 버는 사람은 한 달에 60원, 70원은 보통 생긴답니다.

잘 벌고 못 벌고 간에 그들의 소원은 어떻게 하면 눈을 한 번 떠서 세상의 모양과 빛깔을 한 번 볼까? 또 어떻게 하면 속에서만 맴돌고 입 밖으로 나오지 않는 말을 한 번이라도 속 시원히 해볼까 하는 것입니다. 얼마나 가엾은 일입니까? 그러니까 벙어리 장님에게는 어느 편이 낫고 못하고가 있을 리가 없습니다. 다 마찬가지로 불행한 처지이지요. 그래도 제생원에서 공부하고 있는 장님이나 벙어리는 그중에서도 비교적 운이 좋은 셈입니다. 세상에는 더 불쌍한 장님이나 벙어리가 많이 있습니다. 작년에 왔던 헬렌 켈러라는 분은 장님이요 벙어리요 귀까지 어두운 사람으로서, 저 장님과 벙어리와 귀머거리가 얼마나 불행한가 하는 것을 세상 사람들에게 알리기 위해 조선에도 왔던 것입니다.[31]

이렇게 기자는 장님과 벙어리를 가엾은 존재라며 한없이 동정한 뒤, 제생원 맹아부에선 그들을 무상으로 먹여주고 안마나 양복, 재봉 같은 기술을 가르쳐주고 있다고 선전하고 있다. 다시 말해 일제는 제생원 맹아부를 설립하여 가엾은 장애인들이 살아갈 길을 마련해주고 있다고 홍보하고 있었던 것이다.

다음으로 제생원 맹아부에서 농아인, 즉 청각 · 언어장애인을 교육하는 모습에 대한 신문기사를 살펴보자.

세상에 가련한 사람이 얼마나 많을까? 그러나 그중에 말 못하고 듣지 못하는 벙어리와 귀머거리처럼 가련하고 불쌍한 사람은 다시없을 것이다. 그들은 부모의 다정한 목소리나 친구의 정다운 음성도 듣지를 못하여 산조의 우는 고운 소리와 기묘한 '음악'의 아름다운 소리도 듣지 못한다. 그리고 아픈 설움이 있으되 그것은 말할 자유가 없고, 기쁜 행복이 있으되 그것을 나타낼 기능이 없다! 말 못하고 듣지 못하는 그네들이 가슴이 얼마나 아프며 얼마나 괴로우랴!

시내 천연동 98번지에 있는 총독부에서 경영하는 제생원 맹아부에는 이러한 불쌍한 귀머거리와 벙어리 아이들을 수용하여 그들에게 의사소통할 기능을 가르쳐주고, 또는 기타 지식을 가르쳐주는 곳이다.

그 맹아부에는 학생이 도합 47명이 있는데 그중에 조선 학생이 29명이요, 일본인 학생이 18명이다. 다시 조선 학생 중에 여자가 3명이요, 일본 학생 중에 여자가 5명이라 한다.

이러한 학생을 매일 10여 명의 선생이 힘을 다하여 가르치는데 그 선생 중에는 형용을 맡아 가르치는 사람, 글자를 맡아 가르치는 사람 등 각각 그 교수를 분담하였으며, 말 한 마디 글자 한 자를 가르치기에도 여간한 노력이 들지 아니하여 그 고심참담의 정상은 도저히 국외자로서는 상상도 하기 어렵다 한다. 가령 '사람 인' 한 자를 가르치려면 먼저 칠판에 사람을 그리고 그것을 여러 번 형용하고, 그다음에 '사람 인' 자를 쓰고 다시 사람을 대표하여 그 글자를 쓴다고 몇백 번 형용을 하여야 겨우 알게 된다 한다. 다시 '잘 가시오-'라는 말을 한 마디 가르쳐주려면 사람을 두셋씩 세워놓고 한 사람은 걸어가게 하고, 다시 한 사람은 걸어가는 그에게 고개를 숙이게 하며 여러 가지로 표정을 보여 애를 태울 대로 태워야 겨우 그 인사를 알게 된다고 한다. 그리하여 이러한 고심참담을 거듭하여 성심성의로 글자도 가르쳐주고 말의 형용도 가르쳐주어 귀머거리와 벙어리 애들로 하여금 손으로 형용만 하면 그것이 무슨 소리인 것을 알아들으며, 또는 자기들이 붓을 들고 편지까지 쓰게 된다 한다.

이리하여 그 맹아부에서는 처음에 들어온 아이에게는 자못 말의 형용만 애써 가르쳐주다가 상당히 형용하는 말을 알게 되면 다시 글자를 가르쳐주고, 글자를 배우기 시작한 후에는 보통학교 정도의 학과를 가르쳐주는데 보통학교 정도의 학과를 배우려면 10년 이상 20년까지 걸려야 완전히 배우게 된다 한다. 형용이나 학과를 배우는 중에는 남자보다 여자들이 오히려 속히 깨닫는 경향이 있다 한다. 학과나 말을 가르치는 중에 가장 어려운 것은 추상에 관한 것으로, 만약 '사랑'이라는 말과 글자를 가르친다 하면 웃는 얼굴을 가지고 과자나 사탕 같은 것을 주며 친하게 굴고, 다정히 굴며, 또는 어루만져주며 업어주는 등 별의별 모양을 다해야 겨우 알아듣게 된다 한다. 이리하여 불쌍한 그들도 말과 글자를 알게 되어 자기 의사를 나타내게 되며, 또는 남의 손짓 하는 형용을 보고 그것이 무슨 소리인지를 알아듣게 된다 한다.

그 맹아부에서는 특별히 지난 10일 오후 2시에 그 맹아학생들의 부형을 모아가지고 그 맹아부에서 학생들에게 가르치는 고심참담의 상황을 알려주는 동시에 가정과 연락을 원만히 하기로 협의하였으며, 다시 여러 가지로 학생에게 가르치는 형용을 보이며 이러이러한 형용을 하면 무슨 말이 되고 이러이러한 손짓을 하면 무슨 말이 되는 터인즉, 가정에서 그러한 '의사'를 나타내려면 그 형용과 손짓을 하라고 오랫동안 강습이 있은 후에 3시 20분경에 무사히 폐회하였으며, 참여한 학부형은 40여 명이 있었다더라.[32]

이 기사에서도 세상에 가련하고 불쌍한 사람이 벙어리와 귀머거리인데, 제생원 맹아부에선 그런 불쌍한 아이들을 수용하여 의사소통하는 법을 가르쳐줄 뿐만 아니라 기타 지식도 가르쳐주고 있다고 거의 노골적으로 선전하고 있다. 특히 농아인에겐 말을 가르치기가 여간 힘든 일이 아닌데 여러 선생님들이 고심참담하며 성심성의껏 가르치고 있다는 것이다. 그런데 흥미로운 점은, 이 기사가 쓰인 1924년 2월 당시 제생원 맹

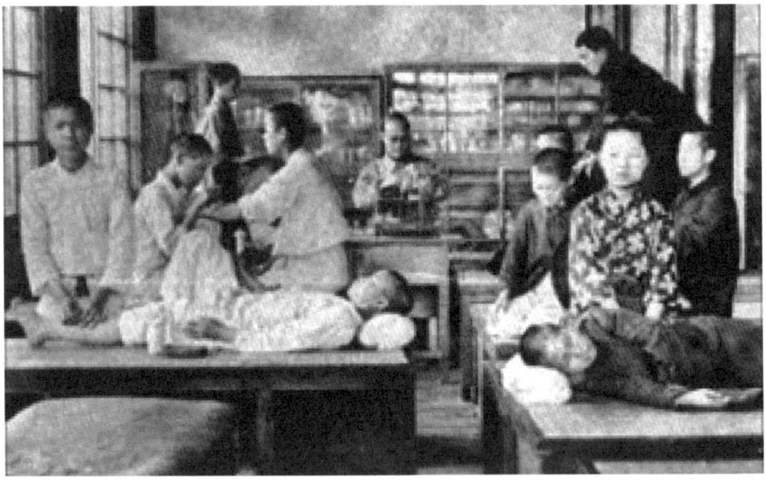

일제가 설립한 유일한 장애인 교육기관 제생원 맹아부. 시각장애인들이 안마 실습을 하고 있다.

아부 학생이 47명인데, 그중 조선인이 29명이요 일본인이 18명이라는 것이다. 앞에서 지적한 것처럼 제생원 맹아부가 과연 누구를 위한 학교였는지 다시 한 번 생각해보게 하는 대목이다.

그와 함께 맹아부의 맹생, 즉 시각장애인 학생들 중 상급반은 안마 실습을 위해 일반인을 대상으로 아주 저렴한 가격에 안마를 해주곤 했는데, 그에 대해서도 비교적 상세히 소개하고 있다.

경성 부내에 돌아다니는 안마 의료금은 한 시간 80전으로부터 1원 20전까지 하여 요금 중에 매우 비싸다고 하는 바인데, 시내의 주통 천연동에 있는 제생원 맹아부에서는 제일 상급인 맹생의 실제 연습을 시키기 위하여 한 시간에 30전이라는 매우 저렴한 요금으로 일반인의 요구에 응하기로 하였다 한다. 물론 이것은 영리의 목적이 아니라 널리 사회에 동원, 맹생의 익숙한 기술을 알게 하도록 하고자 함인데, 요즘 동원의 상급 맹생으로 익숙한 기술이 상당한 이가 7~8명이 있어 매일 평균 3, 4명은 여기저기 불려 나가 시험하는 중인즉 일반 수요자는 전화 본국 일구팔공반, 제생원 맹아부로 말하면 기숙사 측에 의지하여 오후 9시 이내에는 언제든지 안마 연습생을 파견한다더라.[33]

제생원 맹아부의 상급반 학생들이 일반인의 전화를 받고 불려가 한 시간에 30전이라는 매우 저렴한 요금으로 안마를 해주고 있다는 내용이다. 안마 실습도 하고 홍보도 하는 일석이조의 효과를 얻고자 했던 듯하다.

졸업 후 진로 및 한계

당시 신문들은 제생원 맹아부의 졸업식 광경에 대해서도 비교적 자세히 보도했다. 다음은 1923년 3월 26일 제생원 맹아부의 졸업식 광경이다.

어제 26일 오후 1시에 시내 천연동에 있는 총독부 제생원 맹아부에서는 동부의 졸업증서 수여식을 성대히 거행했는데, 대총 내무국장, 장헌식 사무관 외 다수의 내빈이 참석하였다. 수등 부장의 식사를 비롯하여 국가를 두 번 화창하고, 칙어봉독과 학사 보고가 있은 후 졸업증서와 상품 수여가 끝나자 대총 원장의 훈사와 장헌식 씨의 내빈축사가 있었으며, 새 학생의 졸업생을 보내는 말과 졸업생 총대의 답사가 있고, 작별창가가 있은 후 폐식을 하였다. 금번 졸업생은 목촌수웅이라는 벙어리 우등생 한 사람과 장님으로는 우등생 최정신, 전재근 외 열네 사람이었더라.[34]

제생원 맹아부 학생들의 졸업 후 진로는 어떻게 되었을까? 앞에서 언급했듯이 맹아부의 맹인들은 보통교육 외에 침안 교육에 많은 비중을 두었다. 그리하여 3년 후 졸업과 동시에 침과 뜸, 안마의 면허증을 주어 침사, 구사, 안마사로 활동하게 했다.[35] 실제로 당시 맹생들은 졸업 후 침술이나 안마, 마사지 등으로 자영업을 하는 경우가 많았다. 아생의 경우는 보통교육 외에 수예나 재봉, 판금 등의 직업교육에 많은 비중을 두었다. 그래서 아생은 졸업 후 양복점이나 양장점 같은 곳에서 재봉사로 일하는 경우가 많았다. 1931년부터 1938년까지 제생원 맹아부의 졸업생은 모두 380명이었는데, 그들의 취업 상황을 조사해보니 대략 아래와 같았다.

맹인: 교원(2), 자영업(181), 병원 취직(5), 상급학교(2), 사망(24)
농아인: 재봉직공(35), 금공(3), 목공(2), 표구(1), 이발(1), 점원(10), 농업(30), 가사(34), 상급학교(3), 기타(8), 사망(21)[36]

이처럼 제생원 맹아부 출신의 맹인들은 안마를 토대로 자영업을 하는 이들이 많았고, 농아인들은 재봉이나 농사일, 집안일을 하는 이들이 많았다. 또 특이하게도 그들은 일찍 사망하는 경우가 많았다.

이상과 같이 제생원 맹아부는 일제가 세운 거의 유일한 장애인 교육기관이었다. 하지만 그마저도 진정으로 맹인과 농아인을 위한 것이 아니라 한국인을 일본인으로 동화시키기 위한 친일 교육기관이자, 주로 재조(在朝) 일본인을 위한 안마나 양복(장)점의 재봉사를 양성하기 위한 곳이었다. 게다가 수용 인원도 매우 제한적이어서, 아래와 같이 조선의 맹아인 중 일부만이 그곳에 들어갈 수 있었다.

> 눈멀고 말 못하는 맹아들에게 신춘을 당하여 맹랑한 '뉴스' 하나가 있다. 즉 총독부 사회과에서는 이번 신학기부터 제생원 맹아부를 확장하여 계속 사업으로 8학급을 증설하여 수용 인원도 늘릴 계획을 세우고 있다고 한다. 그리하여 신교정에 있는 맹아원에서는 오는 2월 말까지 이학 신청을 받는다고 한다.
>
> 현재 조선에는 장님이 1만 1206명, 벙어리 1만 300명이라는 다수의 가엾은 사람이 있는데, 이중에 교육을 받고자 하는 자는 장님이 1064인, 벙어리가 2308인에 달해 있다고 하나 그들의 교육기관은 단 한 곳 제생원밖에 없으며, 수용력은 극히 적어서 100명 내외밖에 안 된다는 것이다. 그리하여 이번 사회과에서는 맹과 3학급을 6학급으로, 아과 5학급을 10학급으로 각각 학급을 증설하여 맹과 30명, 아과 40명씩을 모집하기로 되었다 한다.[37]

이렇게 당시 제생원의 수용 능력은 100여 명밖에 되지 않을 정도로 매우 적었다. 그래서 이후에도 모집 인원을 늘릴 계획을 세우지만, 번번이 계획에만 그칠 뿐 제대로 시행되지 않았다.[38] 결국 제생원 맹아부는 일제가 식민지의 약자들인 장애인의 복지에도 힘쓰고 있음을 홍보하기 위한 일종의 선전수단에 불과했던 것이다.

제생원 맹아부는 광복 이후 국립서울맹학교로 개칭되었으며, 미군정청 보건후생부 관할 때에 비로소 6년제 초등교육을 실시했다.

박두성, 한글점자 훈맹정음을 창안하다

맹아교육가 박두성

제생원 맹아부에서 결코 빠뜨릴 수 없는 인물이 박두성(1888~1963)이다. 그는 이곳의 교사로 근무하면서 맹아교육에 힘썼을 뿐 아니라 6점식 한글점자인 '훈맹정음'을 창안하여 널리 보급했다.

박두성은 강화도에서 태어났다. 그곳의 보창학교에서 4년간 신학문을 수학했고, 1906년 9월 한성사범학교 속성과를 졸업했다. 이후 어의동보통학교 교사로 근무하다가, 1913년 제생원 맹아부가 설립되자 바로 그곳의 훈도(교사)로 발령을 받아 맹아교육에 몸담게 되었다.[39]

지금까지 우리는 박두성이 제생원 맹아부에서 시각장애인 교육에만 전념했다고 알고 있으나, 실제로는 농아, 즉 청각 · 언어장애인 교육에도 힘썼으며, 틈나는 대로 그들의 범죄 심문이나 재판에도 불려가 수화 통역을 맡기도 했다. 그만큼 박두성은 농아인의 역사에서도 매우 중요한 인물인데, 이에 대해서는 2부 1장에서 자세히 살펴보기로 하자. 나아가 박두성은 맹아부의 교사뿐 아니라 1931년과 1936년 두 차례에 걸쳐 맹아부장 대리를 역임하기도 했다.[40]

박두성은 제생원 맹아부의 학생들이 일본어나 침구, 안마 교육을 받기 위해선 무엇보다 먼저 조선어, 즉 한글점자를 알아야 한다는 사실을 깨달았다. 당시 한글점자는 로제타 홀이 개발한 4점식 한글점자인 '조선훈맹점자-장님 보는 글자(일명 평양점자)'였다. 하지만 그것은 적잖은 결함을 가지고 있었다. 로제타 홀의 한글점자는 자음이나 모음을 표기하는데 두 칸을 사용하여 글자 한 자에 세 칸을 차지하므로 종이와 시간을 많이 소비했을 뿐 아니라, 초성 자음과 중성 자음이 구별되지 않아 글을 이

맹아교육가 박두성. 한글점자인 '훈맹정음'을 창안해 널리 보급했다.

해하는 데 어려움이 많았다. 또 국제사회에서도 이미 시각장애인 교육에 6점식 점자를 사용하기로 결의한 바 있고, 일본도 6점식 점자를 사용하고 있었다. 그리하여 박두성은 로제타 홀에게 한글점자를 6점식으로 고치자고 제안했으나 거절당했다. 결국 그는 장차 합의될 일이 아니라고 여기고서 1920년부터 제생원 맹아부 학생들과 함께 본격적으로 한글점자 연구에 착수했던 것이다.

우선 박두성은 점자 연구에 있어서 다음 세 가지를 표준으로 정했다.

① 배우기 쉬워야 할 것.

② 점 수효가 적어야 할 것.

③ 서로 헷갈리지 않아야 할 것.

〈표 3〉 **훈맹정음의 자음과 모음**

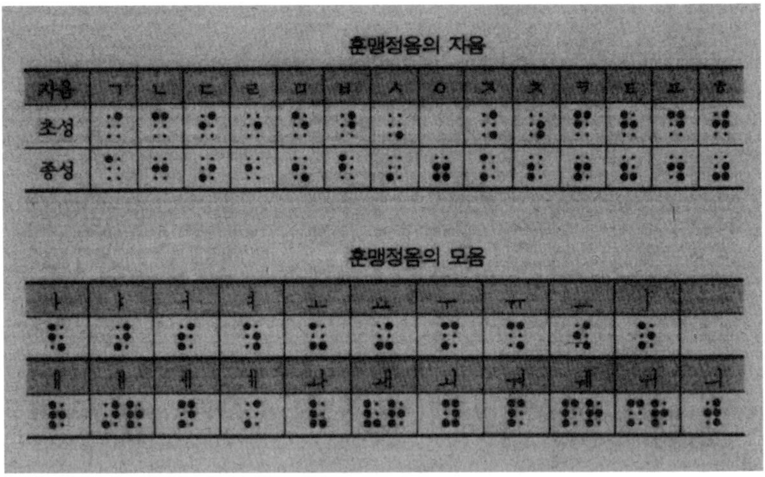

이 세 가지 표준으로 고안되어 나온 것이 이른바 3 · 2점식 점자였다. 자음은 3개의 점으로 구성되어 있고, 모음은 2개의 점으로 구성되어 있어 3 · 2점식 점자라고 했다. 그러나 이 점자는 초성과 종성이 구별되지 않아 오독하기 쉽다는 문제점이 있었다.[41]

박두성과 제자들은 그 문제점을 보완하기 위해 심혈을 기울였는데, 모두 열두 가지 제안을 내어 이를 비교, 검토했다. 마침내 박두성의 제안인 제11안이 채택되었고, 그것을 훈맹정음이라 부르기로 했다. 세종대왕이 창제한 한글을 '훈민정음'이라 하고, 당시 일본 점자의 공식 명칭이 '훈맹점자'였기 때문에 손쉽게 훈맹정음이라 부르게 되었다고 한다. 박두성과 그의 제자들이 창안한 훈맹정음의 자음과 모음은 〈표 3〉과 같다.

때마침 1926년은 훈민정음 반포 480주년이고, 원래 한글창제 기념일은 양력으로 11월 4일이었다. 이에 따라 그들도 1926년 11월 4일 훈맹정음 반포식을 거행했다.[42]

이후에도 박두성은 제생원 맹아부 교사로 근무하면서 점자 연구와 출판, 보급운동을 계속했다. 특히 그는 더 많은 시각장애인들에게 점자를 보급할 목적으로 1927년부터 '육화사(六花社)'란 간판을 내걸고 점자 통신교육을 실시했다. 육화사는 하늘에서 내리는 눈송이가 육각형 모양이고 점자도 6점으로 되어 있기 때문에 점자를 상징하는 명칭으로 사용되었다고 한다.[43] 1935년 제생원 맹아부를 퇴직하고 1940년부터는 인천 율목동에 '조선맹아사업협회'를 설립하여 점자 통신교육을 실시했으며, 1945년 8월 15일부터는 주간 회람지 「촉불」을 발간하기도 했다. 한국전쟁 때 부산으로 피난을 가서는 실명한 상이용사의 재활교육에도 힘썼다. 1955년부터는 구약성서와 신약성서의 점역을 다시 시작하여 1957년에 모두 완성했다. 이후 그는 지병으로 고생하면서도 점자 출판사업을 계속하다가 1963년 8월 25일 76세의 나이로 세상을 떠났다.[44]

이와 같이 박두성은 제생원 맹아부 교사로 근무하면서 새로운 6점식 한글점자를 개발했으며, 이후에도 다양한 방법으로 점자교육을 실시하는 등 한글점자를 널리 보급하기 위해 평생 동안 노력했다. 박두성의 업적이나 역사적 의의에 대해서는 1935년 5월 26일 그의 퇴임기념 사은회에 대한 다음의 신문기사들에 잘 나타나 있다.

> 부내 신교동 제생원 맹아부 훈도 박두성(48), 도촌승(56) 양씨는 20여 년간을 동 맹아부에서 교편을 잡으며 세상에서 불구자라 하여 금수 취급을 받는 불운한 맹아들을 위하여 꾸준히 노력하여오다가 지난 4월에 사임하게 되었다. 앞서 박씨는 23년간, 도촌 씨는 14년을 봉직하다가 정든 제자들과 석별을 하게 되었다. 이에 졸업생들은 은사의 정을 잊지 못하여 25일 오후 2시부터 동교 강당에서 남녀 졸업생 70여 명이 모여 사은회를 열었다. 보지

도 못하고 듣지 못하는 그들이니만큼 더욱 열정적으로 눈물을 지으며 지나간 옛일을 추억하고 은사의 품을 떠나기 어려운 석별사를 말하며 비회 서린 화기 가운데 서로 감회 깊은 이야기로 꽃을 피웠다. 보통 사회에서 보지 못할 만한 그들의 순정은 누구나 감탄하지 않을 수 없었으며 동 6시경에 자못 성황리에 폐회하였다.[45]

앞서 박두성 선생은 23년이라는 긴 세월을 두고 맹아들을 위해 노력하여 오던 가운데 대정 10년(1921)경에는 보지 못하는 맹인을 위하여 훈맹정음을 연구하든 차 대정 15년(1926)에는 그 정음을 정식으로 발표하고 점자교수를 개시하여 많은 공을 쌓아왔다. 그리하여 이미 박 선생의 은혜로 점자로 조선문(언문)을 쓰는 사람의 수가 수백 명에 달하게 되었다. 최근에는 지방 통신 교수까지 하여 전 조선에 천 명가량은 조선문 점자를 능통하는 맹인이 있게 되었다.

그리하여 이번에 전 조선에서 부 · 읍 · 면 의원 투표 당시에도 점자로 투표를 하여 많은 효과를 냈다. 경성부 안에서만 김병순, 박성엽, 김황봉, 리규옥, 김병찬 외 3명 도합 8명은 당당한 유권자로서 선거 당일 남대문 소학교에서 점자 투표를 하여 그들의 깨끗한 한 표로 빛나는 영예로 당선된 부회의원도 있었다고 한다. 박 선생은 문맹퇴치운동을 일으킨 선구자로 그들의 은인이라 하여 일반에 칭송이 자자하다고 한다.[46]

박두성이 제생원 맹아부 교사로 23년간 재직하고서 1935년에 48세의 나이로 퇴임한다는 내용이다. 그는 특히 한글점자를 연구하여 훈맹정음을 창안했고, 지방에 있는 시각장애인을 위해 통신교육까지 실시했다. 그리하여 천여 명의 시각장애인이 한글점자를 배웠고, 점자투표를 통해 참정권을 행사하게 되었다. 그래서인지 위의 신문기사에서도 그를 문맹퇴치운동의 선구자라 평가하고 있다.

이창호 목사가 운영한 평양광명학교

일제강점기에 공립장애인학교로 제생원 맹아원이 있었다면, 사립으로는 평양광명학교가 있었다. 이 학교는 모펫 부인이 운영하던 평양남맹학급을 1935년 이창호 목사가 이어받아 설립한 것이었다.

1934년에 제생원 맹아부의 졸업생 정삼출이 평양에서 안마업을 운영하며 남자 맹인 5명에게 점자와 안마를 가르쳤는데, 그 일은 생각보다 쉽지 않았다. 그는 평양 남문 밖 교회의 이창호 목사를 찾아가 남자 맹인들의 교육을 의뢰했다. 이에 이창호 목사가 일제강점기 이후 거의 폐교 상태가 된 평양남맹학급을 '평양맹아원'이란 이름으로 재건하고 1935년 4월 초대 교장으로 취임했다. 1942년에 평양맹아원은 정식으로 학교 인가를 받아 '평양광명학교'로 교명이 바뀌었다.

평양광명학교의 교육 목표는 정직, 봉사, 근면이었다. 교육 과정은 통학제와 기숙제를 병행했고, 맹부 6년과 농부 6년으로 편제했으며, 보통 교육 외에 직업교육으로 목공, 양재, 안마, 마사지 등을 가르쳤다. 물론 맹인은 점자로, 농아인은 수화로 가르쳤다. 특히 농아 교육의 경우 처음에는 수화법 위주로 지도했으나, 나중에는 구화법 위주로 전환했다. 또 일주일에 1회 이상 예배시간을 두어 기독교 교육을 실시하기도 했다.

교사는 모두 기독교인으로 사명감이 투철한 사람들이었다. 특히 이 학교는 교사 양성과 그들의 자질 향상을 위해 김용묵이란 이를 도쿄농아학

교 교원 양성과정에 파견하기도 했다.[47]

평양광명학교는 해방 후에도 이창호 목사의 지도 아래 계속 운영되었으나, 1948년 공산당이 자신들에게 협조하지 않는다는 이유로 이창호 목사를 축출하고 학교를 빼앗았다고 전해진다.[48]

6장

장애에 대한 인식이 바뀌다

근대에 이르러 장애에 대한 사회적 인식도 매우 부정적으로 바뀌었다. 물론 그것은 장애 유형별로 조금씩 차이가 있었는데, 개별 장애인에 대한 사회적 인식에 대해서는 뒤에서 자세히 살펴보기로 하고, 여기에서는 일반적인 장애에 대한 부정적 인식에 대해서만 살펴보기로 하자.

중대한 병에서 불구자로

근대 장애에 대한 부정적 인식은 우선 용어의 변화에서부터 확인할 수 있다. 조선시대 장애인은 공식적인 기록에선 잔질(殘疾), 폐질(廢疾), 독질(篤疾)이라 했고, 민간에서는 '병신'이라 부르곤 했다. 장애를 병, 특히 고치기 어려운 고질병으로 인식했던 것이다. 이들 명칭은 중국 고대에서부터 사용하던 것이었는데, 우리나라에서도 최소한 고려시대부터는 사용하고 있었다.[1]

이 같은 명칭은 개화기에도 한동안 계속 사용되었다. 다음의 신문기사들을 살펴보자.

> 하나는 각도의 인민 가운데 홀로 되고 가난하고 잔질(장애)이 있음에도 누가 기르고 구원해줄 사람이 없는 자는 해당 지방관이 별도로 어루만지고 구휼하여 살 곳을 잃지 말게 하라.[2]

> 조칙을 법부에서 받들어 감옥에서 중역 죄인 중 나이 70세 이상과 폐질(장애)이 된 사람을 풀어주되 그 사람의 성명을 다른 종이에 기록하여 올리라.[3]

> 제79조. 죄를 함께 지었을 때 조의(造意)한 자와 지휘한 자와 하수한 자가 있으면 조의한 자를 수범(首犯)으로 논한다. 단 가족이 공범한 경우에는 존장을 수범으로 하되, 만약 존장이 80세 이상이거나 독질(장애)이거든 차존장을 수범으로 논하고 남에게 침해한 자는 수범과 종범을 똑같이 논한다.[4]

이처럼 개화기에도 여전히 장애를 지칭하는 용어로 잔질, 폐질, 독질 등이 쓰였다. 민간에서는 장애인을 흔히 '병신'이라 칭하곤 했다. 다만 유의할 점은 이때의 병신이란 용어는 오늘날처럼 조롱이나 비하, 욕설의 의미가 크게 개입되어 있지 않고, 주로 질병의 의미로 사용되었다는 것이다.

그런데 개화기부터 '불구자'라는 용어가 조금씩 사용되기 시작했다. 다음의 신문기사를 살펴보자.

나는 본래 병신으로 아무것도 모르는 하나의 개나 돼지와 같은 사람이었으나, 근일에 읍내에서 학교를 설립하여 인재를 양성해서 후일 국가에 유용한 재료를 제공한다는 소식을 듣고 내 마음에 대단히 기뻐서 즉시 나아가 수업을 받고자 하는 의사가 있었소. 하지만 일개 신체불구자(지체장애인)로 10년 공부하는 것보다는 양반 자제나 재능 있는 아동의 1년 공부하는 것이 더욱 나을 것 같아 생각을 고쳐먹고 식재료를 영업하여 밥값을 제외한 나머지가 매일 10전이라. 5일을 저축한 50전을 기부하여 경비에 조금이라도 보탬이 되고자 하나니….[5]

불구자는 '후구샤(不具者)'란 근대의 일본어에서 온 말로 '-을 갖추지 못한 사람'이란 뜻이다.[6] 그것이 개항 이후 우리나라에 들어와 장애인을 부르는 말로 사용되기 시작했다. 그러다 일제강점기에 이르러서는 전통적인 잔질, 폐질, 독질이란 용어 대신에 불구자가 널리 사용되었다. 특히 신체장애와 정신장애, 기타 장애 등 각종의 장애인들을 두루 불구자로 표현하곤 했다. 불구자란 용어는 앞으로 계속 접하게 될 것이다.

이와 같이 과거의 장애 용어들은 주로 질병의 의미가 강했지만, 근대의 '불구자'라는 용어는 '기능'의 결여를 강조하고 있었다. 다시 말해 신체적, 정신적으로 뭔가를 갖추지 못한 사람, 즉 몸의 기능이 결여된 자요 세상에 쓸모없는 존재라는 뜻이었다. 이렇게 근대, 특히 일제강점기에 이르면 장애 용어부터 부정적인 의미로 변했다.[7]

세상에서 가장 불쌍한 존재라는 동정의 시선

조선시대엔 장애인을 '병신', 즉 병이 들거나 아픈 사람으로 보았다. 그래서 사람들은 장애인을 불쌍하고 측은하게 여기면서 어떻게든 도와줘야 한다고 생각했다. 이러한 인식은 근대 개화기에 이르러서도 계속 이어졌다. 앞에서도 언급한 바 있는 개화기의 풍자소설 『병인간친회록』의 서두에는 당시의 장애인에 대한 동정적 인식이 잘 나타나 있는데, 해당 부분만 현대어로 옮겨본다.

> 일신이 영락하고 생애가 참담한 자들은 오직 불쌍하고 측은한 갖가지 병신들이라. 병신으로 말하면 배냇병신이든지 초년병신이든지 종년병신이든지 어느 누가 병신 되기를 즐겨 되었으리오. 조상의 유전이나 본인의 죄나 하늘의 명하심이라.[8]

이처럼 개화기에도 장애인은 불쌍하고 측은한 존재로 여겨졌다. 또 유전이나 죄, 하늘의 명으로 장애를 입은 것으로 보았다.

일제강점기에도 장애인은 불쌍하고 가련한 사람이므로 모두 힘을 합쳐 도와줘야 한다고 생각했다. 예컨대 1921년 매일신보와 경성일보사 평양지국이 제1회 평양맹인위안회를 공동으로 개최했는데, 그 취지를 다음과 같이 말하고 있다.

> 이 세상에서 부모가 없어 서럽다 하며 의복 음식이 없어서 서럽다 하여 밤낮으로 울며 부르짖는 사람도 무궁할지라도, 이와 같은 것은 언제든 다시 한 번 좋은 기회를 만나 얻을 수도 있으며 추워하던 의복도 얻을 수가 있

지만은, 이 세상에 한 번 얻지 못하면 다시 바라는 희망도 없는 것이 우리의 체육(육체)이 온전치 못하여 보거나 듣거나 말하거나 활동하는 기거동작을 마음대로 못하는 것이 가장 불쌍하고 가긍한지라. 이와 같이 불쌍하고 가련한 동포를 보고 목석이 아니어든 어찌 그 동정의 눈물이 나오지 않으리오. 속담에 진합태산이요 십시일반이라 한 격언이 있지 않은가? 우리의 한 푼 눈물로 불쌍한 여러 동포를 구제하는 것은 참으로 우리가 우리의 책임을 감당한다 할지로다.

이번에 본사 평남지국과 경성일보사 평양지국 주최로 평양부 내에 거주하는 앞을 보지 못하는 가련한 동포 일백 수십 명을 모아놓고 부내에 따뜻한 동정이 많으신 유지체 씨와 한 가지로 그네들을 위로하며 동정을 표하기 위하여 오늘 7월 3일(일) 오후 1시부터 평양공회당에서 제1회 평양맹인위안회를 개최하기로 결정하고 목하 제반 준비에 착수하였다. 이외에 평남의 조전 지사와 기타 도부서의 관공리와 자혜의원 상업회의소의 중역이며 그 외 관민 유지 40여 명이 심대한 동정을 표현하여 주최하는 자를 찬성하였고, 그중에서도 이 소식을 들은 애국부인회 평남지부 및 동회 평양위원부에서는 자진하여 후원하여주겠다고 동정을 표하였었다. 그 후로 지사 평남지부와 상공회사 천천사장, 기타 제씨로 다대한 금전의 기증도 있었고, 개성권번에서는 무료로 기생 출연을 하여준다 하였다. 이와 같이 아름다운 사회사업을 영광스럽게 지내게 되었는데, 당일의 순서는 아래와 같다더라.

일, 시교 경성일보사 평양지국장의 사회

일, 최순정 매일신보 평남지국장 예사

일, 대대 제생원 교수의 강화

일, 내빈의 축사 및 예사

'조금씩이라도 힘을 모아 불쌍한 장애인을 돕자'는 취지로 개최된 평양맹인위안회 소식을 전하는 신문기사.

일, 기념품 증정

일, 맹팔 대표의 사사

일, 다과의 찬청

일, 여흥(조선 음악기생의 연주 피아노 탄주 축음 기타)

일, 폐회[9]

장애는 한 번 입으면 다시는 희망이 없으므로 세상에서 가장 불쌍하고 가련한 존재라고 했다. 그러니 목석같은 사람이 아니라면 동정의 눈물을 흘려야 하고, 조금씩이라도 힘을 모아 그들을 구제해야 한다는 것이다. 이러한 취지로 평양맹인위안회를 개최하게 되었다는 소식을 전하고 있다.

서두에서 보았듯이 조선시대 장애인은 몸이 불편한 사람, 그 이상도 이하도 아니었다. 하지만 근대에 이르면 더 이상 희망이 없는, 한없이 불쌍하고 가련한 존재로 취급되었다. 다시 말해 신체적 · 사회적 장애인이 된 것이다.

학대와 멸시의 대상

근대의 장애인은 여전히 비유와 놀림의 대상이었다. 예부터 사람들은 자신의 부족함이나 잘못을 표현할 때 장애인에 빗대어 말하곤 했다. 이러한 사례는 특히 시조에서 자주 발견된다. 다음은 『고금가곡』(1764)에 실려 있는 작가 미상의 시조인데, 청각 · 시각장애인에 빗대어 자신의 처지를 표현하고 있다.

귀먹은 소경이 되어 산중(山中)에 들었으니
듣는 말 없거늘 볼 일인들 있을손가
입이야 성하다마는 무슨 말을 하리오

이처럼 화자는 '귀먹은 소경', 즉 청각과 시각장애인에 빗대어 자연 속에 묻혀 세상물정을 모르고 살아가는 자신의 처지를 표현하고 있다.[10]

또한 조선시대 장애인은 놀림의 대상이 되기도 했다. 예컨대 다음의 시조를 살펴보자.

소경이 청맹과니를 들쳐 업고
굽 떨어진 나막신을 맨발에 신고 외나무 썩은 다리로 막대도 없이 엉금엉금 건너가니 그 아래에서 돌부처가 서 있다가 하늘을 보며 큰 소리로 웃더라.

이는 작가 미상의 시조로 『화원악보』(1885)에 실려 있는 작품이다. 소경이 청맹과니(겉으로 보기엔 멀쩡하나 실상은 앞이 보이지 않는 사람)를 업고 썩은 외나무다리를 건너는 모습을 보고 돌부처도 크게 웃더라고 하면서 장애인을 놀림의 대상으로 삼고 있다.[11]

이와 같이 조선시대 장애인은 비유와 놀림의 대상이 되기도 했지만, 그렇다고 멸시를 당한 것은 결코 아니었다. 다시 말해 조선시대만 해도 그것은 해학, 즉 유머 차원에서 크게 벗어나지 않았던 것이다. 하지만 근대에 이르러서는 장애인을 향한 멸시의 시선이 서서히 드러나기 시작했다.

먼저 개화기 사람들도 장애인을 비유의 대상으로 삼곤 했는데, 특히 다음과 같이 남을 비판할 때 장애인에 빗대어 말하곤 했다.

일신우일신(日新又日新)함을 사람마다 힘쓸 것이어늘 어찌하여 귀먹고 눈먼 병신 모양으로 구습에만 빠져 있느뇨. 이것이 한심한 일이로다.[12]

이렇게 『독립신문』은 구습에 빠져 있는 사람들을 귀먹고 눈먼 병신, 즉 청각장애인과 시각장애인에 빗대어 한심하다고 비판하고 있다.

개화기 사람들도 장애인을 놀림의 대상으로 삼곤 했다. 이러한 모습은 주로 『대한매일신보』의 「편편기담」에서 장애인 관련 우스갯소리에 잘 나타나 있다. 이 코너에서는 귀머거리, 소경, 난장이, 앉은뱅이 등 각종 장애인에 얽힌 우스운 일화들을 한 편씩 연재했는데, 은연중에 장애인을 놀림의 대상으로 삼을 뿐 아니라 그들에 대한 인식을 좋지 않게 만드는

데 일조했다. 여기에서는 김수강과 장명산이라는 이가 투고한 두 가지 일화만 살펴보기로 하자.

한 집에 귀머거리 부자가 있었는데, 하루는 그 아버지는 마당에 섰고 아들은 대문 밖에 섰다가 그 아버지가 아들에게 묻기를 "아무개야!" 하니, 아들이 "네" 하고 대답하였다. 아버지가 말하기를 "그 앞으로 지나가는 사람이 뒷집 박생원이 아니냐?", 아들이 대답하기를 "아니올시다. 뒷집 박생원이 지나갔습니다." 아버지가 말하기를 "나는 뒷집 박생원이 지나가는 줄 알았구나" 하였다. 그 부인이 대청에 앉아 있다가 그러한 문답을 듣고 하도 기가 막혀 하는 말이 "나도 귀나 먹었다면 저렇게 답답한 언론을 듣지 아니할 걸" 하였다. 그러자 며느리가 듣고 하는 말이 "애고, 어머님. 그런 말씀 하시지 마옵소서. 어머님마저 귀가 먹으면 저 답답한 일을 저 혼자 모두 보라 하시오" 하였다.[13]

소경 하나와 귀먹은 사람 하나와 앉은뱅이 하나가 절 구경을 가는데, 태산준령을 다 넘어서 한곳에 이르러 곤뇌함으로 다리를 쉬게 할 겸 바위 위에 앉았다. 소경이 지팡이를 들어 먼 산을 가리켜 왈 "참 좋다. 절에 단청의 색이 영롱하여 눈을 어리는구나. 저런 구경을 못하는 자는 불쌍한 사람이로다." 귀머거리가 하는 말이 "참 큰 절은 큰 절이로다. 때때로 꽹과리와 북소리에 내 귀가 먹먹하구나." 앉은뱅이가 하는 말이 "너희들은 내 뒤를 따라오라. 나는 단걸음에 뛰어가서 구경하겠다" 하더라.[14]

이처럼 근대엔 언론매체들도 장애인에 대한 부정적 인식을 심화시키는 데 적잖은 영향을 끼쳤다.

심지어 일제강점기에 이르면 장애인들이 학대의 대상이 되기도 했다. 이웃이나 마을공동체 등 주변 사람들이 악의적으로 장애인을 놀리고 학대했던 것이다. 강경애의 근대소설 『지하촌』(1936)을 통해 살펴보자.

주인공 칠성이는 절름발이에 한쪽 팔마저 쓰지 못하는 반신불수였다. 그럼에도 집이 가난하여 인근 마을을 돌아다니며 먹을 것을 얻어오곤 했다. 그런데 칠성이가 동냥하여 집으로 돌아올 때면 어김없이 동네 아이들이 몰려와 그의 동냥자루를 낚아채거나 옷과 얼굴에 쇠똥을 묻히며 놀려대곤 했다.

> 해는 서산 우에서 이글이글 타고 있다.
>
> 칠성이는 오늘도 동냥자루를 비스듬히 어깨에 메고 비틀비틀 이 동리 앞을 지났다. 밑 뚫어진 밀집모를 연신 내려 쓰나 이마는 따갑고 땀방울이 흐르고 먼지가 연기같이 끼어, 그의 코밑이 매워 견딜 수 없다.
>
> "이애 또 온다."
>
> "어아."
>
> 동리서 놀던 애들은 소리를 지르며 달려 나온다. 칠성이는 조놈의 자식들을 또 만나누나 하면서 속히 걸었으나 벌써 애들은 그의 옷자락을 툭툭 잡아당겼다.
>
> "이애 울어라. 울어."
>
> 한 놈이 칠성의 앞을 막아서고 그 큰 입을 헤벌리고 웃는다. 여러 애들은 죽 돌아섰다.
>
> "이애 이애 네 나이 얼마?"
>
> "거게 뭐 얻어 오니? 보자꾸나."
>
> 한 놈이 동냥자루를 툭 잡아채니 애들은 손뼉을 치며 좋아한다. 칠성이는

우뚝 서서 그중 큰놈을 노려보고 가만히 서 있었다. 앞으로 가려든지 또 욕을 건네면, 애들은 더 흥미가 나서 달라붙는 것임을 잘 알기 때문이다.

"바루바루 점잖은데."

머리 뾰족이 나온 놈이 나무 꼬챙이로 갓 눈 듯한 쇠똥을 찍어 들고 대들었다. 여러 놈은 깔깔거리면서 저마다 쇠똥을 찍어 들고 덤볐다. 칠성이도 여기는 참을 수 없어 막 서두르며 내달아 갔다.

두 팔을 번쩍 들고 부르르 떨면서 머리를 비틀비틀 꼬다가 한 발 지척 내디디곤 했다. 애들은 이 흉내를 내며 따른다. 앞으로 막아서고 뒤로 따르면서 깡충깡충 뛰어 칠성의 얼굴까지 쇠똥칠을 해놓는다. 그는 눈을 부릅뜨고,

"이 이놈들."

입을 실룩실룩하다가 겨우 내놓는 말이다. 애들은 "이 이놈들" 하고 흉내를 내고는 대굴대굴 구르면서 웃는다. 쇠똥이 그의 입술에 올라가자 앱 투하고 침을 뱉으면서 무섭게 눈을 떴다.

"무섭다. 바루바루."

애들은 참말 무섭게 보았는지 실금실금 꽁무니를 빼기 시작했다. 칠성이는 팔로 입술을 비비치고 떠들며 돌아가는 애들을 물끄러미 바라보았다. 웬일인지 자신은 세상에서 버림을 받은 듯 그렇게 고적하고 분하였다.[15]

이처럼 일제강점기에 이르러 장애인은 주변 사람들에게 놀림이나 학대를 받는 대상으로 전락했다. 그리하여 장애인들은 이 세상에서 버림받은 듯 자신의 처지를 비관했다. 심지어 어떤 이는 자살이라는 극단적인 선택을 하기도 했는데, 이에 대해서는 뒤에서 자세히 살펴볼 것이다.

'인육'이라는 민간요법이 성행한 이유

근대, 특히 일제강점기에 이르러 장애에 대한 부정적 인식이 심화되자, 장애인들은 비록 쉽게 고칠 수 없다는 사실을 알면서도 어떻게든 장애를 치료하고자 했다. 각종 민간요법뿐 아니라 서양의술로 치료하고자 했으며, 심지어 신체의 일부를 먹는 인육(人肉)과 같은 극단적인 민간요법을 쓰기도 했다.

물론 장애를 치료하기 위해 인육을 사용하는 풍습은 조선시대에도 있었는데, 특히 뇌전증(간질)과 한센병(나병)에 인육을 쓰곤 했다. 예컨대 조선 전기 고산현의 아전 유석진은 아버지가 뇌전증을 앓고 있었는데, "산 사람의 뼈를 갈아 피에 타서 마시면 낫는다"라는 말을 들었다. 이에 그는 자신의 왼손 무명지를 잘라 바쳤다. 그랬더니 과연 아버지의 뇌전증이 나았다고 한다. 그의 이야기는 『삼강행실도』 효자편에 실리기도 했다.[16]

한센병 치료에도 인육을 쓰곤 했다. 선조 때 흉악한 무리들이 어린아이를 유괴하거나 혼자서 길을 가는 어른을 납치하여 배를 가르고 쓸개를 꺼내간다는 소문이 돌았다. 그 쓸개를 한센인에게 비싼 값에 판다는 것이다. 이에 임금이 현상금을 내걸고 그들을 체포하라고 명령했다.[17]

하지만 근대, 특히 일제강점기에 이르러 한센병이 크게 유행하자 인육을 사용하는 경우가 더욱 늘었다. 남의 몸을 함부로 훼손할 뿐 아니라 그 방법도 더욱 잔인해졌다. 이 때문에 한센인은 공포의 대상이 되기도 했다. 1932년 강원도에서 무덤 속의 시신을 파먹은 사건과, 1928년 대구에서 한센인이 남의 아이를 유인하여 생간을 빼어먹은 사건을 살펴보자.

강원도 이천군 학봉면 동리 문성잠과 동리 최순서 두 사람은 일전 '분묘발굴 시체손해령득죄'로 이천서에 체포되었다. 사건인즉 문성잠은 당년 10세 되는 삼남(三男) 석진의 '간질'병을 항상 근심하고 있는 즈음 어떤 사람으로부터 그 병에는 사람의 뇌장이 신효하다는 말을 듣고 지난 5월 26일 밤 친구의 한 사람인 최순서와 같이 동리 전정 신모의 산중에 매장한 동리 이성근의 삼녀 수만(6세)의 시체를 파내어 그의 두개골을 깨트린 후 뇌수를 끄집어내어다가 그 아들에게 먹인 전후의 사실이 최근에야 이천서원에 탐지된 것이라 한다.[18]

어린아이를 죽여 생간을 내먹는 살인귀의 공판이 지난 5일 대구지방법원에서 개정되었다. 피고는 경북 상주군 중동면 죽암리 김덕운의 처 이개문과 그의 3녀 김진임이다. 진임이가 수년 전부터 나병에 걸려 신음 중에 있던 차에 마침 아이의 생간이 효력이 많다는 미신적 말을 믿고 지난 7월에 동리 박월출이라는 네 살 먹은 아이가 길가에서 놀고 있는 것을 먹을 것을 주겠다고 꼬여 자기 집으로 데리고 가 부엌에서 아이를 죽여 간을 내고 시체는 석유상자에 넣어 부근 어떤 산 밑에 은매하였던 것을 야생견이 발굴하여 부패한 육편을 물고 다녔는데, 이 사실을 알게 되어 두 피고는 곧 체포되어 예심을 거쳐 공판에 이른 것이다. 이에 대하여 검사는 사형을 구형하였는바 언도는 오는 12일이라더라.[19]

이처럼 강원도 이천에 사는 문성잠은 아들의 뇌전증을 고치기 위해 죽은 아이의 시체를 파내어 두개골을 깨뜨린 후 뇌수를 꺼내어 먹였다. 또 경상북도 상주에 사는 한 부모는 한센병에 걸린 딸을 위해 동네에 사는 네 살짜리 아이를 데려다가 죽여서 생간을 빼낸 후 시신을 야산에 몰래 매장했다가 야생개가 파헤치는 바람에 발각되기도 했다.

일제강점기엔 인육의 사용 범위도 넓어졌다. 간질과 한센인뿐만 아니라 아래와 같이 꼽추, 즉 척추장애인이나 백치, 즉 지적장애인 같은 여타 장애인도 인육으로 치료하고자 했던 것이다.

> 전남 화순군 화순면 삼천리 임대갑은 수일 전 변호사 김병도 씨를 소송대리인으로 하여 동군 동명 향청리에 사는 부호 박○○을 걸어 광주지방법원에 위자료 및 손해배상으로 1만 7천여 원을 청구하는 소송을 제기하여 오는 17일에 제1회 공판이 동 법원에서 열린다 한다. 그 자세한 내용을 듣건대 전기 피고인 박부호는 전남에서 유수한 과수원을 경영함으로써 매일 수십 명의 노동자를 부리는바, 그 외손자인 안성오가 '곱사등이' 병으로 항상 남과 같이 돌아다니지 못하는 것을 보고 그 병을 치료하여주기 위하여 백방으로 주선하던 중, 그 당시 화순군의 이○○에게서 '가장 건강하고 20세 내외 된 사람의 척수액을 빼어 주사하면 혹 나을지도 알 수 없다' 하는 말을 듣고, 박씨는 크게 기뻐하여 자기가 경영하는 과수원에서 노동하는 수십 명 인부 중에서 가장 건장한 전기 임대갑과 유길포 2명을 불러다가 "너희들은 몸이 가장 건장한 사람들이므로 더욱더 건강하게 되는 주사를 주겠다"고 감언이설로 꾀여 빼어 썼다. 다행히 유길포만은 무사하였으나 임대갑은 아픔을 이기지 못하여 사람 살려달라고 외쳤으나 박씨가 몸을 흔들면 즉사한다고 위협하는 한편으로 꼼짝도 못하게 붙들고 그의 척수액을 빼었다는데, 임대갑은 그날부터 중병이나 들린 모양으로 날로 쇠약해져서 기거동작조차 마음대로 하지 못하게 되었으므로 경성 세부란쓰병원과 광주도립의원에서 진찰한 결과 만성뇌척수라는 불치의 병인 것이 판명되었다. 이 말을 들은 그의 가족은 한숨으로 세월을 보내다가 결국은 그와 같이 가해자 박씨를 걸

어 고소를 제기한 것이라는바, 비통한 눈물로 세월을 보내는 임대갑의 모친은 목 메이는 소리로 "돈을 억만 냥 준대도 펄펄 뛰던 내 자식이 이렇게 병신이 되었으니 어쩌면 생사람의 등골을 빼어 이와 같이 병신을 만들어두겠습니까" 하고 말하더라.[20]

백치의 병에는 남자의 음경이 즉효라는 미신의 말을 믿고 아들의 백치병을 고치려고 병사자의 음경을 떼어내고 시체는 남모르게 은밀히 매장하였던 것이 탄로되어 경찰에 구인취조를 받는 자가 있다고 한다. 그는 충북 영동군 성동면 용신리 유재관이란 노인인데, 백치 자식 유상렬의 병을 고치려고 남자의 음경을 구하던 차에 마침 이웃집에서 고용살이를 하던 보은군 오덕면 평전리 임광동이 지난 26일에 사망한 것을 보고 동리 이성규, 김장순 등과 공모하고 그 음경을 베어내는 동시에 시체는 은밀히 매장하였던 것이 발각되어 지난 28일 전기 범행자 전부가 영홍서에 구인되어 취조를 받는 중이라고 한다.[21]

첫 번째 신문기사는 1926년 전라남도 화순군에 사는 부호 박씨가 외손자의 곱사등이 병, 즉 척추장애를 고치려고 자신의 과수원에서 일하던 두 청년을 속여 척수액을 빼냈다가 그중 한 명을 장애인으로 만들어버렸다는 것이다. 두 번째 신문기사는 1935년 충청북도 영동에 사는 유재관이란 노인이 백치, 즉 지적장애 아들을 고치려고 죽은 사람의 음경을 떼어냈다가 발각되었다는 것이다.

그렇다면 왜 이렇게 인육이라는 극단적인 방법을 써서라도 장애를 치료하고자 했을까? 조선시대에는 장애를 있는 그대로 받아들였고, 장애로 인한 문제도 크게 의식하지 않고 살아갔다. 하지만 일제강점기에 이르러서는 장애인 지원정책이 거의 시행되지 않았고, 장애에 대한 사회적 인식도 매우 부정적으로 바뀌어갔다. 이젠 도저히 장애인으로서 살아가기 힘든 세상이 되어버린 것이다. 그리하여 많은 장애인들이 극단적인 방법을 써서라도 장애를 치료하고자 했던 것이 아닐까 한다.

예수도 믿어보고 교주에게 매달려도 보고

근대 장애인은 장애를 치료하기 위해 종교에 의존하는 경우도 적지 않았다. 특히 기독교에 의존하는 사람이 많았는데, 기독교에선 장애를 치유 대상으로 인식했을 뿐 아니라 4복음서만 봐도 예수가 장애인과 병자를 치료하는 기록이 40여 차례나 등장하기 때문이다.

일제강점기 기독교에서 장애를 치유했던 대표적인 사례는 김익두(1874~1950) 목사를 들 수 있다. 김익두 목사는 황해도 안악 출신의 장로교 목사이자 부흥사였는데, 종교적 힘으로 난치병을 고치는 것으로 유명했다. 그래서 김익두 목사가 부흥회를 연다고 하면 온갖 장애인과 불치병자들이 몰려들었다. 다음은 1926년 간도 용정에서 그가 부흥회를 개최하는 모습이다.

> 병 고치기로 유명한 김익두 목사라면 예수교인은 물론이요 세상에서 대개 아는 사람이다. 그 목사가 지난 2월 25일 저녁 차로 간도 용정에 도착하여 그날 밤부터 중앙예배당에서 부흥회를 시작했는데, 수백 리 밖 혼춘, 돈화, 화룡현 등지로 눈먼 소경과 절름발이와 반신불수 등 각양각색의 병자들이 모여들었다. 목사가 오기만을 기다리는 군중들은 정각 전부터 예배당에

인산인해를 이루어 입추의 여지가 없이 몰려들었다. 반면에 반종교파들은 기회를 얻은 듯이 간도 각지로부터 모여들어 예배당 안과 밖을 둘러싸고 시작하기 전부터 장내의 분위기가 심히 험악하더니, 김 목사가 강설(설교)을 시작하자 청중들로부터 훼방이 일어나 설교는 마침내 마치지 못하고 폐회하였다.

그 이튿날 오후 2시부터 계속하여 같은 예배당에서 강설회를 열었는데, 김 목사가 단상에 오르자마자 "김익두 잡아 내려라" 소리가 나기 시작하더니 "박례헌을 끌어 엎어라. 이대준을 죽여라" 소리가 연달아 일어나며, 교회 안에 지명할 만한 목사와 장로들의 이름을 모조리 부르며 가지각색의 호령과 욕설을 함부로 했다. 강설은 마침내 중지되고 뒤를 이어 서양인 노아력 목사가 일어나 3장 찬미를 하고 축복기도를 하려고 팔을 벌리자, 군중이 강단으로 뛰어올라 김익두 목사를 비롯하여 거기 모인 목사와 장로들에게 철곤 세례를 빗발치듯 하였다.

부흥회는 계속하여 그날 밤 7시부터 또 열렸는데, 역시 전과 같이 훼방이 일어나 강설회를 못하고 폐회를 하자 군중은 이어 폭행을 일으켜 예배당을 부수기 시작하여 난로와 남포, 유리창, 연통 등을 산산이 파괴하였다. 미리부터 준비했던 영사관 순사들과 중국 순사들은 총과 칼을 마구 휘둘러 병을 고치러 왔던 노인과 어린 학생들은 혹은 총자루 혹은 칼끝에 중경상을 당했는데, 중경상자 중 다섯 사람은 당시 자혜병원에 입원 치료중이요, 그 외의 여러 부상자들은 모두 도망하여 부상자가 많은 모양이나, 상세한 수효는 미상이라 한다.(간도)[22]

불치병을 고치기로 유명한 김익두 목사가 간도 용정에서 부흥회를 연다고 하자 각양각색의 장애인들이 몰려들었지만 기독교에 반감을 가진 이들의 훼방으로 많은 부상자가 발생하고 부흥회도 중단되었다는 내용이다.

당시 김익두 목사에게 반감을 가진 사람들도 많았던 듯하다. 대표적으로 잡지 『별건곤』 제47호에 한 앉은뱅이, 즉 지체장애인이 자신의 경험담을 들어 김익두 목사를 이렇게 비난하고 있다.

> 어찌하면 나의 다리가 나을까. 중년에 병신이 된 것도 아니요. 태어나면서의 병신이니까 하나님의 힘이면 나를 고치어줄 수 있으려니, 어리석지만 이것이 늘 나의 생각이요 희망입니다. 벌써 여러 해 전입니다. 김익두라는 예수교 목사가 있어 그 사람의 기도이면 무슨 병이든지 낫는다고 하여 나는 그 사람을 찾아서 황해도 신천까지 갔던 일이 있습니다. 그때의 신천에는 기차가 없었습니다. 하나님의 거룩한 은혜로 나의 다리가 이제는 쓰게 되려니 하는 희망을 갖고 말도 타지 않고 자동차도 타지 않고 나는 그냥 기어갔습니다. 내 정성으로 내 병을 고칠 것이니 그렇게 호강스럽게 타고 다녀서는 그것은 하나님의 은혜를 받기에 너무도 황송하다고 생각한 까닭이었습니다. 서울서 황해도 신천까지 500리가 넘는 길입니다. 그것을 기어간다는 것은 말이 쉬운 말이지 실제로 당해보지 못한 사람은 헤아리지도 못할 것입니다. 개성을 지나서 황해도 금천으로 들어가면서 길도 험하고 산도 험하더이다. 길가에 보행객주에 들면 병신이라고 동정할 것이건만 야속하여 도리어 구박합디다. 같은 돈 받으면서 병신이라고 특별히 구박할 것이 무엇이겠습니까. 그때마다 나는 기도했습니다. 하나님이여 저의 다리병신을 낫게 해주소서. 그리고 저 사람들을 불쌍히 여기어 하나님 은혜를 베풀어주소서. 아멘.
>
> 이리하여 한 달이 지나서 김 목사 집을 찾아들었습니다. 나는 그렇게 정

성과 마음을 다하여 그를 찾아갔건만 그는 너무도 나를 냉대했습니다. 나의 주머니에 돈이 있는 것을 알고 나서는 그때에는 태도가 달라지더이다. 그러나 나의 노력은 헛된 것이었습니다. 그때에 나는 너무 애를 쓰고 한 달이나 기었기 때문에 허리가 상했습니다. 그래서 지금도 허리를 쓰지 못합니다. 그때의 나도 어리석었거니와 세상 놈이 꽤 어리석었습니다. 김익두가 그런 멀쩡한 수작을 하고 다니건만 예수교회에서 가는 곳마다 예수의 재생(재림)으로 알고 대환영을 했으니 말이지요.[23]

김익두 목사가 무슨 병이든 낫게 해준다는 소문을 듣고 서울에서 황해도 신천까지 기어서 찾아갔다는 지체장애인의 고백이다. 하지만 그의 기도는 별 효험이 없었고, 오히려 한 달이나 기어서 간 탓에 허리까지 상하고 말았다. 이에 그는 김익두 목사를 믿었던 자신도 어리석지만 세상 사람들도 참 어리석다고 말하고 있다.

장애인들은 또 신흥종교에 의존하여 장애를 치유하고자 했다. 대표적인 사건이 보천교 사건이다. 보천교는 1921년 교주 차경석이 설립한 증산교의 한 분파로서 전라북도 정읍에 본부를 두고 있었는데, 한때는 100만 명 이상의 신도를 모을 정도로 세력이 커졌다. 1929년 보천교 신도 3인은 전주군 삼례면에 사는 오학현이 정신병에 걸려 있음을 알고, 그의 가족들에게 보천교를 믿고 치료하면 완치된다고 하면서 꾀었다. 이에 오학현의 삼촌인 오득운이 계약서를 작성하고 넘겨줬는데, 그들은 병자를 데려다가 8일 동안 단식을 시킨 후에 1~2회씩 결박시켜놓고 연달아 매를 치며 치료하던 중 병자를 죽이고 말았다. 결국 오득운이 전주경찰서에 고소하여 벌금 80원을 구형하도록 했다고 한다.[24]

이상과 같이 일제강점기 장애인들은 기독교나 신흥종교에 의존해서라도 장애를 치유하고자 했는데, 그에 따라 크고 작은 불미스러운 사건들이 발생했다. 이는 장애에 대한 부정적 인식이 얼마나 심각해졌는지를 반증하는 것이라 하겠다.

장애인 자살의 급증

일제강점기에는 장애인의 자살 문제도 매우 심각했다. 자살 원인은 크게 두 가지였는데, 생활고와 장애 비관이 그것이었다.

먼저 앞에서 보았듯이 일제강점기엔 장애인 정책이 매우 제한적으로 시행되고 있었다. 그 결과 장애인들이 생활고를 이기지 못해 자살하는 경우가 늘었다. 1928년 평안북도 장성군에 사는 최중옥의 자살사건을 살펴보자.

> 평북 장성군 자하면 송암동 추덕에 거주하는 최중옥(55)은 본래 불구자인 데다 빈한하여 생활이 곤란한 것을 항상 유감으로 지내던바, 지난 21일 심야 삼경에 다른 사람이 잠들기를 기다려서 후원 배나무에 목을 매어 자살하였다더라.[25]

최중옥이란 장애인이 생활 곤란을 비관하다가 다른 사람들이 잠든 틈을 타서 배나무에 목을 매어 자살했다는 내용이다.

하지만 그보다는 장애를 비관하여 자살하는 경우가 훨씬 많았다. 이러한 자살사건은 일제의 식민 지배가 깊어가는 1920년대 중반 이후 매우 빈번하게 발생했으며, 시각장애인과 지체장애인, 정신장애인 등 모든 유형의 장애인에 해당되었다. 그 가운데 주목할 만한 몇 가지 자살사건을 차례대로 살펴보자.

해주군 동운면에 본적을 두고 현재 해주읍 북행정의 자기 삼촌 되는 김익노의 집에서 의지하고 있는 김춘식(19)이라는 소년은 항상 자기가 반신불수의 불구자임을 비관하여 허구한 날 이와 같이 쓸쓸한 생활을 지속할 수 없음을 각오한 끝에 지난 24일 오전 8시경에 읍내 비류담에 그만 빠져 죽었다더라.[26]

부내 승삼동 120번지 정윤모는 자기 집에서 자다가 17일 새벽 3시경에 돌연히 행방불명이 되었으므로 동리의 가족들이 놀래어 혼동하며 사방으로 수색함과 동시에 소관 파출소에 수색원까지 제출하였다. 동일 오후 4시경 승삼동 53번지 경학원 앞 우물 가운데 사체 한 개가 있는 것을 동대문경찰서 산천 순사가 발견하고 건져내어 검시한 결과 정윤모로 판명되었다. 죽은 원인은 그가 출생한 이래로 백치이므로 세상 사람들에게 경멸을 받는 것을 비관하고 염세자살을 하겠다는 말을 하고 무단히 집을 떠난 일도 있었다는데, 이날도 역시 비관하여 자살을 도모할 생각으로 집을 나가 우물에서 빠져 죽은 것인 듯하다더라.[27]

안성군 안성면 서리 302번지 송운경의 장녀 상녀는 지난 26일 오후 7시경에 그 집 뒤 변소에서 새끼로 목을 매어 죽었다는데, 그 원인은 자세히 알지 못하나 그 아이는 눈이 성하지 못해 이웃 아이들에게 조롱을 듣고 부모에게 하소연을 했던 일이 있었던바 혹은 어린마음에 눈병을 비관하고 자살한 것이 아닌가 한다.[28]

어제 25일 오후 4시경 종로 5정목 23에 사는 맹주일은 그 둘째 딸 정순에게 꽃구경을 가자고 하고 한강으로 데리고 가서 제2인도교 위에서 "정순아! 이 세상은 고행이니 행복스러운 천국으로 아빠와 동행하여 가자"는 한 마디의 말을 남기고 먼저 그 딸을 무심히 흐르는 강물에 집어 던지고 자신도 또 투강하였다. 그런데 강변에 있던 놀이배의 주인 정용환이 이것을 발견하고 곧 현장으로 급파하여 민활히 수색한 결과 일착으로 정순을 건지고 다음으로 맹주일을 건졌는데, 정순은 투강 약 3분 만에 구조되어 생명에 이상이 없고 맹주일은 약 7분 만에 구조케 되어 절생은 되지 않았으나 인사불성이 되었다. 그리하여 일단 노량진 파출소에서 응급수단을 가하여 생명을 구조한 후 소관 용산서를 거쳐 그 가족에게 인도하였다는데, 그는 폐병 제3기 환자로서 또 생래병적으로 발육이 불량한 그 딸과 함께 자살로써 모든 고통을 청산하려든 것이었다고 한다.[29]

첫 번째 기사는 1927년 반신불수 청년이 장애를 비관하여 연못에 빠져 죽었다는 것이다. 두 번째 기사는 1929년 백치, 즉 지적장애인이 세상 사람들에게 경멸받는 것을 비관하여 우물에 빠져 죽었다는 내용이다. 세 번째 기사는 1934년 한 시각장애아가 이웃 아이들에게 조롱을 받고서 장애를 비관하여 목을 매어 자살했다는 이야기다. 네 번째는 1938년 폐병에 걸린 아버지가 발달장애가 있는 딸과 함께 한강에 투신자살을 시도했다는 내용이다.

이와 같이 일제강점기 이후 장애에 대한 부정적 인식이 심화되자, 많은 장애인들이 자신의 처지를 비관하여 자살하거나 혹은 자살을 시도했다. 몰인정한 사회를 향해 죽음이라는 극단적인 형태로 저항하고자 했던 것이다. 특히 정신장애인의 자살률이 매우 높았는데, 이에 대해서는 2부

2장에서 자세히 살펴보도록 하자.

우생학, 차별과 배제의 과학적 근거?

우생학의 신봉자, 이갑수

한편 1930년대에는 우생학이 확산되어 장애에 대한 부정적 인식이 더욱 심해졌다. 우생학은 장애인 차별과 배제의 과학적 토대를 제공했던 만큼 자세히 살펴볼 필요가 있다.

우생학은 1883년 영국의 프랜시스 골턴(1822~1911)이 창시했다. 골턴은 진화론의 아버지인 찰스 다윈의 사촌이었는데, 원래는 기상학과 지리학을 연구하다가 다윈의 영향을 받아 유전학 연구로 전환했다고 한다. 우생학은 원래 인류의 유전적 소질을 개선하고자 탄생한 것으로, 특히 유전적 질병이나 심각한 장애를 가진 사람들 그리고 사회적으로 결함이 있다고 판단되는 사람들의 출산을 억제하는 명분으로 이용되었다.[30]

이후 세계 여러 나라가 앞다투어 우생학을 수용했다. 우생학을 맨 먼저 법률로 제정한 나라는 아이러니하게도 미국으로, 1907년 인디애나에서, 1909년 워싱턴과 코네티컷, 캘리포니아에서, 1950년엔 기타 33개 주에서 법률로 제정했다. 1928년엔 스위스와 캐나다에서, 1929년엔 덴마크에서, 1934년엔 노르웨이와 독일에서, 1935년엔 핀란드와 스웨덴에서, 1937년엔 에스토니아에서, 1941년엔 중앙아시아의 여러 국가에서, 1948년엔 일본에서도 법률로 제정되었다. 당시 이들 나라에선 우생학이란 이름 아래 정신병자를 비롯한 각종 장애인과 중독자에게 강제적인 불임시술을 단행했다.

우리나라는 1910년대 후반에 '민족개선학' 또는 '인종개선학'이란 이름으로 일본으로부터 우생학이 수용되기 시작했다. 1920년대 초반엔 '우생학'이란 이름 자체가 대중매체에 등장했으며, 1920년대 중반 이후엔 유전학과 함께 일반인에게 널리 보급되었다. 1930년대에는 우생학 운동이 더욱 확산되어 1933년 9월 '조선우생협회'가 설립되고, 그 기관지인 『우생』이 발행되기도 했다.[31]

조선우생협회는 1933년 9월 14일에 창립되었는데, 윤치호를 비롯하여 여운형, 유억겸, 주요한, 최두선, 김성수, 이광수, 현상윤 등 총 85명이 발기인으로 참여했다. 그 목적은 '육체와 정신을 우생학적으로 개량하여 사회의 행복을 증진케 함'에 있었다. 발기인은 유전학에 영향을 받은 의사들과 영향력 있는 교육가, 언론인, 정치인, 종교인 등이었다. 그중 상당수가 독일, 일본, 미국 등에 유학한 경험이 있었고, 기독교인이 상대적으로 많은 비중을 차지했다. 그들의 주요 활동은 강좌와 좌담회를 개최하고, 기관지 『우생』을 발행하는 것이었다. 『우생』은 제1호(1934년 9월), 제2호(1935년 9월), 제3호(1936년 10월)까지 발간되었는데, 그 목적은 '일반 민중에게 우생학적 지식을 보급'하는 것이었다. 조선우생협회는 1937년까지 존속하다가 잠시 휴회상태에 들어갔다. 그러다가 해방 후인 1946년에 '한국민족우생협회'로 개칭하여 활동을 재개했다.[32]

조선우생협회의 창립과 운영, 기관지 『우생』의 발간 과정에서 핵심적인 역할을 했던 사람이 이갑수(李甲秀, 1899~1973)다. 황해도 출신으로, 1920년 경성의학전문학교를 졸업했으며, 1924년 독일 베를린대학교 의학과를 졸업했다. 귀국 후 그는 서울 수송동에 내과의원을 개원했으며, 경성여자전문학교 교수를 역임하기도 했다. 또한 일본에서 학위를 따기 위해 1933년 일본으로 건너가 1936년 교토제국대학에서 의학 박사학위를 받았다. 한 마디로 그는 최고 엘리트 출신의 의사이자 교수였던 것이다.

이갑수는 조선우생협회를 창립할 때 총무이사를 맡았으며, 『우생』의 편집인 겸 발행인으로 가장 많은 글을 썼다. 우생학 관련 강연에 적극적으로 참여했으며, '국민우생결혼상담소'를 개원하기도 했다. 특히 그는 단종법을 주요 내용으로 하는 국민우생법의 제정을 집요하게 추진했다. 조선우생협회의 좌담회나 『우생』을 통해 외국의 사례들을 소개하며 지속적으로 국민우생법의 추진을 주장했다. 일본에서는 국민우생법이 1940년에 통과되었고, 3~4년 뒤에 우리나라에서도 시행될 예정이었으나, 전황이 급박해지면서 다행히 시행되지 않았다. 하지만 이갑수는 해방 이후에도 '한국민족우생협회'를 재발족하면서 국민우생법의 제정을 위해 끈질기게 노력했다. 그는 1950년 보건부 차관으로 발탁된 적이 있었는데, 그때 국민우생법을 제정하지 못한 게 못내 후회스럽다고 말할 정도였다.[33]

우생학의 실체

우생학의 실체에 대해선 경성제대 내과의사 김사일이 1938년 『동아일보』에 연재한 세 편의 신문기사에 잘 나타나 있다. 김사일은 먼저 상(上)편에서 유전학의 한 분야인 우생학에 대해 다음과 같이 소개하고 있다.

> 자녀들이 아버지나 어머니를 닮고 형제나 자매가 서로 비슷한 곳이 있는 것은 누구나 잘 아는 사실입니다. 얼른 보아서는 서로 닮은 곳이 없는 듯한 동기라도 눈의 특징만이 서로 근사하다든지 혹은 웃음소리만이 똑같다든지 조금만 주의해보면 어디든지 같은 점을 찾아낼 수 있을 것입니다.

이와 같이 동일한 혈통을 받은 이들의 서로 같은 점은 다만 외양뿐만 아니라 언어나 동작이나 성질에 있어서도 볼 수 있을 것입니다. 그러므로 우리 조선에서는 고래로 '내력'이라는 것을 퍽 존중해왔습니다. 내력이란 말은 문벌이나 지체나 혹은 그 집안의 고유한 법도만을 가리키는 것이 아니라 유전이라는 의미로도 사용되어왔습니다. 가령 장수하는 것은 그 집안 내력이라고 하는 것이라든지, 신부의 선을 보려면 먼저 신부 어머니가 어떠한 사람인가를 보아야 한다는 것 같은 것은 이러한 것을 의미하는 것일 줄 압니다. 이처럼 우리는 부모의 모습은 물론이요 언어, 동작, 성질까지라도 어느 정도까지 그 자손에게 미친다는 것은 하필 유전학이니 우생이니 하는 어려운 학설을 듣지 아니하더라도 잘 알고 있는 사실입니다. 그뿐만 아니라 친탁이니 외탁이니 해서 그 유전이 아버지의 계통(부계)에서 온 것인지 어머니 계통(모계)에서 온 것인지까지도 짐작할 수 있는 것입니다.

이와 같이 유전법칙의 재료는 우리의 일상생활 가운데 널려 있고 또 우리가 항상 경험하는 바이지마는 이것을 과학적으로 맨 먼저 증명한 분은 '멘델' 씨였습니다. 여기에 유전학의 체계가 서게 되고 그것의 한 분과로 우생학이라는 것이 생기게 되었습니다. 그러면 소위 멘델 씨의 유전법칙이라는 것은 어떠한 것인지 간단히 설명해보려 합니다.

모든 유전자는 아버지에게서 받은 유전자와 어머니에게서 받은 유전자가 항상 짝을 지어 있게 됩니다. 지금 아버지에게서 받은 유전자를 A라 하고, 어머니에게서 받은 유전자를 B라고 한 다음, AB의 유전자를 가진 사람이 같은 AB의 유전자를 가진 사람과 결혼했다고 합시다. 그러면 그들의 자녀는 여기에 표시된 것과 같이 AA, AB, BB의 세 가지 형식으로 유전될 것입니다. 그런데 A를 정상인 소질을 가진 유전자라 하고, B를 변태적 소질, 다시 말하면 질병이나 혹은 천재, 또는 저능과 같은 보통과는 거리가 먼 유전자라고 하면 BB의 소질을 가진 자손은 정상과는 전혀 성질이 다른 소질을 갖고 있을 것입니다. 즉, 그 자손의 4분의 1은 변질자일 것입니다. 다시 말하자면 병자거나 천재거나 천치거나 하여간 보통 사람과는 다른 소질을 가진 사람일 것입니다.

그런데 여기에 흥미를 끄는 문제는 B의 힘이 A를 이길 수 있느냐 없느냐에 따라서 AB도 BB와 같이 B의 작용을 할 수 있느냐, BB만이 그 특징을 발휘할 수 있느냐가 결정되는 것입니다. 가령 B의 힘이 A보다 약할 것 같으면 B의 작용은 나타나지 않으므로 AB는 AA와 조금도 다름이 없겠으니까 결국 BB만이 변질자인 것입니다마는, 반대로 B의 힘이 A보다 강하다고 하면 AB도 결국 B의 소질을 발휘하게 되므로 AA만이 정상인 소질을 갖게 되고 그 나머지의 4분의 3은 변질자일 것입니다. 비근한 예를 들어 말하면 4남매 중에서 세 사람은 퍽 온순하고 착한데 한 사람만이 포악하고 좋지 못할 수도 있고, 반대로 3남매는 불량한데 한 사람만이 선량할 수도 있는 것입니다. 이와 같은 이유로 똑같이 유전병의 혈통을 갖고 있는 집안임에도 불구하고 혹은 여러 남매 중에서 단 한 사람만이 발병되는 수도 있고 혹은 여러 남매가 다 같은 병에 걸리는 수도 있는 것입니다.

위에서 말한 바와 같이 선대의 소질이 그 자손에게 유전되는 것이 사실인 이상 우리는 인위적으로 어느 정도까지의 질적 개선을 도모할 수 있을 것입니다. 이것이 곧 우생학의 근본 목적입니다.[34]

이처럼 김사일은 유전이란 우리가 말하는 '내력'과 같은 것인데, 멘델이 유전법칙을 발견했으며, 그것의 한 분파로 우생학이 출현했다고 말하고 있다. 그리고는 유전법칙을 자세히 설명한 후에 우생학이란 그 유전자를 인위적으로 조작하여 질적 개선을 도모하는 것이라고 했다.

다음으로 중(中)편에서는 국민의 질적 저하를 일으키는 정신병자와 같은 이들에 대해 특별히 단종법의 필요성을 역설하고 있다.

대개 한 국가나 사회의 흥망성쇠가 그 국가나 사회를 구성한 민족의 질과 양에 따라서 결정될 것은 명백한 사실입니다. 그중에서도 특히 질적인 요소는 그 민족의 운명을 지배한다고 해도 과언이 아닐 것입니다. 그러므로 국민의 수가 아무리 많다 하더라도 질적으로 저열하다면 국가나 사회의 발전을 기대하기 어려울 것입니다. 따라서 국민의 질적 저하를 일으키는 모든 원인을 예방한다는 것은 국책상으로 보든지 또는 사회위생상으로 보든지 가장 중요한 문제일 것입니다.

그런데 최근 위생국에서 조사한 것을 보면 국민의 질적 저하의 중대한 원인이 되는 정신병자의 수효는 해마다 놀랄 만치 증가하는 경향을 보이고 있습니다. 즉 소화 원년(1926)에는 인구 1만 명에 대해서 정신병자의 수효가 평균 아홉 사람밖에 되지 않던 것이 소화 12년(1937)에는 평균 열두 사람으로 증가되어 있습니다. 그리고 현재의 정신병자 총수는 약 8만여 명으로 헤아릴 수 있습니다. 그러고 보면 10년 전의 정신병자 6만 명에 비하여 약 2만 명의 증가를 보이고 있는 셈입니다.

이와 같이 늘어간다면 멀지 않은 장래에 정신병자의 수효는 참말로 놀랄 만한 숫자에 이르리라고 생각합니다. 더군다나 문화 정도가 향미하고 사회 정세가 복잡하게 됨에 따라서 우수한 사회층에서는 만혼하는 경향이 농후하고 또 의식적으로 산아제한을 하는 경우가 많게 되는 반면에 이들 정신병자는 정신이 박약하고 지능이 저열해서 다만 본능의 지배만을 받기 때문에 스스로 생산을 제한할 줄 모르므로 만일 이대로 방임한다면 결국은 이들 변질자로 말미암아 건전한 민족의 소질은 도태되고 말 것입니다. 그러므로 국가의 권능으로써 종족의 우수한 소질을 보호하고 악질의 유전을 방지하자는 것이 즉 단종법의 취지입니다.

이 단종이란 것은 지금의 한 새로운 유행어처럼 되었지마는 실상인즉 옛적부터 여러 가지 의미의 단종이 있었던 것입니다. 즉 종교적 의미로서 인도의 불교에 있어서 승려에게 결혼을 금지하는 것이라든지 로서아(러시아)의 거세교 같은 것은 일종의 단종이었으며, 권력적 의미로는 지나(중국)나 토이기(터키) 같은 곳에서 존귀한 사람이나 돈 있는 사람이 축첩을 하는 경우에 남자를 두면 위험하다고 해서 시중드는 남자에게 거세를 행한 소위 내시(환관)라는 것이 이것입니다.

그 외에 형벌적 의미로는 지나 고대에서 사용하였던 궁형이라는 것이 시초일 것입니다. 지금 구미 각국에서 시행되고 있는 것은 물론 이러한 것들과는 목적과 방법이 전연 다릅니다마는, 이 법을 시행하게 된 동기에 있어서는 순전한 우생학적 의미 이외에 사회정책적 또는 형사징벌적 의미를 포함하고 있는 것도 있습니다.[35]

한 국가나 사회를 유지, 발전시키기 위해서는 국민의 질적 저하를 일으키는 원인을 막는 것이 가장 중요한데, 최근 국민의 질적 저하를 일으키는 정신병자가 해마다 급증하고 있다는 것이다. 그러므로 종족의 우수한 소질을 보호하고 악질의 유전을 방지하기 위해 국가의 권한으로 정신병자들에게 단종법을 시행해야 한다는 주장이다.

끝으로 하(下)편에서는 이러한 단종법의 범위와 방법, 정당성에 대해 역설하고 있다.

하여간 이 법의 정신이 위에서 말한 바와 같이 종족의 혈액을 순결케 하고 악질의 유전을 방지해서 건전한 국가사회를 건설하자는 데에 있다는 것은 다시 논할 필요가 없을 것입니다. 그러면 이 법의 적용을 받게 되는 범위는 어떠하냐 하면 악질유전의 소질을 가진 사람이라고 그들 전부에게 이 법을 적용하는 것은 아닙니다. 가령 정신병자라고 하면 그의 혈통을 받은 가족이나 그들 전부에게 단종을 시키는 것은 아닙니다. 그 집의 혈통이라든지 그 외에 여러 가지 점을 과학적으로 충분히 검사한 다음 유전된다는 것이 확실하게 되고 또 일생을 통해서 나을 가망이 전연 없다는 것이 판명된 환자에게만 한해서 적용될 것입니다. 그러므로 정신병 중에서도 마비성 치보(마비성 치매)와 같이 그 원인이 매독에 있고 또 치료에 따라서는 약 70퍼센트가량이나 나을 수 있는 것 같은 것은 물론 이 법의 적용을 면할 수 있을 줄 압니다. 지금 외국에서 시행하고 있는 이 법의 적용 범위를 보면 대략 아래와 같습니다.

(가) 선천성 정신박약자

(나) 정신분리증(정신분열증)

(다) 회귀성 정신병

(라) 유전성 문둥병(유전성 나병)

(마) 유전성 무도병

(바) 유전성 있는 소경과 귀머거리(유전성 맹목급농)

(사) 유전성 있는 육체적 불구자

그 외에 형사정책적 의미를 포함한 것으로는 심한 알코올 중독자, 강간상습자 같은 이들도 이 법의 적용을 받게 되어 있습니다.

다음에 단종의 방법은 어떠하냐 하면 결혼 금지, 격리피임, 인공유산과 같은 여러 가지 방법이 있습니다마는, 제일 안전하고 편리한 방법은 남자에 있어서는 수정관을, 여자에게 있어서는 수란관을 절단하는 것입니다. 이 방법은 수술도 퍽 간단하며 수술 후에 정신상이나 육체상으로 하등의 영향을 미치는 일이 없을 뿐만 아니라 성적 생활에도 조금도 지장을 일으키는 일이 없다는 것입니다.

요즘의 신문지상에 보도하는 바에 의하면, 일본 후생성의 민족우생협의회에서는 단종법을 시행하기로 결정하였다고 합니다. 물론 여기에 대해서는 혹은 인도적 견지에서 혹은 인구 문제로 다소의 비난은 면치 못할 줄 압니다. 그러나 이상에서 말한 바와 같이 인류의 유전이 일정한 법칙에 따라서 지배되는 것이 엄연한 사실인 이상 얼마큼의 희생이 있다 하더라도 단행하지 않으면 안 될 줄 압니다. 한 걸음 물러나 이들 정신병자들의 생식을 허락한다 하더라도 사랑하는 자녀에게 자기와 똑같은 고질이 유전된다고 하면 그들을 위하여 무엇이 그리 행복 될 것이며, 설사 병은 유전되지 않는다고 하더라도 경제적으로나 사회적으로나 불우에 처한 그들이 어떻게 양육할 능력이 있겠습니까. 차라리 다소의 희생이 있다 하더라도 국가 사회와 민족의 발전을 위해서는 우리는 입법의 정신을 잘 이해하고 대승적 견지에서 이에 협력하여 나가지 않으면 안 될 줄 믿습니다.[36]

이렇게 단종의 적용 범위는 정신박약자와 정신분열증, 한센인, 시각장애인과 청각장애인 및 지체장애인, 알코올 중독자, 상습 강간자 등 주로 장애인이었다. 또 단종 방법으로는 결혼 금지, 격리피임, 인공유산 등도 있으나, 가장 간단한 방법은 남자의 수정관이나 여자의 수란관(자궁관)을 절단하는 것이라 했다. 나아가 단종법은 인권이나 인구 문제가 있긴 하지만 고질병의 유전을 막을 수 있을 뿐 아니라, 설령 그들은 아이를 낳아도 양육할 능력이 없기 때문에 다소의 희생이 있더라도 이에 협력해야 한다고 했다.

이상과 같이 우생학은 정신장애인을 비롯한 각종 장애인들을 국가와 사회의 발전을 저해하는 존재로 간주하는 한편, 알코올 중독자나 강간 상습자 같은 중독, 범죄의 한 부류로 취급했다. 그리하여 결과적으로 장애에 대한 부정적 인식을 심화시키고 장애인을 사회에서 배제해야 한다는 데 과학적 근거를 제공했다. 이제 장애인은 사회에서 불필요한 존재일 뿐 아니라 세상에서 제거되어야 할 대상이 되어버린 것이다.

헬렌 켈러의 한국 방문이 남긴 것

끝으로 1930년대 후반엔 미국의 사상가이자 사회복지가인 헬렌 켈러(1880~1968)가 한국을 방문하여 장애를 극복의 대상으로 인식하게 하는 데 일조했다. 헬렌 켈러의 방한 과정과 그녀가 우리 사회에 미친 영향을 간략히 살펴보도록 하자.

1937년, 헬렌 켈러는 일본을 거쳐 한국과 만주 순방길에 나섰다. 그녀의 한국 방문 소식은 커다란 화젯거리였다. 보지 못하고 듣지 못하고 말하지 못하는 맹·농아가 책을 쓰고 강연도 하면서 전 세계적으로 존경받는 일류 사상가가 되었기 때문이다.[37]

1937년 7월 11일 부산에 도착한 헬렌 켈러는 일행과 함께 해운대 온천의 호텔에서 하룻밤을 묵은 뒤,[38] 12일 오전 대구로 가서 3시간 동안 강연을 했으며, 그날 밤 10시 35분에 경성역에 도착했다.[39] 이때 내외국

한국을 방문한 헬렌 켈러는 뜨거운 호응과 관심을 받았다.

인을 비롯한 200여 명의 사람들이 마중 나와 환호성을 지르며 열렬히 그녀를 맞이했다.[40]

헬렌 켈러는 그날 밤 조선호텔에서 묵은 뒤 13일과 14일 이틀 동안 세 번에 걸쳐 강연회를 가졌다. 13일 오후에는 사회 교육자들을 대상으로, 14일 오후 1시에는 부인들을 대상으로, 그날 저녁 7시에는 남자들을 대상으로 강연했다. 강연회는 모두 부민관 대강당에서 열렸으며, 삼중고를 극복한 성녀(聖女)라는 명성에 걸맞게 모든 강연의 입장권이 9일에 이미 매진되었다.[41]

그녀의 강연회 소식은 연일 신문에 대서특필되었다. 13일 오후 4시 30분 부민관에서 경성 사회교육회와 일반 교육자를 대상으로 한 그녀의 강연회 모습을 살펴보자.

> 20세기의 최대한 기적으로 맹농아의 삼중고를 가진 성녀 '헬렌 켈러' 여사는 경성에 온 지 이틀 되는 13일 오후 4시 반 만도의 열렬한 대망 속에 드디어 기적의 제1성을 발하게 되었다. 이날은 특별히 사회교화와 일반 교육

자에 한하여 신비한 입술을 여는 강연회라 정각인 오후 4시 29분 전부터 관계자들은 회장인 부민관으로 밀려들어 4시 10분 정각에 회장은 입추의 여지가 없이 초만원의 성황을 이루었다. 기적의 성녀 헬렌 여사는 여비서 톰슨 양에게 손목을 이끌려서 통역하는 암교 씨와 함께 등단하자 벌써 만뢰와 같은 박수소리로 이 '신비의 여성'을 환영하여 장내는 침묵 속에서 숙연해졌다.

먼저 경성사회교육회연합회를 대표하여 염원 학무국장은 '20세기 기적의 성녀가 이 땅에 오게 된 것을 기꺼워하는 동시에 인간의 부단한 노력은 오늘 헬렌 여사와 같은 결과를 만들 수 있다'는 의미에서 간곡한 개회사 겸 환영사를 말하자, 다시 통역으로 내지 각지를 헬렌 여사와 함께 순회강연을 한 대판(오사카) '라이트하우스'의 원장 암교 씨로부터 이번 헬렌 여사의 내지 방문의 취지를 이야기하고 톰슨 비서로부터 헬렌 여사의 맹농아가 된 것과 오늘의 학박사가 된 것을 소개하자, 헬렌 여사가 연단에 나서게 되었다. 헬렌 여사는 연단 옆에 놓인 소나무를 만지며 "이 나무는 내가 제일 사랑하는 소나무인데 여기에는 부덕을 상징한 사계절의 푸른빛이 있기 때문이다"라는 아름다운 이야기를 시작하여 내지 각처의 풍광이 아름다웠다는 것과 경성에 대한 인상으로 "경성은 조선의 수도이며 학문과 문화의 중심지이기 때문에 제국대학까지 있는 만큼 진보적인 남녀들이 새 시대를 만든 곳인 줄 안다"는 이야기까지 하여 청중을 아연케 하였다. 그리고 자기가 수학해온 여러 가지 학과에 대한 이야기, 철학 공부한 데서부터 인생관을 수렵하였다는 것, 교육의 본의 등을 이야기한 후 "조선의 허다한 불행한 사람들을 위하여 자유롭고도 이상적인 의무교육을 실시해서 이들도 스스로 광명을 가지도록 사회시설이 있기를 바라는 한편, 가여운 핸디캡을 가진 이들도 낙심하지 않고 사회적으로 유용한 지위에 서도록 여러분의 노력을 간절히 바라는 바이다"는 의미의 힘 있는 말과, 맹농아 구제사업 시설을 요구하는 의견을 던지고 많은 인상과 감명을 주고 강연을 마치니, 때는 오후 5시 40분이었다.[42]

이처럼 사람들은 맹농아의 삼중고를 이겨낸 기적의 성녀로 알려진 헬렌 켈러를 보기 위해 구름처럼 몰려들었다. 이에 헬렌 켈러는 경성에 대한 인상과 자신이 살아온 경험담을 들려준 뒤, 장애인에게도 의무교육을 실시하여 자립할 수 있도록 도와야 하며, 장애인 스스로도 낙심하지 말고 노력하여 사회에 쓸모 있는 사람이 되어야 한다고 연설했다. 특히 그녀는 조선에도 맹 · 농아 구제사업을 위한 시설을 만들어달라고 간곡히 요청했다.

사실 헬렌 켈러는 이전에도 강연 때마다 장애인의 처우개선을 끊임없이 요구했다. 12일 대구 강연에서는 아직까지도 조선은 장애인에 대한 대우가 미흡하다면서 일반 사회에서 장애인에 대한 우대 방법과 계몽운동을 일으켰으면 한다고 했다.[43] 또한 14일 경성 강연에서도 하루빨리 맹농아를 위한 교육기관을 설치하여 장애 아이들이 일반 아이들처럼 교육을 받게 해주기를 바란다고 했다.[44]

각계에서는 헬렌 켈러를 위해 환영회와 오찬을 베풀어주었다. 14일 낮 12시 30분에 국제친화회에서 환영 오찬회를 성대히 베풀어주었고,[45] 15일 오전 11시 50분엔 조선 총독이 오찬회를 열어주었다.[46]

또한 그녀는 경성을 떠나기 직전인 15일 오후 2시 30분에 신교정의 제생원 맹아부를 방문하여 생도들을 격려하기도 했다. 그런 다음 3시 30분에 경성역에서 기차를 타고 평양으로 떠났다.[47] 16일 평양에서 한 차례 강연한 후, 17일 아침 만주 각지에서 강연회를 개최하기 위해 기차를 타고 만주 안동현으로 떠났다. 원래는 중국 각지에서도 강연회를 개최할 예정이었으나 갑자기 중일전쟁이 일어나는 바람에 단념해야 했다.[48]

헬렌 켈러의 한국 방문은 이중적 의미를 띠고 있었다. 한편으론 맹농아를 위한 교육기관의 설치를 요구하는 등 장애인의 처우개선을 위해 노력했지만, 다른 한편으론 장애를 있는 그대로가 아닌 싸워서 이겨내야 하는 극복의 대상으로 인식케 했다는 것이다. 결과적으로 헬렌 켈러도 장애에 대한 부정적 인식을 심화시키는 데 일조했다고 볼 수 있다.

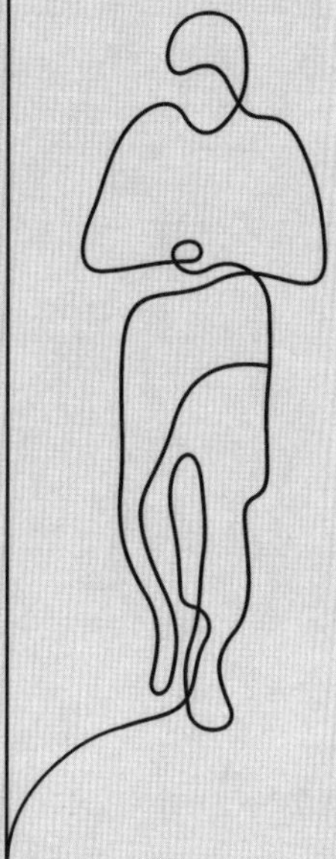

2부

근대 장애인은 어떻게 살았을까

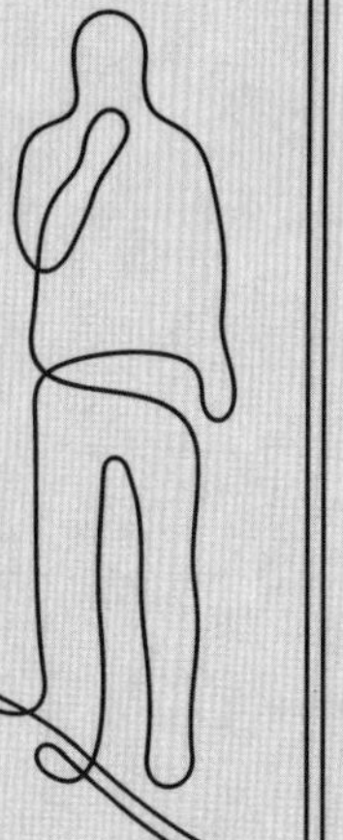

1장

신체적 장애

근대에 이르러 장애 원인은 더욱 다양해지고, 장애인 수도 훨씬 늘어났다. 그럼에도 장애인 정책은 거의 실시되지 않았고, 그나마 실시된 경우도 선교 목적이나 원활한 식민통치의 수단으로 이용되었다. 장애에 대한 사회적 인식도 매우 부정적으로 바뀌어서 근대의 장애인은 놀림 및 학대의 대상이 되었다. 1930년대엔 우생학마저 확산되어 장애인에 대한 차별과 배제의 과학적 토대를 제공했다.

이처럼 암울한 시대상황에서 근대의 장애인은 과연 어떻게 살아갔을까? 2부에선 각 유형별 장애인의 생활상을 자세히 살펴보도록 하자. 앞에서처럼 근대의 장애 유형은 크게 다음과 같이 분류할 수 있다.

① 신체적 장애: 시각장애인, 청각 · 언어장애인, 지체장애인, 안면장애인, 뇌전증
② 정신적 장애: 정신장애인, 지적장애인
③ 기타 장애: 성기능 장애인, 기형아, 한센인, 장애 여성, 장애 일본인.

또한 우리는 이들 장애인의 특성과 인구수뿐 아니라 그들의 생계수단(직업), 사회적 처지(가정생활, 사회생활), 단체활동 등을 자세히 살펴보고자 한다. 다시 말해 근대 장애인의 삶과 사회적 인식 및 태도에 대해 세밀하게 검토할 것이다.

해마다 늘어나는 시각장애인

시각장애 원인

근대의 시각장애인으로는 두 눈이 보이지 않는 전맹(全盲)과 한쪽 눈이 보이지 않는 반맹(半盲)이 있었다. 전맹은 흔히 맹인, 소경, 장님, 판수 등으로 불렸고, 반맹은 애꾸눈, 외눈박이라 불렸다. 특히 판수의 경우는 점복이나 독경을 하는 시각장애인을 일컫는 명칭이었으나, 그러한 직업적인 의미 외에도 일반적인 시각장애인을 일컫기도 했다.

시각장애 원인으로는 앞에서도 얘기했듯이 도라홈과 결막염, 화류병(성병) 같은 질병, 태어날 때부터 두 눈이 보이지 않는 선천성, 다이너마이트 사고 같은 산업재해 등이 있었다.

이 밖에도 일제강점기엔 의료사고나 어릴 적 장난(부주의) 등으로 시각장애를 입기도 했다. 예컨대 의료사고는 1915년에 있었던 김재묵이란 가짜 의원의 사기사건을 들 수 있다. 김재묵은 의사 자격증도 없으면서 의생이라 사칭하고 다녔다. 1915년 1월 같은 군에 사는 송종채가 오른쪽 눈에 병이 나서 그의 집을 찾아갔다. 김재묵은 진찰하고 나서 눈에 넣는 약을 주고 치료비로 90전을 받았는데, 그 약은 사람의 젖에 먹물을 탄 것이었다. 송종채는 그 약을 쓴 다음 증상이 조금 나아지는 듯하자 스물다섯 번이나 더 진찰을 받고 약을 타서 썼다. 하지만 눈이 점점 어두워지더니 결국 시력을 완전히 잃고 말았다. 강화경찰서에서 김재묵을 취조해보니, 이전에도 한 여인의 눈병을 치료하다 시력을 잃게 만든 적이 있었다. 결국 김재묵은 면허도 없이 의사 노릇을 한 죄로 체포되어 인천지청에 보내졌다.[1]

또한 아이들은 부주의로 시각장애를 입기도 했다. 1934년 전라북도 장수군에 사는 한 아이가 친구들과 함께 장난치며 놀았는데, 누군가 던진 막대기를 받으려다가 그만 잘못하여 자기 눈을 찌르고 말았다. 아이는 곧장 병원으로 옮겨져 치료를 받았지만 아무런 효험도 보지 못하고 결국 실명하고 말았다.[2]

증가 추세

조선총독부는 자주 시각장애인과 청각 · 언어장애인의 수를 조사해서 발표했는데, 그중 시각장애인의 수를 살펴보자. 조선총독부 제생원에서 발간한 『조선맹아자통계요람』에 따르면, 1921년 전국의 시각장애인 수는 8792명이었는데, 거기에는 일본인 93명도 포함되어 있었다. 그중 남자는 5862명이고 여자는 2930명으로 남자가 여자보다 두 배가량 많았다. 도별로는 평안남도가 1177명으로 가장 많았으며, 경기도 1143명, 황해도 956명, 평안북도 950명 등이었다.[3]

1927년에는 전국의 시각장애인 수가 1만 1205명으로 늘어났는데, 여기에는 일본인 121명도 포함되어 있었다. 그중 남자는 7188명, 여자는 4018명이었다. 도별로는 여전히 평안남도가 1296명으로 가장 많았으며, 경상남도 1247명, 경상북도 1225명, 경기도 1135명 등의 순이었다. 일본인 시각장애인은 경기도에 32명으로 가장 많았으며, 평안남도 25

명, 경상남도와 경상북도 각 14명이었다.[4]

1938년에는 조선총독부 사회과에서 전국의 시각장애인, 청각 · 언어장애인을 일제히 조사해서 발표했는데, 그중 시각장애인의 수는 1만 2314명이었다. 도별로는 경기도 1062명, 충청북도 523명, 충청남도 771명, 전라남도 1416명, 경상북도 1652명, 경상남도 1260명, 황해도 1203명, 평안남도 1224명, 평안북도 888명, 강원도 826명, 함경남도 542명, 함경북도 266명 등이었다.[5]

이처럼 시각장애인 수는 해마다 증가하는 추세였고, 그중 일본인 시각장애인도 적잖이 포함되어 있었다. 또 남자가 여자보다 두 배 정도 많았으며, 도별로는 평안남 · 북도에 가장 많았다. 당시 장애인 중에는 시각장애인이 가장 많은 수를 차지하고 있었다.

굿하고 점치는 판수

조선시대 시각장애인은 주로 점복과 독경으로 생활을 영위했고, 그들을 일컬어 '판수'라 했다.[6] 당시에는 시각장애인이 되면 곧바로 점복이나 독경을 배워 판수가 되었다. 특히 여성 시각장애인의 경우 비록 신분이 높은 양반층일지라도 판수가 되고자 했다. 왜냐하면 이 일은 비교적 쉽고 돈벌이가 잘되며 남들에게 대우받는 직업이었기 때문이다.[7]

판수가 하는 일은 주로 점복과 독경이었다. 먼저 판수는 점을 쳐서 미래를 예언하는 일을 했는데, 당시 점을 치는 방법으로는 주사위 통을 사용하는 방법, 돈을 사용하는 방법, 책을 보고 점을 치는 방법 등이 있었다.[8]

다음으로 판수는 경을 읽어 귀신을 쫓아내는 이른바 독경(讀經)을 했다. 무당이 하는 굿과 달리 그들은 주로 앉아서 경문을 낭송하며 악귀를

판수의 독경 모습.

퇴치하므로 좌경(坐經) 또는 앉은굿이라 했다.[9] 판수들이 독경하는 모습은 이사벨라 버드 비숍의 『한국과 그 이웃나라들』에 잘 나타나 있는데, 그 과정은 택일(擇日), 청신(請神), 축귀(逐鬼), 봉금(封禁) 등의 순서로 진행되었다.[10] 즉 판수는 상서로운 날을 택해 경문을 읽으며 귀신을 불러들였다. 그런 다음 동쪽으로 뻗은 복숭아나무 가지로 악귀를 붙잡아서 병에 가두어 언덕이나 교차로에 갖다가 묻었다.

그런데 개화기에 이르러 이들 판수는 무당, 풍수 등과 함께 혹세무민(惑世誣民: 세상을 어지럽히고 백성을 미혹하게 하여 속임)한다고 비난받았다. 예컨대 다음의 신문기사를 보자.

> 사람이란 것은 학문이 없을수록 허한 것을 믿고 이치 없는 일을 바라는 것이라. 그런고로 무당과 판수, 성황당, 풍수, 중과 같은 무리들은 백성을 속이고 돈을 빼앗으며, 마음이 약한 여인네와 허망한 것을 믿는 사나이들을 아득히 유인하여 재물을 바치고 악귀를 위하게 하니, 이것은 다름 아닌 사람들이 몰라서 속는 것이니 어찌 가히 안타깝지 않으리오.[11]

또한 개화기 사람들은 판수의 독경을 금지시켜야 한다고 주장했다.

> 근래 독립신문을 보니 조선의 군주 폐하께서 요사스런 부군당과 백성을 속이는 무당과 판수들을 모두 금하게 하시고, 귀신이라고 만든 것들을 모두 불 지르게 하시며, 군사들과 순검들을 점점 서양법으로 교육을 시키고 옛날 풍속을 차차 없어지게 하신다니 아마 조선도 점점 되어가는 것이요, 조선의 군주 폐하께서 이렇게 결심하여 문명을 진보케 하신다니 외국 사람들이 다 치하한다고 하더라.[12]

심지어 일부 과격한 사람들은 점복이나 독경을 하는 판수를 폭행하고, 경무청에서 그들을 붙잡아가기도 했다.

> 남양에 사는 맹인 이항진이 경무청에 고소하기를 본인이 지난해 10월에 상경하여 동문 내 수석정에 머물며 향촉을 준비하여 영친왕 전하를 위하여 기도하더니, 지난밤 수구문 내에 사는 허석, 정기덕 등 2인이 수석정에 와서 순찰한다 칭하고는 내가 문복(問卜)을 했다면서 공연히 작당하여 향탁을 깨부수고 의관을 찢었으니 그 양인을 붙잡아다가 엄히 징치하라고 하였다더라.[13]

> 판수의 경(經) 읽고 무녀의 굿하고 기도하는 것은 곧 혹세무민하여 남의 돈을 뺏는 것이니 강도에 다름없는고로 경무청에서 인민을 위하여 엄히 금한 것인데, 남서(南署)에서 판수 셋이 경을 읽고 무녀가 기도하는 것을 잡아 경무청으로 보내였다더라.[14]

결국 판수들은 직업을 잃고 점점 실업자로 전락하고 마는데, 이러한 과정은 작가 미상의 단편소설 『소경과 앉은뱅이의 문답』에 잘 나타나 있다. 이 소설은 『대한매일신보』의 '잡보'란에 1905년 11월 17일부터 12월 13일까지 연재되었던 것이다. 이 작품에 등장하는 소경은 곧 판수인데, 이전에 그가 '문수(問數)!' 하고 소리치고 돌아다니면 이집 저집에서 그를 불러들여 점복과 독경을 해달라고 했다. 그렇게 해서 하루에 못 벌어도 30~40냥은 벌었다고 한다. 하지만 요새는 다리에 못이 박이도록 돌아다녀도 서너 푼도 구경하지 못하니 도무지 살 수가 없다는 것이다. 게다가 경무청에서 무당과 판수를 엄금한 탓에 배운 것이라곤 경 읽고 점치는 것밖에 없는 판수들은 이제 죽는 것밖에는 다른 계책이 없다고 하소연했다.[15]

일제강점기 때도 많은 시각장애인들이 여전히 판수로서 점복과 독경업에 종사했다. 『조선맹아자통계요람』에 따르면, 1921년 시각장애인의 직업으로는 무직이 60.3퍼센트로 가장 많고, 점복 · 독경업이 19.8퍼센트, 농업이 13.7퍼센트, 고세공(짚으로 하는 세공)이 1.7퍼센트, 침 · 구 · 안마업이 1.1퍼센트였다. 그러다가 1927년엔 무직이 74.5퍼센트로 가장 많고, 점복 · 독경업이 13.7퍼센트, 농업 6.3퍼센트, 침 · 구 · 안마업이 3.4퍼센트였다.[16]

일제도 역시 미신을 타파하고 근대화를 이룬다는 명목으로 판수들의 점복과 독경을 엄하게 단속했다.[17] 특히 순사들이 독경하는 판수를 보면 붙잡아 가서 태형을 쳐서 내보내곤 했다. 1914년 한 순사가 판수의 독경을 단속하는 장면을 살펴보도록 하자.

때는 지난 18일 오전 2시 30분쯤 되어 매우 조용하고 사람의 자취가 끊어진 중 이곳저곳에서 일어나는 새벽을 알리는 닭의 소리는 곤히 든 잠을 깨울 때라. 이때를 다하여 경성 북부 관내 묘등 순사파출소 귀두 순사가 마침 순찰시간을 당하여 그 관내를 순회를 할 차로 동구 안중 마동 근처를 당도할 즈음, 어떤 집으로부터 북을 두드리며 소리를 높여 무엇을 읽는 소리가 자못 요란하므로 이상히 여겨 그 집을 찾아가니 경성 성마동 40동 2호에서 술장사하는 황만희라 하는 자의 집이라. 곧 문을 열라 하여 현장에 들어가 취조하여본즉 그 집 마루에다 무슨 음식 등을 베풀어놓고 장님 3명이 북을 두드리며 무슨 경을 읽는지라. 그 원인을 조사한 결과 주인 되는 자가 영업도 잘되고 1년 내내 집안이 태평하기를 바라는 뜻으로 장님에게 의뢰하여 독경한바, 그 장님 등은 고양군 용산면 도화동 사는 김용옥, 삼개 사는 김육옥, 공조뒤골 사는 장기호 등 3명으로 돈 2원과 백미 3되를 받고 그와 같이 요괴로온 말로 길흉화복을 판단하고 겸하여 기도를 하였으므로 모두 북부 경찰서로 잡아다가 취조한 결과 즉결처분으로 각각 볼기 다섯 대씩 단단히 때리어 엄하게 훈계하고 풀어줬다더라.[18]

이처럼 한일병합 이후 판수의 독경은 미신타파, 풍기단속 등의 이유로 처벌을 받았다.

결국 생계의 위협을 느낀 판수들은 단체를 결성하여 점복과 독경을 계속할 수 있게 해달라고 관청에 청원하기도 했다. 1915년 평양부 판수들의 경우를 살펴보자.

평양부 창전리 노상여부는 원래 소경이 되어 이 세상을 확실히 보지 못하며, 남과 같이 기거동작을 못하므로 한탄으로 여기며 이 세상을 보내더니, 근래에는 생계가 곤란하여 평양성의 소경 30여 명을 모으고 의논하기를,

"한일합병 이후로 총독부 부령과 각도 경관의 취체로 근년에 우리 소경 된 사람의 생계가 곤란해졌으니, 우리 소경들이 맹인조합을 모아 관청에 교섭한 후 전과 같이 점을 치고 경을 읽어 생활을 보전하자." 그리하여 본월 22일 오후 3시에 그들이 모여 생계가 곤란하니 전과 같이 점과 경을 읽게 하여 주시기를 원한다는 청원을 지어놓고 23, 24일간 평양부청에 청원서를 제출하기로 결정하고 청원서를 제작하였다더라.[19]

순사의 단속으로 생계가 곤란해진 평양부 판수들이 맹인조합을 만들어 점복과 독경을 계속하게 해달라고 평양부청에 청원했다는 내용이다.

3·1운동 이후 일제가 문화정치를 표방하며 단속을 조금 완화하자, 판수들은 공공연히 점복과 독경을 하며 여러 가지 폐단을 일으켰다. 하지만 여전히 많은 사람들이 점복과 독경을 신뢰할뿐더러 심령작용으로 병자를 치료하는 데 어느 정도 효과가 있었으므로, 일제는 과도한 경우에 한해서만 제재하고자 했다.[20] 또 판수들이 만약 굿이나 독경을 하고자 한다면 먼저 경찰에 신고하여 허가를 받으라고 했다.[21]

그렇다면 이들 판수의 생활형편은 어떠했을까? 앞에서 보았듯이 일제의 단속으로 고객이 많이 줄긴 했지만, 판수들의 수입은 결코 적지 않았다. 단적인 예로 1939년 농촌은 날로 피폐해져 남부여대(男負女戴)로 살 곳을 찾아 떠나는 자가 날로 증가했으나, 농촌을 다니며 굿하고 경 읽고 점치는 무당과 판수들은 하루 수입이 4원을 넘어 고관대작도 부럽지 않은 호화생활을 했다고 한다.[22]

심지어 어떤 판수들은 동료 시각장애인이나 비장애인과 도박판을 벌이다가 경찰에 붙잡히기도 했다. 예를 들어 1939년 인천에 사는 판수 양태옥은 2명의 장님과 함께 도박을 하다가 인천경찰서에 발각되어 일망

타진된 적이 있었다.[23]

새로운 직업으로 등장한 안마업

일제는 1913년 제생원 맹아부를 설립하여 시각장애인에게 보통교육 외에 침 · 구 · 안마업 위주의 직업교육을 실시했다. 그리고 3년 후 졸업과 동시에 면허증을 주어 침사, 구사, 안마사로 활동하게 했다. 이에 따라 1920년대엔 침 · 구 · 안마업이 시각장애인의 새로운 직업으로 등장하게 된다.

시각장애인 안마사들은 전화를 받고 경성을 돌아다니며 안마를 해주었는데, 요금은 시간당 80전에서 1원 20전으로 상당히 비싼 편이었다. 이들 안마사는 비교적 여유로운 생활을 했고, 큰돈을 주고 여자를 사서 결혼하기도 했다. 1929년 시각장애인 최창섭은 안마업으로 수입이 상당했는데, 이것을 기회로 300원이란 큰돈을 들여 아내를 얻었다. 그런데 아내는 몇 개월 뒤 집을 나가서 돌아오지 않았다. 이에 최창섭은 장인을 데리고 용산경찰서에 가서 아내를 찾아달라고 애원했다고 한다.[24]

또 어떤 안마사들은 도박판을 벌이다가 경찰에 붙잡히기도 했다. 다음의 신문기사를 살펴보자.

> 소경단청구경(보아도 이해하지 못할 것을 아는 체함)이란 말은 있지만 소경도박이란 말은 처음 듣는 이야기다. 평양부 내장별리 안마업 소경 차재록은 교구정 정바치 소경과 같이 7일 오후 11시경부터 앵정 일본인 안마업 중도 사람의 집에서 한 번에 10전씩 걸고 국제 도박을 개장하고 한참 전에 중도가 부정수단을 사용한 것이 동기가 되어 싸움이 일어나 소동을 하는 바람에 순사가 뛰어 들어가 현금 십수 원까지 압수하고 취조 중이라는데 도박도구

는 착착 발명한 것이라 한다.[25]

평양부에서 안마업을 하는 시각장애인 차재록이 점복업을 하는 소경, 일본인 안마사 등과 함께 도박판을 벌이다가 싸움이 일어나 경찰에 붙잡혔다는 내용이다.

기술자부터 걸인까지 다양한 생계수단

그 밖에도 시각장애인은 각종 장사나 기술자, 걸인으로 살아가기도 했다. 먼저 어떤 시각장애인은 거리를 돌아다니며 물건을 파는 행상을 했다. 예컨대 1938년 서울에 사는 시각장애인 김덕성은 날마다 거리를 돌아다니며 캐러멜을 팔아 생계를 유지했다. 당시 캐러멜은 초콜릿과 함께 가장 인기 있는 간식거리였다. 한 번은 그가 식당에 들어가 밥을 먹고 있는데, 어떤 사람이 다가와서는 "너의 캐러멜을 전부 살 테니 나오라"고 하여 종묘 앞까지 끌고 가서는 갑자기 구타하고 현금 5원을 강탈해갔다. 다행히 서한응이란 사람이 그 장면을 목격하고 범인을 붙잡아 종로경찰서에 넘겼다고 한다.[26]

또 어느 시각장애인은 소설이나 전설 같은 서적 행상으로 살아가고 있었는데, 만주사변 이후 황군(일본군)의 무용에 크게 감격하여 그동안 한두 푼씩 모아둔 돈 10원을 황군위문금으로 헌납했다고 한다. 한 마디로 친일행위를 했던 것이다.[27]

어떤 시각장애인은 비장애인도 하기 어려운 전자제품 수리기사로 일하기도 했다. 1936년 산본정송이란 시각장애인이 15년간이나 마사지업을 하다가 어느 날 '시계 축음기 라디오 등 수선'이라는 간판을 내걸고 영업을 시작했다. 사람들이 시험 삼아 수선을 맡겨보니 눈뜬 전문가도 당해내지 못할 기술로 훌륭하게 해내었다. 그 비법을 물어보니, 15년 동안 마사지를 하는 동안 손끝의 신경이 매우 발달하게 되었다고 말했다.[28]

끝으로 직업이 없는 시각장애인은 길거리에서 구걸하는 걸인으로 살아갔다. 개화기 시각장애인이 길거리에서 구걸하는 모습은 다음과 같은 외국인 견문록에 잘 나타나 있다.

> 우리는 200야드 전방에 놓여 있는 작은 돌다리에 이른다. 그것의 폭은 5피트 정도이고 난간은 없으며 아래는 하수구인데, 전면에는 작은 광장처럼 넓은 공간이 있다. 그런데 보시라! 당신은 저기 거적 위에 쭈그리고 앉아 있는 남자가 보이는가? 길고 흰 나풀거리는 헐거운 옷을 입고 검은 얼굴에 크고 뾰족한 밀짚모자를 쓴 그가 마치 그림 같지 아니한가? 그가 햇빛과 눈에 의해 그을린 손을 내밀고 거기에 앉아 통행인에게 동냥을 구걸할 때, 그는 거의 아랍인으로 오인될 수 있다. 그는 얼굴이 매우 새까만 장님이다. 그는 서울 사람들 중의 하나이다. 비가 오나 햇볕이 내리쬐나 당신은 항상 똑같은 태도로 같은 장소에 거적을 깔고 쭈그리고 앉아 있는 그를 볼 수 있다.[29]

시각장애인 걸인이 비가 오나 햇볕이 내리쬐나 매일같이 돌다리 위에서 거적을 깔고 앉아 지나가는 사람들에게 손을 내밀어 구걸하는 모습을 묘사하고 있다.

일제강점기에도 시각장애인 걸인은 상당히 많았고, 그들과 관계된 사건도 심심찮게 일어났다. 예컨대 1923년 땅속에 움막을 파고 걸인생활을 하던 정기화라는 시각장애인 노인은 하필 움막에 불이 나서 참혹하게 타 죽고 말았다.[30] 1935년에도 다리 밑 움막에서 살던 시각장애인 걸인 아내가 다섯 살 아들과 함께 불을 쬐던 중 그 아이의 누더기에 옮겨 붙은

불을 끄다가 그만 전신 화상을 입어 죽고 말았다.[31]

불행한 가정생활

근대의 시각장애인은 비록 무직이 많긴 했지만, 다른 장애인에 비하면 그나마 직업을 갖고 자립적인 생활을 할 수 있었다. 하지만 앞에서 살펴보았듯이 장애에 대한 부정적 인식이 날이 갈수록 심해져서, 가정 및 사회생활을 하는 데 적잖은 어려움을 겪었다.

먼저 시각장애인은 가정생활에 있어서 아내의 도주나 부정, 학대 등을 겪곤 했다. 남편이 앞을 못 본다는 이유로 아내가 몰래 도망가거나 다른 남자와 불륜을 저질렀으며, 심지어 남편을 학대하여 자살하게 만들기도 했다. 당시 신문기사를 읽어보자.

> 지난 25일 오전 10시경 예산읍내에 한 장님이 하늘을 우러러 탄식하며 애달파하였다. 이제 그 이유를 들으니 그는 충남 예산군 예산면 관작리에 본적을 둔 김재도인바, 지금으로부터 25년 전에 본처 김순련과 부부가 된 이래 매우 안락한 생활을 해오던 중 자녀 4남매를 출생하였다. 그런데 김재도가 대정 14년(1924) 1월 중순경부터 삼눈같이 눈을 앓던 중 약을 잘못 써서 수개월 만에 드디어 장님이 되었다. 이에 처 김순련은 약간 남은 가산 등을 팔아가지고 동년 음력 4월 4일에 당시 네 살 먹은 딸도 버리고 일곱 살 된 장남만 데리고 어디론가 도망하였다. 김재도는 어쩔 수 없이 네 살 먹은 딸을 예산 역전의 모숭국인에게 수양녀로 주고 고단한 일신이 무의무탁하여 사방으로 걸식을 하나, 날이 갈수록 처지의 생각이 창자를 끊는 듯하여 더 이상 살 수 없다며 밤중에 목매어 죽어 보는 사람으로 하여금 동정의 눈물을 흘리게 하더라.[32]

평남 안주군 운곡면 용림리 12번지 박승운의 처 김영만이라는 여자는 지난달 27일 밤 12시경에 동리 15번지에서 홀아비로 혼자 사는 이진화라는 영감과 서로 공모하여 자기 남편이 누워 자는 것을 기회로 이진화는 타고 안고 김영만은 자기 남편의 목을 눌러 죽이고 즉시 아무도 모르게 그 집에 불까지 질러놓아 전부 소화케 하고 동리 사람들에게 자기 남편이 불타서 죽었다 하며 은밀히 감추어왔다. 그 사실이 지난 19일 안주경찰서에 발각되어 2명은 살인방화죄로 동 경찰서에 인치되어 엄중한 취조를 받는 중이라는데, 이 가해자 2명은 방금 60이 넘은 늙은이로서 본부 박승운이 앞 못 보는 것을 기회로 삼아 얼마 전부터 추한 관계를 두어오던바 마침 그날은 박승운이 그 내용을 알고 자기 처 김영만을 책망하였던바, 그들은 더욱 본부 박승운을 죽인 후 서로 안심하고 살자는 약속까지 하고 마침내 그와 같이 살해한 것이라더라.[33]

장님이 된 것도 철천의 원한이어든 하물며 자기 아내에게까지 학대를 받고야 살 수 있나 하는 분울한 생각에서 음독자살한 장님이 있다. 목포 부내 대정정 15번지 김개성은 얼마 전에 젊은 아내를 맞이하였던바 날이 갈수록 눈먼 남편이라고 학대가 자심하므로 그는 자기 처에게까지 이런 푸대접을 받을진대 무엇을 의지하고 더 살아갈 필요가 없다는 생각에서 지난 21일 오후 3시경 자기 집에서 다량의 쥐약을 먹고 자살하였다 한다.[34]

첫 번째 기사는 25년 동안 동고동락하던 부부였으나 남편이 '삼눈'으로 시력을 잃고 장님이 되자 그의 아내가 아들을 데리고 도망가버린 사건이다. 그리하여 살 길이 막막한 남편이 밤중에 목을 매어 자살했다는 것이다. 여기서 삼눈이란 오늘날의 병명으로는 '플릭텐'으로, 안구 결막에 생기는 좁쌀 크기의 반점을 말한다. 두 번째 기사는 모두 60세가 넘은 노인들이었으나, 아내가 앞 못 보는 남편을 속이고 몰래 다른 남자와 간통하더니 아예 남편을 죽이기까지 했다는 것이다. 세 번째 기사는 한 장님이 젊은 아내를 얻었으나 날이 갈수록 눈먼 남편이라고 학대를 받다가 다량의 쥐약을 먹고 자살했다는 내용이다. 이처럼 당시 시각장애인은 아내에게 버림을 받거나 배신 및 학대를 당하는 등 불행한 가정생활을 하는 경우가 많았다. 그래서 이들은 살 길이 막막해지거나 장애를 비관하여 자살을 시도하기도 했다.

사고와 강도에 노출되기 쉬워

다음으로 시각장애인의 사회생활에 대해 자세히 살펴보자. 우선 시각장애인은 눈이 보이지 않아 돌발 상황에 대처하는 능력이 떨어지므로 평소 화재사고뿐 아니라 전차, 기차, 자동차 등의 교통사고, 기타 다양한 사고 위험에 항상 노출되었다. 앞에서도 살펴보았듯이 시각장애인은 전차사고를 당하는 경우가 많았고, 심지어 사망사고가 발생하기도 했다.[35] 그 가운데 대표적인 전차사고를 살펴보자.

> 지난 24일 오후 1시 30분경 남대문을 떠나 광화문으로 향하는 79호 전차가 죽첨정 1정목 79번지 앞을 진행하던 중 어떤 사람 한 명이 전차선로에 섰으므로, 운전수는 피하라고 경종을 울렸으나 즉시 피하지 아니하여 드디어 전차와 충돌하여 그 자리에서 넘어져 인사불성이 되었다. 곧 경성병원에 입원시켰는데, 그 사람은 주소가 부정확한 박성도라는 맹인이라 하며 생명이 위독하다더라.[36]

1920년대 초반 시각장애인의 전차사고는 죽첨정(지금의 서울 서대문구 충정로) 일대에서 자주 발생했다.[37] 이는 당시 조선맹인조합이 죽첨정 이정목 78번지에 있어서 시각장애인들이 그곳에 점자를 배우러 많이 다녔기 때문인 것으로 추정된다.[38]

또한 시각장애인은 절도나 사기, 강도 등 범죄의 위험에도 항상 노출되어 있었다. 그들은 눈이 보이지 않을뿐더러 점복이나 독경, 안마업으로 상당한 수입을 벌어들였기 때문에 쉽게 범죄의 표적이 되었다. 특히 강도 피해를 가장 많이 당했던 듯하다. 길을 가는 시각장애인을 습격하여 현금을 강탈해갔던 것이다. 이러한 강도사건은 일제강점기 신문에서 자주 발견되는데,[39] 그중 1928년에 있었던 한 시각장애인의 강도사건을 살펴보자.

> 본적을 원산에 두고 평양에 와서 표류하던 김지수라는 열네 살 먹은 소년은 며칠 전에 사리원경찰서에 체포되어 엄중한 취조를 받던 중 지난 10일에 1건 서류와 함께 해주지방법원 재령지청으로 압송하였다. 그 소년은 지난 3일에 평양역에서 김대원이란 판수가 사리원으로 오든 차 안에서 친절히 안내를 하여주므로 그 소년의 말을 신용하여 사리원역에 하차하였다. 그 소년은 문정면 구룡리 동네 무인경으로 끌고 가다가 돌연히 돌멩이로 그 판수를 때리려고 달려들어 몸에 가진 돈을 강탈하려고 했다. 판수는 용기를 다하여 그 소년의 귀를 힘껏 쥐고 한참 동안 격투를 하는 동안에 벌판에서 일하던 농부들이 발견하고 그 소년을 잡아 경찰서로 보내었다는데 그 소년의 귀는 절반이나 찢어졌다더라. (사리원)[40]

열네 살 떠돌이 소년이 기차에서 한 판수에게 친절을 베풀며 인적이

드문 곳으로 유인한 뒤 돈을 강탈하려 했던 사건이다. 하지만 판수는 그 소년의 귀를 잡고 격투를 벌였고, 들판에서 일하던 농부들이 달려와서 그 소년을 붙잡아 경찰서로 보냈다는 것이다.

다양한 시각장애인 단체

예부터 시각장애인들은 단체를 결성하여 조직적으로 활동했다. 조선 전기에는 시각장애인 독경사 단체인 명통시가 있었고, 임진왜란 이후인 조선 후기에는 맹청(盲廳)으로 부활했다.[41] 개화기에도 "돌아가신 고종 황제께서 정사를 보던 구한국 시대에는 조선 팔도 안에 있는 앞 못 보는 불쌍한 장님들을 위해 맹인회라는 것을 조직시킨 일이 있었던바"라는 기록처럼,[42] 전국적인 시각장애인 단체가 존재했다. 일제강점기에도 조선맹인조합, 조선맹아협회, 영남심안공제원, 함경도맹인회, 부산맹인조합, 경성맹인음악단 등 서울과 지방에 다양한 시각장애인 단체가 존재했다.

조선맹인조합

조선맹인조합은 위에서 잠시 언급했듯이 죽첨정 2정목 78번지(지금의 서대문구 충정로 2가)에 있던 시각장애인 단체다. 시각장애인들이 상부상조하기 위해 1924년에 설립했으며, 특히 시각장애인이 문자나 지식을 배울 수 있는 곳이었다. 그래서인지 이 단체는 첫 번째 사업으로 아래와 같이 시각장애인에게 점자교육을 시키고자 했다.

> 앞 못 보는 불쌍한 맹인이 조선인에 몇만 명으로 헤아릴 수 없는데 외로운 그네들이 세상에서 살아가는 동안까지는 눈뜬 사람에 지지 않게 지식을

> 구하려고 요전에 조선맹인조합을 시내 죽첨정에 설립하였다 함은 이미 보도한 바이거니와, 그 뒤로 조합에서는 제1차의 사업으로 점자 공부를 맹인에게 보급시키기 위하여 시내 남대문 밖에 제중원을 장소로 하고 교수를 시작할 터인바, 다만 혈혈 신체를 가진 이들이 경비가 없어 사회의 동정 많은 인사가 돌봐주기를 간절히 바란다더라.[43]

실제로 조선맹인협회에서는 1932년 8월 15일부터 21일까지 평양사범학교에서 하기(夏期) 점자강습회를 개최하기도 했다.[44]

또한 1926년 4월 25일 대한제국의 마지막 황제인 순종이 53세를 일기로 세상을 떠나자, 조선맹인조합 회원 100여 명은 훈련원에 모여 봉도(奉導: 어가를 인도함)의 뜻을 표하기로 결의했다. 하지만 서대문경찰서는 혼잡한 날 눈먼 사람들이 함께 섞여 있는 것은 대단히 위험하다면서 허가하지 않고 대신 국장 전날 청량리에 나가 기다리고 그 이튿날 장례 행렬 때 봉도를 하라고 지시했다.[45] 조선시대 시각장애인은 임금이 거둥할 때면 으레 도포를 입고 무리를 지어 성 밖으로 나가 공경스럽게 전송하거나 맞아들이는 등 조정의 신하들과 함께 어가를 인도했다.[46] 위의 시각장애인들도 그러한 전통에 따라 순종의 국장일에 동대문 밖에서 봉도를 하려고 했던 듯하다. 하지만 일제는 위험하다는 이유로 허락하지 않고 국장일인 6월 10일 청량리에서부터 봉도하라고 지시했던 것이다.

이후 조선맹인조합은 종로구 공평동 131번지로 이전했는데, 심각한 내부 갈등을 겪었던 것으로 추정된다. 1931년 12월 말경에 조선맹인조합 회원 100여 명이 조합 대표 방덕권을 처벌해달라고 종로경찰서에 탄원서를 제출했다. 그 내용은 다음과 같다.

수원 출생의 방덕권이라는 맹인은 구한국 시대에 군인으로 있다가 상관을 구타하고 쫓겨왔다. 그 후 중년에 맹인이 되어 상경한 후 부내 공평동 131번지 맹인조합 가옥을 폭력으로 점령한 후 세금을 한 푼도 내지 아니하고 있는데, 매월 공회 때는 문제가 백출하나 그의 완력을 100여 명의 맹인으로서는 당할 수 없으니 경찰에서 잘 처치하여달라는 것이었다. 그리하여 종로경찰서에서는 즉시 방덕권을 호출한 후 엄중한 취조를 하게 되었다.[47]

수원 출신의 중도 시각장애인 방덕권이 완력으로 조선맹인조합 회원들을 압제하고 있으니 이를 처리해달라고 경찰서에 요청했다는 내용이다.

방덕권은 한동안 조선맹인조합 대표에서 물러났다가, 이후 다시금 등장하여 적극적으로 친일활동을 하기 시작한다. 『매일신보』 1937년 7월 24일자 기사에 따르면 방덕권이 다른 2명의 시각장애인과 함께 종로경찰서를 찾아가 100원을 국방헌금으로 전달하자, 경찰서장이 그들의 열성에 감동하여 매우 기특하게 여겼다고 한다. 이듬해인 1938년에도 방덕권은 조합원 120명에게 현금 100원을 거두어 종로경찰서를 찾아가 국방헌금으로 써달라며 전달했다.[48] 자신의 불법행위를 계속된 국방헌금으로 무마하려 했던 것이다. 당시 시각장애인들 사이에서도 일종의 '조폭'과 같은 인물이 있었음을 알 수 있다.

1937년 7월 중일전쟁이 일어나자, 일제는 전시체제로 전환하고 내선일체라는 명분으로 인적 · 물적 수탈을 강화했다. 또 군비가 부족해지자 식민지 백성들로 하여금 군수자금을 적극 조달하고자 했다. 그래서 당시 전국의 수많은 시각장애인들도 자발적 · 비자발적으로 국방헌금을 내곤 했다.[49] 그중 대표적으로 한 가지 사례만 살펴보도록 하자.

부내 신교정 75번지 노완순이란 여자는 앞을 보지 못하는 몸으로 제생원을 졸업한 이래로 "안마"로서 생애를 하여가던 중, 북지사변(중일전쟁)이 발발한 이래 매일 제생원에 나가서 황군(일본군)을 환송하여 일반의 감심을 하고 있었다. 17일에는 애국부인회 경성연합분회 제20분회에서 국방비에 헌납할 금품을 모집한다는 소문을 듣고 유족하게 사는 사람들도 1원 내지 2원의 거금을 내는데 이 여자는 모은 돈 전부라고 할 수 있는 4원을 헌금하였다고 한다. 그리하여 이 분회에서는 그의 아름다운 뜻을 사례하는 의미로 근간 표창할 방도를 궁리 중이라고 한다.[50]

신교정에 사는 노완순이라는 맹인 여성이 제생원을 졸업한 후 안마업으로 살아가고 있었는데, 중일전쟁이 일어나자 매일같이 제생원에 나가 일본군을 환송하다가 이번엔 거금 4원을 쾌척했다는 것이다. 그리하여 애국부인회에서도 그녀에게 표창할 방도를 찾고 있다고 했다. 물론 이러한 친일선동 기사는 주의할 필요가 있다. 일제는 시각장애인조차도 전쟁을 위해 아낌없이 헌납했다는 기사를 내보냄으로써 다른 사람들의 참여를 촉구했던 것이다.

조선맹아협회

조선맹아협회는 1921년 3월 24일 제생원 맹아부의 졸업식 직후에 발족한 단체다. 사무실도 제생원 맹아부 내에 두었으며, 회장 역시 조선총독부 학무국장이었다. 이로 보아 조선맹아협회는 일반 맹아인의 자발적인 단체라기보다는 제생원 맹아부를 졸업한 이들만이 가입할 수 있는 관변 단체였다고 할 수 있다.[51]

이 협회도 맹아자의 지식 발달과 사회적 지위 향상을 목적으로 설립

되었다고 한다. 실제로 그들은 아래와 같이 '맹인하계강습회'를 열곤 했다.[52]

> 시내 천연동 96번지 제생원 맹아부에 사무실을 둔 조선맹아협회에서는 오는 7월 12일부터 17일까지 매일 오후 1시부터 안마술, 급점자술, 학술강습회를 개최하기로 하였는데, 안마술과 학술은 맹아협회 회원에 한해서만 경청하게끔 하고 점자는 일반에게도 공개한다더라.[53]

조선맹아협회는 이렇게 매년 여름 5일여 동안 안마와 점자, 학술 등을 강습하곤 했다.

부산의 맹인조합들

일제강점기 시각장애인 단체는 서울뿐 아니라 부산에도 있었는데, 대표적으로 부산맹인조합과 영남심안공제원을 들 수 있다. 먼저 부산맹인조합은 1925년 박경진이 5~6명의 시각장애인과 함께 만든 것인데, 일종의 폭력조직이었던 듯하다. 박경진은 스스로 그 조직의 대표가 되어 부산의 각종 맹인들에게 말하기를 "우린 경찰서에서 허가를 받아 조합을 조직했으므로 누구든지 점쟁이 노릇을 하려면 우리 조합의 허가를 받아야 한다. 또 수수료를 25원에서 50원까지 바치지 않으면 점쟁이 노릇을 할 수 없다"라고 위협했다. 당시 박경진이 이렇게 다른 맹인들을 협박하여 갈취한 돈이 무려 500여 원에 달했다고 한다.[54]

영남심안공제원은 부산에 거주하는 시각장애인 독경사 70여 명이 조직한 민간단체였다. 1937년 중일전쟁이 일어나자, 그들은 부산 대신정 광장에서 일본군의 승리를 위해 기도제를 올리겠다고 했다. 그들은 이전

에도 국방헌금을 바친 적이 있었다. 한 마디로 영남심안공제원은 친일단체였다.[55]

경성맹인음악단

그 밖에 시각장애인 음악단체인 경성맹인음악단이 있었다. 중국 고대부터 시각장애인은 악기를 연주하는 음악인으로 활동했다. 조선시대에도 이를 본받아 음악에 뛰어난 시각장애인을 뽑아 장악원에 소속시켜 두고 궁궐의 내연(內宴)에서 악기를 연주하도록 했는데, 그들을 일컬어 '관현맹인'이라 했다.[56]

구한말 고종 대에 이르러 관현맹인 제도가 폐지되었지만 시각장애인의 음악적 재능마저 사라진 것은 아니었다. 1930년대 후반 김창일, 정덕윤, 정덕조, 김성실 등이 경성맹인음악단을 조직하고는, 한여름의 더위를 씻어줄 납량음악회를 개최하곤 했다. 다만 이때에는 우리의 전통적인 국악이 아니라 서양 음악을 연주했다. 다음 기록을 살펴보자.

> 우리에게도 양악이 들어온 지 이미 40, 50년 이상의 긴 세월이 흘러갔다. 이 동안 조선의 악단은 어느 예술 부문보다도 가장 활발한 활동을 꾸준히 계속하여 수많은 음악가를 세상에 내놓았으며 해마다 개최되는 음악회의 수효에 있어서는 선진제국보다 못하지 않다고 해도 과언이 아니다. 그러나 지금까지 우리는 한 번도 맹인들이 음악회를 개최했다는 소리는 듣지 못했다. 맹인들의 음악회라고 말하자면 조선에 있어서는 금시초문이라고 할 것이다.
>
> 오는 6월 28일 경성맹인음악단 주최와 본사(매일신보) 후원하에 개최되는 납량음악대연주회 계획이 발표되던 그날부터 장안의 인기를 독차지하

게 된 것도 또한 무리가 아니다. 누구나 맹인이라면 경이나 읽고 점이나 치며 안마나 하는 줄 알았는데 보통 사람도 하기 어려운 음악을 한다니 그 참 희한한 일이라고 하는 단순한 호기심만을 가지고 이 맹인음악회를 구경하러 온다면 큰 잘못이다. 맹인에게는 보통 사람보다도 오히려 음악적 재질이 더 풍부한 것이다. 즉 그들은 보지 못하는 대신에 음악가의 생명이라고 할 청각이 어느 감각보다도 가장 예민하게 발달된 까닭에 그들에게 한 번 음악 공부를 시켜준다면 보통 사람으로서는 상상도 못할 '멜로디'를 표시하는 것이다. 맹인만이 발표할 수 있는 섬세한 '멜로디'는 실로 음악을 아는 사람으로 하여금 경탄을 금치 못하게 하고 말 것이니 이러한 의미에 있어서도 이번의 맹인음악회는 꼭 한 번 보아야 할 것이다. 또한 그뿐만이랴!

삼중고의 성녀 헬렌 켈러가 조선에 다녀간 뒤로는 불구자에 대한 우리의 인식이 얼마쯤 고쳐졌다고 하지만 아직도 불구자에 대한 동정과 교육시설을 등한시하는 우리로서는 이번의 음악회는 맹인에 대한 내지와 일반 불구자에 대한 인식을 새로이 하여 그들에게도 배울 기회만 준다면 훌륭한 천재를 발휘할 수 있다는 것을 새삼스럽게 깨닫게 하는 교육적 효과가 있을 것이다. 그런데 당야의 음악회는 맹인악단 제씨의 일생일대의 심혈을 경주한 10여 곡의 기악과 성악뿐만 아니라 경성음악단 제씨의 찬조 출연이 있어 20여 명 합창단의 합창과 독창 등이 있을 터이므로 그야말로 금상첨화격이 될 것이니, 어느 모로 보아서든지 하루 저녁의 납량을 겸하야 안 들어서는 안 될 기적인 음악회라고 할 것이다.[57]

경성맹인음악단 주최와 본사(매일신보) 후원의 납량음악연주회는 예정대로 6월 28일 오후 8시부터 부민관 대강당에서 개최하였는데, 맹인들의 음악을 들으려는 호기심으로 몰려드는 관중으로 성황을 이루었다. 제1부의

納凉音樂會는迫到

長安의人氣바야흐로沸騰

음악에 재능 있는 시각장애인들이 납량음악회를 개최한다는 소식을 전하는 신문기사.

경성음악단의 찬조 출연이 끝난 다음 제2부에 들어가 맹인 악사들의 연주는 청중들에게 다대한 감명을 주고 오후 10시경 무사히 폐회하였다.[58]

예부터 시각장애인은 앞을 보지 못하는 대신에 청각이 예민해 오히려 보통 사람들보다도 음악적 재능이 뛰어난 편이다. 그래서 근대엔 경성맹인음악단 같은 단체를 조직하여 한여름에 납량음악회를 개최하기도 했다.

귀가 어두워 내외간에 속 깊은 얘기도 못 나누고

농아

청각장애와 언어장애는 밀접한 관련을 맺고 있다. 특히 과거엔 청각장애가 있으면 말을 익히지 못해 자연히 언어장애를 동반했다. 그래서인지 청각장애와 언어장애를 구별하지 않고 그냥 언어장애로 취급하기도 했다.

조선총독부는 앞에서 보았듯이 자주 맹인 및 아인의 인구수를 조사해 발표했는데, 이때의 아인 또한 순전한 언어장애인만이 아니라 청각장애로 인한 언어장애인, 곧 농아인도 포함되어 있었다. 1921년 조선총독부 제생원에서 발간한 『조선맹아자통계요람』에 따르면, 당시 전국의 농아인 수는 6847명이었는데, 거기에는 일본인도 58명이 포함되어 있었다. 또 남자는 4816명, 여자는 2031명으로 남자가 여자보다 약 두 배가 많았다. 지역별로는 평안북도가 772명으로 가장 많고, 경상북도 652명, 경기도 649명, 경상남도 626명 등이었다.[59] 또한 1927년 농아인 수는 1만 300명으로, 이 중 일본인이 93명이었다. 이때에도 남자는 7270명, 여자는 3030명으로 남자가 여자보다 두 배 이상 많았다. 도별로는 경상남도가 1171명으로 가장 많았고, 경상북도 1103명, 전라남도 1021명 등의 순으로 나타났다.[60]

하지만 청각장애와 언어장애는 엄연히 다르므로 그들의 생활상도 독립적으로 파악할 필요가 있다. 따라서 여기에서는 청각장애인과 언어장애인의 생활상을 가급적 독립적으로 살펴보고자 한다. 먼저 청각장애인의 생활상부터 간략히 살펴보자.

청각장애인

청각장애인이란 소리를 전혀 듣지 못하거나 들어도 이해할 수 없는 소리로 들리는 사람으로서, 과거엔 흔히 '귀머거리(聾)'라 불리곤 했다. 대개 듣지 못하면 말도 하지 못하는 경우가 많으므로, 이들도 수화나 필담을 통해 의사소통을 했다.

청각장애의 원인으로는 유전이나 모체의 풍진(풍진 바이러스의 감염으로 일어나는 급성 전염병) · 감염 · 조산 · 뇌막염 같은 질병, 각종 사고 등 매우 다양했다. 근대의 대표적인 화가 김기창은 일곱 살 때 장티푸스에 걸렸는데, 할머니가 달여준 인삼을 먹고 병이 더욱 악화되어 청각장애를 입고 말았다. 또 1932년 경기도 여주에 사는 추성렬은 자동차 운전수 윤평준에게 뺨을 얻어맞고 고막이 파열되어 청각장애인이 되고 말았다. 이에 추성렬은 그에게 치료비 26원과 위자료 2480원을 청구했다.[61]

안타깝게도 청각장애인에 관한 기록은 그리 많지 않은 편이다. 특히 이들의 직업이나 활동상을 보여주는 기록이 매우 부족한 편이다. 그러므로 이들의 가정생활과 사회생활 등 사회적 처지에 대해서만 간략히 살펴보기로 하자.

청각장애인은 귀가 들리지 않아 의사소통이 어려웠기 때문에 사회생활은 물론 가정생활도 하기 힘들었다. 이들 청각장애인의 어려움은 다음의 기사에 잘 나타나 있다. 잡지 『별건곤』의 기자가 고희춘이라는 청각장애인을 직접 만나 인터뷰한 내용이다.

> 응, 뭐요. 조금 들리느냐고. 아주 절벽강산은 아닙니다. 아마 벼락 치듯하면 보통 사람의 귀에 들리는 모기소리만이나 하겠지요. 뭐요? 잡지사! 잡지사에서 오셨다구요. 잡지사란 무엇하는 뎁니까. 아이구 갑갑해라. 이러니

병신이 불쌍하지 않소. 아이고, 지금 세상은 벙어리 소경도 글 배우는 데가 있다는데, 나도 나이나 어렸으면 그런 데 가서 공부나 좀 할 것 아니요.

나도 배안에 병신은 아니었다는데 철 알 만한 때까지도 괜찮았던 것이, 여섯 살 때까지도 괜찮았던 것이, 여섯 살 때 귀젖이 늘 흐르고 하다가는 필경 귀가 먹게 되어서 영영 이렇게 병신이 되었습니다. 그때야 벌써 지금으로 30여 년 전이니 무슨 요새 세상처럼 병신도 공부하는 학교가 있었어야지요. 그래 귀 먹은 데다가 겸하여 까막눈까지 되었으니 사람이랄 게 무엇 있나요. 남들이 무어라고 입을 달싹달싹하며 이야기하는 것을 보면 그만 갑갑증이 나서 견딜 수가 없고, 혹은 공연히 역증이 나는 수도 있으며, 남이 혹 묻는 것을 볼 때 나보고 귀머거리라고 조소나 하는 것이 아닌가 하여 벌컥 화가 나는 수도 있지만 속담에 소경 진창 나무랄 것 무엇 있습니까. 그러나 자연 속이 사나워져서 성내지 않을 데에 성내기도 하고, 늘 세상일이 궁금해서 듣고 싶지만은 그렇게 안타까운 심정을 알아줄 사람이 있겠소.

마누라하고 동거하는 지가 벌써 20여 년이지만 내외간일수록 속 이야기하는 데서 정이 부를 것인데, 예사 이야기 하나 말할라 해도 남들은 싸움하는 것같이 알게 될 것이니 무슨 정담이야 어떻게 남몰래 한 마디씩인들 주고받고 하겠소. 그러니까 자연히 집안사람에게 죽어지내는 때가 많고, 남에게 대하여는 무슨 이야기를 한 마디 하다가도 너무 묻기가 미안하니까 그저 알아들은 척하고 고개를 끄덕끄덕하지만 그런 때의 속 답답한 사정이란 참말로 비할 데가 없지요.[62]

이렇게 청각장애인은 어릴 적 질병으로 장애를 입는 경우가 많았는데, 그러다 보니 학교에도 다니지 못하고, 남들과 얘기를 나눌 수도 없으니 갑갑증과 열등감만 늘어갔다고 한다. 특히 결혼해서 아내와 살고 있지만 내외간 속 깊은 이야기를 나누지 못하다 보니 항상 답답할 뿐이라는 것이다.

하지만 위의 청각장애인은 그나마 다행한 경우에 속한다. 당시 청각장애인은 결혼을 하더라도 아내가 다른 남자와 몰래 정을 통하거나 집을 나가기도 했기 때문이다. 예컨대 1923년 평안남도 강서군에 사는 오득칠이라는 여자는 5년 전부터 전달선이란 남자와 결혼해서 살고 있었다. 전달선은 귀가 들리지 않는 청각장애인이었는데, 아내는 그 때문에 항상 불평하며 부부싸움을 벌였다. 그러다 1922년 여름부터는 동네에 사는 김영식이란 남자와 몰래 정을 통하고 서로 공모하여 집 헛간에 불을 지른 뒤 아무도 모르게 종적을 감추어버렸다.[63]

게다가 청각장애인은 교통사고, 특히 기차사고를 당하는 경우가 많았다.[64] 1915년 마산역에서 일어난 청각장애인의 기차사고를 살펴보자.

> 2일 오후 10시 25분 마산역에 도착한 기차가 구(舊)마산역으로부터 20정쯤 되는 동편으로 진행 중 기관차에 충돌하여 철도 안에 거꾸러지며 참혹히 죽은 자가 있었다. 경관 및 의사가 검사하니 죽은 자는 창원군 부내면 봉정리 이성만(28)이란 자로 천생이 귀머거리라, 농부로 남의 집에 고용되어 당일은 길에 떨어진 마소의 똥을 주워 지게에 가득히 지고 구마산에서 주인의 집으로 돌아가는 길에 귀가 어두워 기차의 오는 소리를 듣지 못한 까닭으로 기관차에 접촉하여 그와 같이 죽었는데 허리와 발이 상하고 붉은 피가 근처를 물들여 그 광경은 목불인견이었다더라.[65]

당시 청각장애인은 이렇게 남의 집에서 고용살이를 하는 경우가 많았다. 또 그들은 귀가 어두워 기차가 오는 소리를 듣지 못해 기관차에 치여서 크게 다치거나 죽기도 했다.

언어장애인

언어장애인은 말을 할 수 없거나 말을 해도 상대방이 잘 알아듣기 어렵다. 그래서 과거엔 '벙어리(啞)' 혹은 '말더듬이(반벙어리)'라 불리곤 했다.

언어장애인의 특성은 1929년 『중외일보』의 한 기자가 당시 제생원 교사였던 박두성을 찾아가 맹아교육의 어려움을 인터뷰한 기사에 잘 나타나 있다. 박두성은 먼저 "사람들은 더러 장님보다 벙어리가 낫다고 하지만 사실 가르치기는 장님이 훨씬 낫습니다. 벙어리는 사람 중의 병신입니다"라고 하고선, 언어장애인에 대한 교육의 어려움을 이렇게 말했다.

> **유형물로 이해를 시켜:** 벙어리의 세상은 우리가 상상할 수 없는 딴 세상입니다. 그들에게 어느 정도까지 글을 가르치면 글도 읽고 쓰기도 합니다. 그러나 뇌수가 상하고 귀가 상하여 듣지를 못해 말을 못하는 사람들이니까 유형물을 보는 정도 안에서 이해력을 얻는 것이니까 우리의 감정과는 극히 다릅니다. 그들로 보면 우리네 말하는 사람들과 언어가 불통하는 외국 사람과 접촉하는 것과 같지요.[66]
>
> **벙어리는 백치가 많아:** 먼저도 말하였거니와 벙어리는 뇌수가 상한 것이 태반인데 그 정도가 대개 백치에 가까운 것이 많습니다. 그래서 무엇을 가르쳐준다 해도 활용치를 못합니다. 예를 들어보면 내가 이곳에 처음 왔을 때에 팔뚝시계를 가졌었는데 지금 와서도 벙어리 학생들은 나를 가르쳐 말할 때는 팔목에 두 손가락을 대고 시계를 대어주는 형용을 합니다. 지금 학생들은 그 형용이 어디서 시작되었는지 모르고 그렇게 알기만 할 뿐이지요.

한 번 본 것이면 언제든지 그대로 알고 있을 뿐이고 더 활용하는 힘이 없습니다. 그러나 그중에도 고막만이 상한 것은 상당히 무엇을 알아차리는 것도 없는 것은 아닙니다. 그것도 100명에 한두 명이지요.

어렵기는 신병이 난 때: 벙어리 냉가슴을 앓는다는 말이 있지 않습니까. 그들이 병이 났을 때가 또 괴롭습니다. 워낙 신경작용이 부족한 사람들이니까 병이 나도 '감각'이 극히 둔해서 처음에는 잘 모르고 있다가 많이 아파야 아프다고 합니다. 병중에도 배나 머리가 아프다는 것은 곧 알 수 있으나, 병이 또 몇백 가지나 되는 것이니 그 자세한 병증을 얼굴이나 찡그리고 손짓이나 해서야 어떻게 알 수 있겠어요. 일전에도 한 학생이 배가 아프다고 하면서 여러 가지로 말을 하기에 병원에 데리고 갔더니 맹장염이래서 입원시켰습니다. 말로도 힘든 것을 손짓으로 하니 자기네인들 오죽 답답하겠소만은 그 형용을 알아낸다는 것이 또 무리가 많겠지요.[67]

이와 같이 박두성은 언어장애인의 세상은 우리가 상상할 수 없는 아주 딴 세상이라고 했다. 그들에게도 글을 가르치면 읽고 쓰기는 하지만 보통 사람들보다 이해력이 많이 떨어지고, 특히 언어가 불통하여 마치 외국 사람을 대하는 듯하다는 것이다. 심지어 그들의 지적 수준은 백치에 가까운 경우가 많아 뭔가를 가르쳐줘도 하나만 알 뿐 활용하는 능력이 없다고 했다. 가장 힘든 점은 몸이 아플 때인데, 감각이 둔해 몹시 아파서야 아프다고 말한다는 것이다.

그렇다면 당시 언어장애인은 어떻게 의사소통을 했을까? 우리는 흔히 수화 교육을 받지 않은 언어장애인은 남들과 의사소통을 하기 힘들었을 것이라고 생각하는데, 그들에게도 손짓과 몸짓, 입모양으로 흉내 내어 말하는 초기 형태의 수화가 있었다. 이러한 초기 형태의 수화는 나도향

박두성의 농아교육 모습

의 소설 『벙어리 삼룡이』(1925)에 잘 나타나 있다.

하루는 주인 새서방님이 술이 취하여 들어오더니 집안이 수선수선하여지며 계집 하인이 약을 사러 갔다 들어오는 것을 보고 벙어리가 그 계집 하인을 붙잡았다. 그리고 무엇이냐고 물었다.

계집 하인은 한 주먹을 뒤통수에 대고 얼굴을 젊다고 하는 뜻으로 쓰다듬으며 둘째손가락을 내밀었다. 그것은 그 집 주인은 엄지손가락이요, 둘째손가락은 새서방이란 뜻이오, 주먹을 뒤통수에 대는 것은 여편네라는 뜻이오, 얼굴을 문지르는 것은 아프다는 뜻으로, 벙어리에게 쓰는 암호이다.

그런 뒤에 다시 혀를 내밀고 눈을 뒤집어쓰는 형상을 하고 두 팔을 짝 벌리고 뒤로 자빠지는 꼴을 보이니, 그것은 사람이 죽게 되었거나 앓을 적에 하는 말 대신의 손짓이다.

벙어리는 눈을 크게 뜨고 계집 하인에게로 한 발자국 가까이 들어서며 놀라는 듯이 멀거니 한참이나 있었다.[68]

이처럼 과거에도 손짓과 몸짓, 입모양으로 흉내 내서 말하는 초기 형태의 수화가 있었다. 하지만 그것은 불완전하고 비체계적이어서 때로는 커다란 오해를 불러일으켜 살인사건이 일어나기도 했다. 예컨대 1928년 경상북도 영천에 사는 김오분이란 언어장애인 여성은 같은 동네에 사는 백부 김기선의 집에 가서 배가 고프니 밥을 달라고 했다. 그런데 백부 역시 반벙어리, 즉 언어장애인이라 서로 손짓과 입짓(입모양)으로 얘기하는 가운데, 백부의 동작이 마치 조카딸을 쫓아내려는 것처럼 보였다. 그러자 격분한 김오분이 칼을 휘둘러 단칼에 백부를 죽여버렸다. 이 사건은 피고가 언어장애인이라 중간에 수화 통역자가 있어야 했는데 마땅한 사람이 없어 손짓과 입짓으로 온갖 흉내를 내고, 나중에는 그림까지 그려 보였으나 그마저도 소용없었다. 결국 법원에서는 그녀를 범행 현장으로 데리고 가서 사건을 재현하게 해 간신히 취조했다.[69]

이와 같이 초기 형태의 수화는 매우 불완전했고, 언어장애인의 경우 범죄를 저질러도 수화 통역자가 없이는 취조나 재판 자체가 불가능했다.[70] 그리하여 각 법원에서는 경성맹아원의 박통사,[71] 제생원 맹아부의 교사 태고도 씨[72]와 도촌 선생,[73] 박두성[74] 등을 불러다가 중간에서 수화 통역을 하도록 해서 범죄를 취조하거나 재판을 했다. 특히 박두성은 법원에 자주 불려 다니며 그들에게 수화 통역을 해주었는데, 대표적인 사례로 다음의 신문기사를 살펴보자.

> 순천군 쌍암면 석흥리에 사는 김일침(38)은 동네에 사는 벙어리인 윤홍순(50)에게 25전의 빚이 있었던바 수십 일이 되도록 갚지 않으므로, 벙어리 윤홍순이 채무자인 김일침의 집에 가서 괭이 한 개를 돈 대신 가져갔다. 이를 안 김일침은 괭이를 돌려보내라고 하고 벙어리는 돈을 갚으라 하고 언쟁 끝에 쌍방에 대격투가 일어나자 벙어리는 김일침의 목을 눌러 질식시켜 죽

였다. 이에 대한 상해치사 사건의 공판은 지난 10일 오후 1시에 광주법원에서 개정되었는데, 피고가 벙어리이니만큼 말을 몰라 경성에서 통역으로 출장한 제생원 교사 박두성 씨가 출정하여 여러 가지 형태로 당시의 상태를 자세히 통역하였는바, 재판장으로부터 심리한 바 있어 즉석에서 징역 2년 집행유예 3년의 판결을 언도하였다. 더구나 벙어리의 공판은 광주법원이 생긴 이래 초유의 공판이라 방청인으로 대혼잡을 이루었다더라.[75]

박두성은 이렇게 언어장애인의 상해치사 사건의 공판에 불려가 수화 통역을 했다. 그는 아마도 온갖 손짓과 입모양으로 언어장애인의 범행사실을 확인하여 재판장에게 전달했을 것이다. 또 당시 언어장애인의 공판은 진기한 구경거리였기에 항상 방청객이 많았다고 한다.

글을 아는 언어장애인은 땅바닥이나 종이에 글을 써서 보여주는 필담을 통해 의사소통을 하기도 했다. 예컨대 1912년 인천의 한 파출소에서 누군가 쌀 전대를 가지고 들어와 두 팔을 벌려 뭐라고 말하자, 순사가 언어장애인임을 알고 필기구와 종이를 내주니 글씨를 썼다. 그는 인천 외동에 사는 서른 살의 박모인데, 어떤 사람이 쌀을 갖고 가는 것이 의심되어 자세히 물으려 하자 그자가 쌀을 버리고 달아났다고 했다. 그래서 주인을 찾아주기 위해 파출소로 쌀을 가지고 왔다는 것이다.[76] 참으로 정의로운 언어장애인이었던 듯하다.

농업과 고용살이

앞에서 보았듯이 조선총독부나 당시 신문들은 농아인의 인구수뿐만 아니라 그들의 직업을 조사해서 발표하곤 했다. 먼저 1921년 『조선맹아자통계요람』에 따르면, 당시 농아인(총 6793명)의 직업은 농업(4035명),

무직(2201명), 날품팔이(141명), 방직(139명), 고용살이(138명), 수공업(45명), 공업 기타(33명), 어업(31명), 상업(30명) 등의 순으로 나타났다. 1927년 『조선맹아자통계요람』에는 총 1만 227명 중 무직(4869명), 농업(4861명), 날품팔이(187명), 고용살이(166명), 방직(54명), 어업(33명), 수공업(31명), 상업(26명) 등의 순으로 나타났다.[77]

이 밖에 1927년 황해도의 농아인 수는 781명이었는데, 그들은 대개 농사를 지었다.[78] 또 1936년 함흥의 농아인 수는 922명에 달했는데, 그들의 직업도 농업(821명), 어업(52명), 공업(15명), 맹공사(6명), 기타(28명) 등이었다.[79]

이렇게 일제강점기 농아인, 즉 청각 · 언어장애인의 직업으로는 농업이 가장 많았고, 그 밖에 날품팔이나 고용살이, 방직, 공업 등이 많았음을 알 수 있다. 그들은 비록 의사소통은 어려웠지만 신체는 온전했기에 직접 농사를 짓거나 남의 집 고용살이[80]를 했던 것이다. 이들이 남의 집에서 살며 농업에 종사하는 모습은 나도향의 소설 『벙어리 삼룡이』에도 잘 나타나 있다. 삼룡이는 청각장애와 언어장애를 동시에 가진 농아인이다. 그는 날마다, 그리고 사시사철 온갖 일을 다 했다.

> 아침에 일어나면 마당을 쓸고 소와 돼지의 여물을 먹이며, 여름이면 밭의 풀을 뽑고 나무를 실어들이고 장작을 패며, 겨울이면 눈을 쓸고 장 심부름이며 진일 마른일 할 것 없이 못하는 일이 없다.[81]

주인은 그런 삼룡이를 매우 아꼈다. 몸에 불편한 기색이 있으면 쉬게 해주고, 잘 먹여주고, 잘 입혀주고, 잘 재워주었던 것이다.

이 밖에 농아인은 제생원 맹아부에서 봉재나 판금을 배웠으므로 방직이나 공업 등에 종사했다. 또 농아인의 경우 일정한 직업이 없는 무직자가 많았음을 알 수 있다.

생계형 범죄

근대, 특히 일제강점기 언어장애인의 삶에서 가장 특징적인 점은 다른 장애인에 비해 유달리 절도나 소매치기, 강도 등의 범죄를 많이 저질렀다는 점이다. 당시 언어장애인은 일정한 거주지가 없이 떠돌아다니며 남의 물건이나 돈을 훔치는 절도사건을 저질렀다. 이러한 언어장애인 절도사건의 기사는 상당히 많은 편인데,[82] 대표적으로 다음의 두 기사만 살펴보자.

> 일정한 주소가 없는 벙어리 김재주는 10일 오전 3시경에 종로 3정목 13번지 이발업소 이춘경의 잠근 문을 부수고 침입하여 소독기 속에 넣어두었던 현금 7원을 절취하여 가지고 달아나는 것을 때마침 순찰하던 종로서원이 발견하고 즉시 체포하여 본서로 인치한 후 방금 엄중한 취조를 거듭하는 중인데, 취조자에 따라 여러 사람이 벙어리라고 불쌍히 여겨 국수집 같은 곳에다 수차례 지시하여 주었으나 그곳에서도 주인의 눈을 속여 금품을 절취하다가 결국은 쫓겨난 사실이 3, 4건이나 판명되었다 한다.[83]

> 벙어리 2명이 서로 공모하고 절도질을 하다가 2일 동대문경찰서에 체포되어 방금 취조를 받고 있는데, 그들은 모두 주소와 원적 미상으로 6월 상순 부외 양현북리 빈집에서 양철 1매를 절취하고 시내 각처에서 전후 20건의 도둑질을 한 것이라는데, 그들의 성명은 김일남, 지평동이라고 한다.[84]

이렇게 당시 언어장애인들은 일정한 주소가 없이 떠돌아다니며 남의 돈이나 물건을 훔치곤 했다.

다음으로 언어장애인은 시장이나 기차역, 전차 등지에서 혼잡한 틈을 타 남의 돈을 슬쩍 훔치는 소매치기를 많이 했다. 그들도 역시 거주지가 일정치 않았으며, 막상 경찰이 붙잡아도 언어장애가 있어 취조하기가 쉽지 않았다. 이러한 사례도 상당히 많이 발견되는데,[85] 대표적으로 다음의 두 기사만 살펴보자.

지금 거주가 없는 최순길(25)은 말도 못하는 벙어리로 지난 5일 오후 3시 40분쯤 서울 황금정 삼정목 소택무의 생선가게에서 황금정 이정목 139번지 고물상 하는 내지인(일본인) 주정이란 사람이 생선을 사려고 값을 물을 즈음, 최순길이 주정의 소매 속에 든 돈 4원 40전을 모르게 훔쳐내다가 발각되어 황금정 경찰분서에 잡혀 조사를 마치고 검사국으로 넘겨졌다더라.[86]

14일 오후 1시 5분경에 경의선 능곡역에 어떤 여자가 들어가서 그곳 역부 이규형의 양복 웃옷에서 현금 10원 한 장을 훔쳐 가지고 가는 것을 발견하였다. 체포해보니 그는 벙어리로서 취조할 수도 없어서 서대문서에서는 적지 않은 고통 중이라더라.[87]

심지어 어떤 소매치기들은 언어장애인을 단장(두목)으로 삼아 활동하기도 했다.[88] 대표적인 예로 1929년 용산경찰서에서 12명의 소매치기단을 일망타진한 적이 있었다. 취조해보니 박일남이라는 언어장애인을 단장으로 해서 용산의 번화한 곳을 다니며 소매치기를 일삼던 자들이었다. 범행 건수는 540건으로, 총 피해액은 1500여 원에 달했다. 그들이 언어

장애인 박일남을 단장으로 삼은 이유는 그의 소매치기 수법이 가장 절묘하기 때문이라고 했다.[89]

그렇다면 당시 언어장애인이 이처럼 절도나 소매치기 같은 범죄를 많이 저지른 이유는 무엇이었을까? 첫째, 언어장애인은 의사소통이 어려웠기 때문에 직업을 구하거나 사업을 하기가 쉽지 않았다. 시각장애인과 달리 언어장애인의 직업이 농업이나 고용살이, 무직 등이 많은 것도 이 때문이었다. 그래서 이들은 먹고살기 위해 어쩔 수 없이 범죄의 길로 들어섰던 듯하다. 이른바 '생계형 범죄'였던 것이다.[90] 이들의 범죄가 주로 전형적인 생계형 범죄인 절도나 소매치기였다는 점도 그것을 단적으로 증명해준다.

둘째, 앞에서 계속 보아왔듯이 언어장애인은 말을 하지 못하기 때문에 경찰이 그들을 붙잡아도 취조가 불가능하여 몹시 난감해했고, 간혹 어쩔 수 없이 훈방조치하는 경우도 있었다.[91] 단적인 예로 1923년 인천의 우소사 집에서 화투를 치던 도박꾼 이진순, 김순용, 김용암을 경찰이 검거해 그중 김순용과 김용암을 벌금 5원에 즉결처분했다. 그러나 이진순은 언어장애인인 까닭에 취조할 수 없어 훈방조치했다.[92]

셋째, 당시에는 장애인을 동정하는 분위기가 강했기 때문에 경찰도 그들의 범죄에 대해 관대한 처분을 내리곤 했다. 예컨대 1936년 신의주경찰서에서 가짜 형사 노릇을 하던 언어장애인 정윤묵을 붙잡았다. 그는 전과가 많았음에도 언어장애인이라 특별히 동정하여 관대한 처분을 내려주곤 했다. 그런데 또다시 대낮에 만주 안동현에서 오는 사람을 붙잡고서 형사인 것처럼 행세하며 그의 몸을 수색하고 현금 2원 85전을 탈취하여 도망친 사건을 저질렀던 것이다.[93]

그래서인지 일부 언어장애인은 거짓 벙어리 행세를 해서 죄를 면하려

하기도 했다. 김덕룡 사건이 대표적이다.

1927년 경상남도 창원의 한 농부가 소를 몰고 마산으로 팔러 가다가 강도를 만나 참혹히 살해당했다. 마산경찰서에서는 용의자로 39세의 김덕룡을 붙잡아 취조했는데, 도중에 그는 무슨 생각을 했는지 돌연 입을 닫고 말을 하지 않았다.[94] 당시 신문기사에 따르면 김덕룡은 마산경찰서에서는 취조를 잘 받다가 검사국에서는 돌연 입을 다물고 벙어리 행세를 했는데, 재판장의 심문에도 대답하지 않아 더 이상 재판을 진행할 수가 없었다고 한다.[95]

이후 김덕룡은 1934년까지 8년 동안 판결을 받지 못하고 감옥에서 미결수로 보냈다. 다만 그는 언어장애인이 된 뒤로 손으로 말하기를 익혀 감방생활에 비교적 잘 적응했다. 재판장이 새로 교체될 때마다 이 사건을 처리하고자 했으나 김덕룡이 답변을 제대로 하지 않아 판결을 내리지 못했고, 그렇다고 살인강도를 그냥 석방할 수도 없어 골머리를 썩었다.[96]

이윽고 1934년 9월 11일 부산법원에서 그를 다시 법정에 세워 재판을 진행했다. 간수의 손짓 통역으로 심문을 시작했는데, 그 일문일답은 다음과 같다.

문: 주소가 어디인가?

답: 알지 못합니다.

문: 사람을 죽이고 소 한 마리와 돈을 탈취한 적이 있나?

답: 없소.

문: 형무소가 좋은 곳인가?

답: 더러운 곳이오.

문: 감옥에서 나갈 생각이 없나?

답: 나가고 싶소.

문: (부루막과 1원 지폐를 보이면서) 이것을 강탈한 일이 있나?

답: 절대로 없소. 내 것이 아니고, 내 것은 형무소에 영치해두었소.[97]

이처럼 김덕룡이 계속 범행을 부인하자 재판장은 어이없어 하면서도 판결을 내리지 못하고 결국 경성제대 법의학부에 그가 참으로 언어장애인인지 아닌지를 감정해줄 것을 요청했다. 그리하여 경성제대 정신과 구보 박사가 10여 일 동안 자세히 조사하여 감정서를 보냈다. 김덕룡은 일명 '히스테리성 벙어리'로, 발성기나 성대, 이목인후 등은 정상인데, 오랫동안 언어장애인 행세를 하다 보니 신경계통이 퇴화하여 지금은 진짜 언어장애인이 되었다는 것이다.[98]

1935년 2월 새로 부임한 등본 재판장이 이 사건을 반드시 해결하겠다고 하면서 다시 재판을 열었으나, 역시나 김덕룡은 감옥에서 하루라도 빨리 나가고 싶다는 의사만 표시할 뿐 범행에 대해선 아무런 의사 표시도 하지 않았다.[99]

1938년 10월 새로 부임한 미전 재판장이 12년 동안 미결감에 수용되어 있던 김덕룡에 대한 재판을 재개했다. 미전 재판장은 공판을 앞두고 현장검증까지 실시했다.[100] 그런 다음 최종적으로 김덕룡에게 무기징역을 선고했다. "피고의 언어장애는 가장한 데 불과하고, 범행은 증거가 명백하므로 사형에 처해야 할 것이다. 허나 감정 결과 피고는 정신상의 언어장애인, 즉 심신미약자이므로 무기징역에 처함이 마땅하다"라고 했다. 이로써 12년 만에 사상 초유의 진기한 재판이 일단락되었다.[101]

내내 무죄를 주장하던 김덕룡의 변호사는 대구복심법원에 상고했으나 마찬가지로 무기징역이 언도되었다.[102] 이후에도 김덕룡의 변호사는 판결에 불복하고 고등법원에 상고했으나 기각되었다. 김덕룡이 진짜 살인 강도범인지 아닌지, 언어장애인인지 아닌지는 여전히 풀리지 않는 흥미로운 숙제로 남아 있다.[103]

지체장애인의 고단한 삶

지체장애 원인

지체장애인이란 소아마비, 척추손상, 사지절단 등으로 신체나 사지의 기능을 제대로 발휘하지 못하는 사람을 말한다. 비록 몸은 불편하지만 생각하고 말하는 능력은 비장애인과 똑같다. 근대의 지체장애인 유형과 명칭으로는 절름발이, 곰배팔이, 외다리, 앉은뱅이, 난장이(저신장 혹은 왜소증 장애), 곱사등이(척추장애) 등이 있었다.

지체장애의 원인은 선천성, 질병, 산업재해, 교통사고, 의료사고 등 매우 다양했는데, 각종 사례들을 토대로 좀 더 구체적으로 알아보자.

먼저 선천적으로 지체장애인으로 태어난 경우를 들 수 있다. 예컨대 1932년 안계에 사는 전판문은 태어날 때부터 두 팔이 없었지만, 그 대신 발로 온갖 정교한 일을 다 해냈다. 글씨는 물론 새끼 꼬기, 통 메기도 잘했다. 『동아일보』 안계지국에서 독자위안회 때 특별히 그를 불러 시범을 보이도록 했는데 그야말로 대성황을 이루었다고 한다.[104]

질병으로 지체장애를 입는 경우도 있었는데, 대표적인 사례가 개화기의 지체장애인 소녀 '옥분이'가 아닐까 한다. 옥분이는 1892년에 태어났다. 그녀의 집은 매우 가난해서 겨우 생계만 유지하는 형편이었다. 1901년 대기근이 발생했을 때 옥분이네 가족은 거의 아사 직전에 이르렀다.

그래서 부모는 식구들을 위해 옥분이를 부잣집 하녀로 보내기로 했다.

부잣집 하녀로 들어간 옥분이는 그야말로 비참한 나날을 보냈다. 어린 나이임에도 오랜 시간 중노동에 시달려야 했고, 수시로 주인에게 매질을 당하며 밥조차 제대로 먹지 못했다. 1905년 추운 겨울 옥분이는 손과 발에 동상이 걸렸는데, 날이 갈수록 고통이 심할 뿐 아니라 동상 부위가 점점 썩어 들어가기 시작했다.

그제야 주인은 옥분이를 서울의 한 외국인 병원으로 데리고 갔다. 옥분이를 살펴본 의사들이 치료에 회의적인 반응을 보이자, 매정한 주인은 그녀를 병원에 남겨둔 채 뒤도 돌아보지 않고 떠나버렸다. 고열로 사경을 헤매던 옥분이는 열은 조금 내렸지만 곧 엄청난 고통에 시달려야 했다. 1906년 9월, 결국 의사는 옥분이의 두 손과 한쪽 발을 절단했다.

옥분이는 사람들의 눈에 단지 불쌍한 노예처럼 보였지만, 서양인 의사와 간호사들에겐 감동과 축복의 증거였다고 한다. 어느 날 간호사인 미네르바 구타벨이 미국에 있는 친구에게 편지를 쓰고 있었는데, 멀리서 옥분이가 한쪽 다리로 깡충깡충 뛰어오더니 "조선에서 가장 행복한 소녀"라고 자신의 인사말도 넣어달라고 했다. 이후 옥분이는 잘린 손에 연필을 묶어 글씨 쓰는 법을 배워 미국으로 돌아간 간호사들에게 편지를 쓰기도 했다. 또 병원에서 통역사로 일하며 환자들에게 희망을 잃지 않도록 해주었다.[105]

이처럼 옥분이는 매우 낙천적인 성격이었고 고통을 희망으로 승화시킬 줄 아는 소녀였다. 두 손과 한쪽 발을 절단한 처지에서도 자신이 조선에서 가장 행복한 소녀라고 말하고, 병원에서 통역사로 일하며 다른 환자들에게 희망을 불어넣었던 것이다.

그런가 하면 사고, 특히 가정폭력으로 지체장애를 입는 경우도 있었

심한 동상으로 사경을 헤매던 중 서양인 의사의 도움으로 목숨을 건진 옥분이. 한쪽 발과 두 손은 잃었지만 병원에서 통역사로 일하며 환자들에게 희망을 전해주었다.

다. 개화기의 척추장애인 소녀 정순애가 그런 경우였다. 순애의 아버지는 주정뱅이였다. 부모와 4명의 남매가 방 하나짜리 조그만 토담집에서 살았다. 순애는 태어나서 두 살이 될 때까지는 아주 고운 아이였다. 그런데 하루는 아버지가 여느 때처럼 술에 취해 비틀거리며 집으로 돌아왔다. 불길한 기운을 느낀 어머니는 재빨리 순애를 찾아 품에 안았지만, 아버지는 억지로 순애를 낚아챘다. 아이가 울면서 애원하듯 어머니에게로 팔을 뻗자, 화가 난 아버지는 "꺼져버려! 너 같은 자식은 꼴도 보기 싫어!" 하고 고함을 지르며 아이를 바닥에 내동댕이쳤다. 그 후 순애는 거의 5년 동안 한 발자국도 걸을 수 없었고, 움직일 때마다 고통에 시달렸으며, 평생을 꼽추로 살아야 했다. 아버지의 주취 폭력에 의해 척추장애

인이 되어버린 것이다.[106]

근대화 · 산업화 시대가 도래하면서 많은 사람들이 교통사고, 의료사고, 산업재해 등으로 후천적 장애를 입었다. 이들 장애 원인에 대해선 앞에서 충분히 살펴보았으므로, 여기에서는 산업재해로 인해 지체장애인이 된 이야기를 계용묵의 소설 『인두지주(人頭蜘蛛)』(1928)를 통해 간략히 살펴보자. 비록 허구적인 소설이지만 일제강점기 산업재해로 지체장애를 입고 걸인으로 살아가는 모습이 아주 잘 나타나 있다.

주인공 창오는 가난한 소작인으로 남의 땅을 부치며 어렵게 살아가고 있었다. 그런데 그 땅이 동양척식주식회사로 넘어가는 바람에 하루아침에 밥줄이 끊기고 만다. 그는 먹고살기 위해 일본으로 건너가 어느 탄광에서 일하게 된다. 하지만 이듬해 봄 탄광이 무너져, 간신히 목숨은 건졌지만 두 무릎이 부러지고 만다. 결국 그는 병원으로 실려가 두 다리를 자르고 '앉은뱅이'가 된다. 그럼에도 회사에서는 위로금을 한 푼도 주지 않고 그를 내쫓는다. 결국 그는 앉은뱅이 걸인이 되어 남의 집 문 앞을 전전하며 빌어먹다가, 2년 만에야 겨우 고국 땅을 밟게 된다.[107]

걸인생활

일제강점기에는 근대화 · 산업화의 도래로 지체장애인이 더욱 늘어났다. 하지만 일제는 피해보상이나 복지대책을 거의 마련하지 않았다. 심지어 지체장애인의 숫자조차 파악하고 있지 않았다. 그 결과 지체장애인은 일부 그물장이나 어물상, 갓장사 등으로 살아가기도 했지만, 주로 거리를 떠돌며 빌어먹는 걸인생활을 했다.

먼저 조선시대처럼 일제강점기 지체장애인도 여전히 고기잡이용 그물을 짜는 일을 많이 했다. 다음의 기사를 살펴보자.

〔여수〕 전 세계에서 거인으로 셋째 간다는 7척 8촌의 김부귀(金富貴)가 있는 반면에 키가 작기로 기록을 남긴 3척 5촌의 작은 사람이 지난 9일 아침 부산 부두에 나타나 구경꾼이 인산인해를 이루었다. 그는 고성군 하일면 추암리 853에 사는 정필선(鄭必善)으로 나이는 마흔여섯 살이라 하며, 기자는 사람들을 헤치고 들어가서 다음과 같은 문답을 하였다.

기자: 당신 장가들었소?

정: 그건 물어 뭣해요? 장가를 갔으면 이렇게 머리를 땋아요?

하며 한 자나 땋은 머리를 들어 보인다.

기자: 미안하니 의자에 좀 앉으시오.

정: 예, 고맙습니다마는 높아서 못 앉겠습니다.

기자: 당신의 부모와 형제는 있습니까?

정: 어머니가 있고 형제는 5형제인데 제가 맏이입니다.

기자: 그래 직업은 무엇이며, 지금 어디로 가는 길입니까?

정: 저의 고향은 해변인데 여태 그물을 만들었습니다. 그래 이번 나로도(羅老島)로 그물 만드는 데 돈벌이를 하러 갑니다. (사진은 기자와 정군)[108]

이처럼 정필선이란 저신장 장애인은 나이가 46세인데, 아직도 장가를 가지 못해 머리를 땋고 다녔으며, 지금까지 그물장이로 살아왔다고 한다.

어떤 지체장애인은 시장에서 물건을 파는 어물상으로 살아가기도 했다. 예컨대 1935년 서울에 사는 김명원은 한쪽 팔을 못 쓰는 지체장애인으로 시장에서 어물상을 운영해왔다. 그런데 본정 4정목에 사는 천참묘평이란 자가 외상값을 27원씩이나 밀리고도 갚지 않았다. 하루는 김명원이 외상값을 받으러 가자 천참묘평의 아내와 친구 두 사람이 무단히 폭행하여 다치게 했다. 다행히 부근 사람들이 경찰에 고발하여 한 명은 검거되고 다른 한 명은 도망갔다고 한다.[109]

46세 저신장 장애인과 기자가 나란히 찍은 사진.

하지만 일정한 직업이 없는 지체장애인은 주로 거리에서 구걸하는 걸인생활을 했다. 이러한 사례는 상당히 많이 발견되는데,[110] 대표적으로 다음의 잡지 기사를 살펴보자.

황해도 은율군 이도면 지내리 공동묘지에는 지난 4월 5일에 팔병신 다리병신 등 신체가 온전한 사람이 별로 없는 남녀노소의 걸인 50여 명이 모여들어 작년 겨울에 매장한 김모의 분묘에 때를 주며 추모제를 거행하였다. 그 분묘의 주인공 되는 김모는 해서(황해도) 각군에 널려 있는 걸인들의 단장으로 일반 걸인군에게 상당한 존경을 받아오던 중 작년 겨울에 그 지방에서 사망하여 그곳 공동묘지에 매장하였던 것인데, 동절이 되기 때문에 성묘가 완전치 못하였던 것을 이번 청명절을 맞아 그와 같이 혹 때를 하며 추도제를 행한 것이라는바 일반에게 있어서 큰 화제 거리가 되었다.[111]

황해도 은율의 지체장애 걸인 50여 명이 청명절을 맞아 작년 겨울에 매장한 자신들의 단장 김모의 분묘에 때를 입히고 추모제를 거행했다는 내용이다. 당시 지체장애 걸인들이 상당히 많았고 조직적으로 활동했음을 알 수 있다.

놀림거리

근대의 지체장애인은 사회적 처지도 매우 열악했다. 우선 그들은 놀림의 대상이었다. 앞에서 언급한 강경애의 소설 『지하촌』의 주인공 칠성이도 이른바 절름발이에 한쪽 팔마저 쓰지 못하는 지체장애 걸인이었다. 그가 동냥하여 집으로 돌아올 때면 어김없이 동네 아이들이 몰려와 그의 옷과 얼굴에 쇠똥을 묻히며 놀리곤 했다.

박태원의 소설 『사계와 남매』(1941)의 주인공 옥순이도 절름발이로 등장하는데, 새로 이사 온 부잣집 아이들에게 놀림을 당한다.

> '걔들 아버진가 부다. 안경하구, 양복하구… 부자다 부잣집이다….'
>
> 옥순이가 속으로 혼자 그러한 생각을 하려니까, 갑자기, 등 뒤에서 아이들이 낄낄대고 웃는 소리가 들린다. 돌아다보니까 전차를 타려는지 옥순이 뒤를 따라 나오던 아이들이, 다섯 살이나 그 밖에 더 안 된 사내아이까지, 셋이 모두 절름발이 흉내를 내며 저희끼리 낄낄거리고 웃는 것이었다.
>
> 옥순이가 돌아다보는 것을 보자, 아이들의 아버지 되는 이는,
>
> "못써. 그럼 못쓰는 거야. 그러지 않는 법이야."
>
> 아이들을 한바탕 꾸짖고, 다음에, 적이 미안쩍어하는 얼굴로 옥순이를 바라본다. 옥순이는, 일변 분하고, 또 일변 부끄러워, 얼굴이 그만 새빨개 가지고 부리나케 전찻길로 나와버렸다.[112]

새로 이사 온 부잣집 아이들이 옥순이의 뒤를 따라오며 절름발이 흉내를 내면서 낄낄거리고 웃었다는 것이다. 그 아이들의 아버지가 꾸짖고

미안하다는 표정을 짓기는 했지만, 옥순이는 분하면서도 부끄러운 마음에 황급히 그 자리를 피해버린다.

당연히 지체장애인의 가정생활도 불안정할 수밖에 없었다. 특히 남편이 중도에 지체장애를 입으면 아내가 몰래 다른 남자와 정을 통하거나 아예 이혼을 요구하기도 했다. 예컨대 1917년 경기도 고양에 사는 김수인은 갓장사를 하러 다니다가 사고로 절름발이가 된 뒤로 살기가 더욱 어려워졌다. 그러자 아내 김인영은 남편이 장사하러 나가고 없으면 같은 동네에 사는 정기원의 집에 가서 일해주고 밥을 얻어먹었다. 심지어 정기원을 자기 방으로 불러들여 정을 통하기까지 했다. 마침내 남편 김수인이 그 사실을 알게 되자, 그녀는 도리어 발악하며 이혼해달라고 소리쳤다.[113]

비관 자살

일제강점기 지체장애인은 일정한 직업이 없어 걸인생활을 많이 했을 뿐 아니라 사회적 놀림거리로 전락하여 가정생활마저 매우 힘들었다. 그래서인지 날이 갈수록 자신의 처지를 비관하여 자살하는 일이 늘었다. 앞에서 살펴본 것처럼 1927년 해주에 사는 김춘식은 반신불수임을 비관하다가 읍내의 비류담에 빠져 죽었고, 1928년 평안북도에 사는 최종옥은 본래 불구자인 데다 생활이 곤란한 것을 항상 유감으로 생각하다가 깊은 밤 사람들이 잠들기를 기다려 배나무에 목을 매어 자살했다.[114] 1935년 서울 철도학교에 다니던 한 학생은 왼쪽 팔뚝이 구부러져 자유롭게 사용하지 못하는 이른바 '곰배팔이'였는데, 모 여고생과 약혼까지 했다가 불구자란 이유로 파혼을 당하자 이를 비관하여 다량의 비소(독극물)를 먹고 목숨을 끊었다.[115]

뇌전증, 가장 고치기 힘든 병

빈번해진 송장 도난사건

뇌전증은 뇌 신경세포가 일시적으로 이상을 일으켜 의식을 잃거나 발작 등의 증세를 보이는 것이다. 과거엔 간질, 전간, 지랄병 등으로 불렸으나, 근래 들어 그것이 장애인을 비하하는 용어로 규정되면서 '뇌전증'이란 의학 용어로 바뀌었다.

뇌전증은 언제 발작할지 모르는데, 발작이 일어날 때는 반드시 안전한 장소에 있어야 했다. 그래서 뇌전증 장애인은 평소 도로 주변이나 기타 위험한 장소에 있는 것을 피하도록 주의시키고 있다. 실제로 1922년 황해도 황주에 사는 이성권은 본래 지랄병, 즉 뇌전증이 있어 늘 마음을 놓지 못하고 살았는데, 하루는 동네 우물에 물을 길러 나갔다가 갑자기 발작 증세가 일어나 그만 우물에 빠져 죽고 말았다.[116]

뇌전증은 오랜 역사를 가지고 있다. 조선시대에도 토정 이지함이 병 중에서도 가장 고치기 힘든 병이라고 했다.[117] 근대에 들어서도 뇌전증의 원인은 밝혀졌지만, 근본적인 치료는 여전히 어려운 상황이었다. 그리하여 사람들은 어쩔 수 없이 미신적 치료, 특히 인육(人肉)에 의존했다. 앞에서도 얘기한 것처럼 뇌전증을 치료하기 위해 죽은 사람의 시신을 훔치거나, 심지어 산 사람의 신체 일부를 베어내는 일도 있었다.

이러한 사건은 일제강점기에도 지속적으로 일어났다. 먼저 1922년 전라남도 담양에 사는 도주한은 뇌전증에 걸린 큰아들을 치료하기 위해 수년 동안 고민하던 중 사람의 기름을 먹으면 낫는다는 미신을 믿고 그것을 얻고자 애를 썼다. 때마침 동네의 한 아이가 병에 걸려 죽자, 밤에 몰래 무덤을 파헤치고 그 송장을 훔쳐다가 기름을 내어 병든 아들에게 먹

이려 했다. 하지만 죽은 아이의 부모가 그 사실을 알고 즉시 경찰서에 신고하여 붙잡아가도록 했다.[118]

1932년 사리원에 사는 임성진도 뇌전증을 앓고 있었는데, '아이의 두 귀를 먹으면 병이 낫는다'는 말을 듣고 인근에 사는 어린아이 김흥국(8세)의 두 귀를 칼로 베어 먹고 달아나다가 경찰에게 붙잡힌 적이 있었다.[119]

뇌전증 환자에 대한 두려움

뇌전증은 발작할 때 심한 경련을 일으켜 위험하다는 인식이 있을 뿐 아니라 암암리에 인육을 먹는다는 소문까지 있어서인지, 사람들은 뇌전증 장애인을 두려워하거나 범죄시하는 경향이 있었다. 예컨대 다음의 기사를 살펴보자.

> 방화범이 되는 소년은 대부분이 전간성(뇌전증) 있는 아동입니다. 누구나 아는 바와 같이 전간은 양성이어서 평소에는 평온하고 쾌활하지만 행동에 맥락이 끊어지기 쉬워서 때때로 발작적 행동을 하게 됩니다. 그 때문에 이성의 판단을 잃어버리고 방화도 하는데 이 같은 짓을 하면서도 이것이 나쁜 짓이라는 것을 의식하지 않으므로 더욱 곤란합니다. 이와 같이 전간성이 있는 아동은 특별한 지도를 하는 외에 가정에서 일상 주의해 그 행동을 살펴볼 것입니다.[120]

뇌전증은 범죄와 전혀 관련이 없음에도 당시 사람들은 그들을 방화범으로 몰거나 범죄 가능성이 있는 것처럼 인식하기도 했다.

뇌전증 장애인에 대한 부정적 인식 때문인지 당시 부모들은 뇌전증을 치료한다는 명분으로 자식을 은근슬쩍 죽이거나,[121] 온 집안 식구가 살기 힘들다는 핑계로 일부러 자식을 죽인 경우도 있었다. 예컨대 식구들이 공모하여 뇌전증이 있는 자식을 비정하게 살해한 사건을 살펴보자.

자기 아들을 자기의 손으로 죽이고 자기 아우를 자기의 몸으로 죽이게 된 이 참혹한 사건의 원인은 무엇인가? 그네들도 사람이라 더욱이 눈물이 있고 애정이 있는 사람들이다. 그러나 아니 죽으면 아니 되겠다는 그 가련하고 비참한 원인은 무엇인가? 이제 그 내용을 들어보겠다. 연필범은 16세부터 지랄병(뇌전증)이 생겨 오늘날까지 지내왔는데, 이로 인하여 그 집안 사람들은 1년 365일을 하루같이 10여 년 동안이나 별로 잠도 자지 못하고 야단하고 도망가는 그를 붙들고 위로하기에 온몸과 온 정신은 피곤할 대로 피곤하였으며, 따라서 그 집안살림은 그로 인하여 약을 쓰고 부양을 하는 데 모두 탕진하여 지금은 아침저녁으로 끼니를 걱정하게 되었다. 그리하여 무한한 생활의 곤궁을 당하게 되었으며, 그 위에 설상가상으로 연필범은 어느 틈에 도적질하는 성벽을 배워 부근으로 돌아다니며 남의 물건을 함부로 훔쳐오므로 그 성가시고 귀찮은 것은 말로 다 할 수 없이 되었는데, 필경 이것저것 하여 그 집에서는 다수의 식구가 그 하나로 하여 살 수가 없게 되었다. 그리하여 그 하나를 죽여야 할까, 그렇지 않으면 온 집안 식구가 죽어야 할까라는 문제에 이르러 몇 달을 두고 생각하다가, 마침내 뜻을 결정하고 지난 16일 오후 9시를 틈타 그의 부친과 형이 떨리는 손으로 그 아들, 그 아우의 목에 노끈을 매고 그와 같이 죽인 것이라더라.[122]

열여섯 살 된 아들이 뇌전증에다 도둑질하는 버릇까지 생기자, 그 아버지와 형이 공모하여 그의 목에 노끈을 매어 죽였다는 내용이다. 그만큼 뇌전증에 대한 인식이 부정적이었음을 알 수 있다.

2장

정신적 장애

근대의 정신적 장애로는 정신장애인, 지적장애인이 있었다. 물론 근대에도 자폐성 장애인이 있었을 것으로 짐작하지만 현재로선 자료를 찾기가 힘든 상황이다. 그러므로 여기에선 정신장애인과 지적장애인을 중심으로 그들의 생활상을 자세히 살펴보기로 하자.

범죄자 취급당한 정신장애인

화류병과 생활고

정신장애인은 정신적 질환으로 일상을 살아가는 데 큰 지장이 있는 사람으로, 근대에도 정신병자, 미치광이, 광인, 조광증 등으로 불렸다. 정신장애의 두드러진 증상으로는 조광(미쳐서 떠들고 날뜀), 치광(미치고 어리석음), 망상, 우울증, 불안증세 등이 있었다.

정신장애의 원인으로는 선천적인 유전과 후천적인 질병, 생활 환경 등을 들 수 있다. 근대, 특히 일제강점기 사람들은 정신장애의 주요 원인으로 화류병과 생활고를 꼽았고, 그 밖에 유전이나 실연(失戀), 과도한 공부도 정신질환을 일으킨다고 생각했다. 다음의 기사들이 그것을 잘 보여준다.

> 이 정신병의 발생은 직접적으로는 일반 화류병(성병)으로부터 원인하는 것도 많고, 생활환경의 불안으로 오는 것 외에 간접적으로는 유전성에 의한 것도 많다고 한다.[1]

> 사람의 병도 여러 가지가 있거니와 그중에도 자기의 정신을 잃어버린 소위 실진한 광인이 충북도 내에 82명이나 있다 한다. 그 원인을 보면 생활 곤란으로부터 실진된 자가 15명이라 하니 그 정경이 가장 가여운 바이며, 매독으로부터 3명, 실연이나 과도한 공부 또는 공상으로부터 온 자가 63명, 기타 1명이라 한다. 모두가 욕망을 채우지 못하여 필경 살아 있으면서 폐인이 된 그 정경이 실로 가엾다 하지 않을 수 없다. 그 증상을 보면 조광이 5명, 치광이 6명, 망상광이 14명, 우울증이 20명, 기타 37명이라는 현상으로 전년보다 6명이 증가되었다 한다.[2]

이렇게 정신장애의 원인으로 무엇보다 화류병과 생활고를 꼽았다. 화류병이란 매독을 비롯한 성병을 말하는데, 특히 매독균이 피부 표면에 나타나지 않고 뇌에 침범하면 정신장애인이 된다고 여겼다.[3] 사실 성병과 정신병은 별로 상관이 없으나, 모체의 성병으로 인한 장애아(기형아, 주의산만, 정신장애) 및 화류계가 퇴폐업소라는 이미지로 인해 서로 관련이 있는 것처럼 여겼던 듯하다.

증가하는 정신장애인

일제강점기에는 정신장애인의 수도 해마다 증가하는 추세를 보였다. 조선총독부 위생과의 조사에 따르면, 1926년 말에는 정신장애를 가진 조선인 남자가 1837명, 여자가 549명으로 총 2386명이었고, 일본인 남자는 48명, 여자는 54명으로 총 102명이었으며, 도합 2488명이었다고 한다. 이후1927년 말에는 조선인 남자가 1847명, 여자가 575명으로 총 2422명이었고, 일본인 남자는 50명, 여자는 46명으로 총 96명이었으며, 도합 2518명이었다고 한다. 1년 전에 비해 무려 30명이 증가한 셈이다. 특히 이들 중에는 광폭한 행동을 해서 다른 사람들에게 해를 끼칠 수 있는 조광성 정신장애인이 점점 많아져 걱정이 아닐 수 없다고 했다.[4]

기타 각도 위생과의 조사에 따르면, 1935년 평안남도의 정신장애인 수는 94명에 달했고,[5] 같은 해 충청북도의 중증 정신장애인의 수는 82명에 이르렀으며,[6] 1937년 경기도의 정신장애인 수는 356명으로 그중 3분의 2가 서울에 거주하고 있었다.[7]

정신장애와 범죄

정신장애인의 가장 큰 특징은 발작할 때 살인이나 폭행, 방화 같은 범죄를 저지를 가능성이 있다는 점이었다. 게다가 이러한 범죄들은 아무런 징후나 예고 없이 갑작스레 일어나기 때문에 무방비 상태에서 피해를 입는 경우가 있었다. 이 때문에 정신장애인은 무섭다는 사회적 편견이 생겨나게 된 것 같다.

실제로 정신장애인이 갑자기 발작을 일으켜 살인사건을 저지르는 경우가 상당히 많았는데,[8] 대표적으로 다음의 두 기사를 살펴보자.

평남 강동군 만달면 승호리의 홍병옥은 발작적 정신병자인데, 7일 오후 1시경 동쪽 부락 장이면에 사람이 많이 출입하는 것을 보고 별안간 흉폭성이 발휘되어 낫을 가지고 나가 동리 금융조합 평의원 한병기를 낫으로 찔러 즉사케 하고, 그것을 보고 무서워 달아나는 군중을 보고 쫓아가서 남녀 3명을 찔러 중경상을 입게 했다. 이 급보를 접한 강동서 승호리의 주재소원이 현장에 급행하여 격투를 한 후에 간신히 체포했다고 한다.[9]

인천 부내 송도정 52번지 이용대의 장자 이중민은 22일 오전 0시경 옆에서 나란히 누워서 자고 있는 누이동생 중문과 동생 중흡의 머리에다 중량 6관이나 되는 큰 돌을 떨어뜨려 즉사케 했다. 급보를 받은 인천서에서는 범인을 즉시 체포하고 엄중 취조 중이라는바, 이 청년은 그전부터 정신병자였는데 이 두 남매 살해도 발작적 정신이상을 일으켜 무서운 범죄를 저지르게 되었다 한다.[10]

첫 번째 기사는 평안남도 강동군에 사는 정신장애인이 동네에 사람들이 많이 출입하는 것을 보고 갑자기 발작이 일어나 낫을 가지고 가서 살해하거나 중경상을 입혔다는 내용이다. 두 번째 기사는 송도에 사는 정신장애인이 갑자기 발작이 일어나 잠을 자고 있던 두 동생의 머리에다 돌을 떨어뜨려 즉사케 했다는 내용이다.

또한 정신장애인은 망상(妄想)으로 범죄를 저지르기도 했는데,[11] 다음의 사건이 그런 경우였다.

지난 29일 오전 10시경에 황해도 봉산군 사리원면 대원리 이공산의 아내는 자기 남편이 없는 틈에 자기의 여섯 살 먹은 아들과 여덟 살 먹은 딸을 방 안에 가두고 낫으로 먼저 여섯 살 먹은 아들의 배를 갈라 죽이고 딸의 목을 자르는 사이에 그 동리 사람들이 비참한 울음소리를 듣고 달려들어 겨우 여덟 살 먹은 딸의 생명만 구하였다. 원인은 그 여자가 본래 정신병자로 맘을 놓지 못하던 중 그날 자기 남편이 없는 사이에 자기 생일에 돼지를 잡는다는 것이 자녀를 낫으로 찔러 죽였다더라.[12]

황해도 봉산에 사는 한 정신장애인 여성이 자신의 생일을 맞아 돼지를 잡는다는 것이 그만 자식들을 낫으로 찔러 죽였다는 것이다.

게다가 정신장애인은 욕구불만을 해소하기 위해 방화사건을 일으키기도 했는데,[13] 이러한 방화사건은 재범률이 높았다. 예컨대 다음의 기사를 살펴보자.

지난 5일 5시경에 시내 남산 위에 있는 국사당 앞에 서 있던 30여 세 되어 보이는 조선 청년 한 명이 솔가지와 기타 잡초를 모아놓고 성냥을 그어 불을 놓는 것을 국사당 고지기가 발견하고 즉시 불을 끄는 동시에 왜성대 경관에게 통지하여 그를 인도하였는데, 그는 정신에 이상이 있는 자인 듯하다 하며 일전 남산에 불이 난 것도 역시 그가 불을 놓은 것이라더라.[14]

남산 국사당에 불을 지르려는 정신장애인을 붙잡았는데, 알고 보니 그는 이전에도 남산에 불을 지른 적이 있는 사람이었다는 이야기다.

그렇다면 이들 정신장애인의 범죄는 과연 어떻게 처벌했을까? 오늘날에도 '책임능력'이라 하여 법을 변별할 능력이 있는지 또는 법에 따라 행동할 능력이 있는지를 따져 책임을 지우거나 처벌을 경감한다. 그래서 미성년자와 심신상실자의 범죄는 책임 무능력자의 행위라 하여 처벌하지 않고, 심신미약자 및 농아인의 범죄는 한정책임 능력자라 하여 형을 경감하고 있다. 마찬가지로 근대에도 정신장애인에 대해선 심신상실자 또는 심신미약자라 하여 처벌하지 않고 단지 자기 집에 가두도록 하는 데 그쳤다. 예컨대 1925년 평안남도 강동에 사는 류확실이란 여자는 정신병을 앓고 있었는데, 하루는 발광하여 칼로 자기 아우의 목을 찔러 죽인 후 온몸에 피를 묻힌 채로 춤을 추었다. 경찰이 출동하여 취조해보니 정신장애인이 분명하므로 집 안에 감금하고 엄중하게 감시하도록 조치했다.[15] 1941년 울산에 사는 한 여인도 4명의 자녀를 강으로 데리고 가서 무참히 빠뜨려 죽였다. 하지만 법원에서는 피의자가 시비를 분별하지 못하는 심신상실자로 판단하여 무죄로 석방했다.[16]

이 같은 법 규정을 악용해 멀쩡한 사람이 정신장애인 행세를 해서 처벌을 피하려는 일도 있었다. 단적인 예로 조선공산당의 지도자였던 박헌영도 정신질환으로 위장하여 감옥에서 풀려나자 소련으로 탈출했다.[17]

무속 치료

정신장애인은 평소엔 별다른 문제가 없다가도 갑작스레 발작이 일어나면 범죄를 일으킬 위험성이 있었다. 그래서 정신장애인을 집 안에 가둬둔 채 그 가족들로 하여금 항상 감시하게 하는 경우가 많았다.

또 옛날 사람들은 정신장애를 귀신이 들렸다고 생각하여 무속 치료를 많이 했다. 판수를 불러다가 점복과 독경을 하고 복숭아나무로 구타하여 귀신을 내쫓고자 했던 것이다. 이때 판수가 정신장애인을 너무 심하게 때려 중상을 입히거나 심지어 죽게 하는 경우도 있었다.[18] 대표적인 예로 다음의 살해사건을 들 수 있다.

정신이상으로 미친 사나이를 고쳐주마고 복숭아나무로 사정없이 때려 치사케 한 사실이 있다. 충북 옥천군 이원면 용방리 곽진우는 동리의 정신병자 박진호를 치료하여주겠다고 공방에 인치하여 쇠고리로 발을 채워 용납을 못하게 하고 매일같이 복숭아나무 회초리로 수일을 두고 때렸다 한다. 지난 10일 오후 10시경에는 병자의 가족과 경과를 보러 갔던바 곽진우는 병자가 도망갔다 하므로 병자가 있던 방을 가보니 벌써 시체로 되어 있었다 한다. 급보를 접한 소관 옥천경찰서에서는 대전검사국으로 보고를 하여 당일 검사와 경찰이 현장에 가서 검진한 결과 시체는 타박상이 되어 보기에도 흉하게 되고 두개골을 해부한바 다량의 출혈로 죽은 것이라는바 범인은 즉시 종적을 감추었다고 한다.[19]

그 밖에 침술로 정신장애인을 치료하는 경우도 있었는데, 그에 반발한 정신장애인이 침쟁이를 살해하기도 했다. 예컨대 1936년 경상남도 통영에 사는 김남수는 정신장애를 앓고 있었다. 하루는 가족이 유봉대라는 침쟁이를 불러 침을 놓게 했는데, 김남수가 침 맞기를 싫어해도 3~4일 동안 계속 놓았다. 이에 그는 잠을 자고 있던 침쟁이를 식칼로 난자하여 죽인 후 뒷산으로 도주했다.[20]

두 정신병원 탐방기

일제강점기에 이르러 사람들은 정신장애인을 정신병원에 입원시키기 시작했다. 여론도 점차 집 안에 감금하기보다는 정신병원에 입원시켜야 한다는 쪽으로 기울었다. 그리하여 일제강점기에는 정신병원이 설립되었는데, 관립의 총독부의원과 사립의 세브란스병원이 대표적이다.

먼저 일제는 1913년 4월 총독부의원(1926년에 경성제대 부속병원으로 개

총독부의원 정신과 병동

칭)에 정신병과를 신설하고 그곳 8호실에다 제생원의 정신장애인을 옮겨 수용했다. 8호실은 총독부의원의 가장 구석진 곳에 위치해 있었는데, 20개의 병실을 갖춘 목조 단층집으로 35명의 환자를 수용할 수 있었다. 이 총독부의원 8호실은 1930년 세브란스병원에 정신병동이 생기기 전까지 우리나라에 설치된 유일한 정신장애인 수용소이자 치료기관이었다.[21] 이곳의 모습은 1932년 1월 잡지 『별건곤』의 기자가 그곳을 직접 탐방하고 쓴 글에 잘 나타나 있다.[22] 그 주요 내용을 차례대로 따라가며 생생하게 살펴보자. 특히 현장감을 살리기 위해 대화 부분은 기사 내용을 있는 그대로 옮겨 싣는다.

우선 8호실은 병원의 북쪽 외떨어진 곳에 울창한 송림을 등지고 있었다. 호젓한 벽돌집이었는데, 문에는 '개방을 금지한다'라는 문구가 쓰여 있었다. 당시에는 약 50명의 환자가 수용되어 있었다.

기자가 A씨의 안내에 따라 8호실 앞으로 다가가니 크고 육중한 문이 굳게 닫혀 있었는데, 마치 감방 문을 연상케 했다. 자물쇠로 문을 열고 안으로 들어가자, 환자들은 마침 대청소를 하고 있었다. 핼쑥하고 핏기 없는 얼굴, 어딘지 모르게 쓸쓸한 구석이 엿보였다. 우선 10여 명의 환자가 눈에 들어왔는데, 조선 사람과 일본 사람이 반반이었다. 병실은 중앙에 마루를 두고 양쪽으로 칸칸이 나누어져 있었다. 담요를 뒤집어쓰고 누운 부부도 있고, 일어나서 담요를 개고 있는 사람, 걸레질하는 사람도 있었다.

기자는 2층으로 올라갔는데, 안내자 A씨가 이렇게 설명해주었다.

"이 병실 환자는 대개가 조발성 치보라는 병명을 붙이게 됩니다. 역시 미친병인데, 저렇게 온순하다가도 발작이 일어나는 때는 야단이지요. 그러나 건잡을 수 없을 만큼 야료를 부리는 환자는 지금 없습니다. 어쩌다가 별안간 뒤에 와서 꽉 껴안기도 하고 이야기 끝에 별안간 따귀를 치기도 하는데 힘이 장사지요. 전번에는 간수하는 사람의 다리가 부러진 일까지 있었으니까요."

조발성 치보란 정신분열증을 의미한다.

2층 병실에는 조선인보다 일본인 환자가 더 많았다. 한 일본인이 침대에 담요를 덮고 누워 있었는데, 공연히 천장을 쳐다보며 쉴 새 없이 낄낄거리고 있었다. 그 모습을 보고 A씨가 설명해주었다.

"저것이 과대망상광이라는 것입니다. 무엇을 자꾸 망상하고 웃는 것이지요."

또 다른 침대에는 일본인 환자가 드러누워 노래를 부르고 있었다. A씨가 다시 기자에게 말했다.

"보십시오. 온종일 저렇게 노래를 부릅니다. 무슨 소리인지 하나도 못

알아들을 소리지요. 되는 대로 지껄이니까요."

기자가 여자 병실도 구경하고 싶다고 말하자, A씨가 2층의 어느 병실로 그를 안내했다. 남자 병실과 달리 여자 병실엔 방마다 두꺼운 문이 닫혀 있고, 그 문에는 조그마한 유리가 있어 속을 들여다볼 수 있었다. 기자가 한 방을 들여다보니, 일본 여자가 머리를 풀어 헤친 채 이불을 덮고 들창문에 머리를 처박고 있었다. 또 다른 방에도 일본 여자가 이불 속에 파묻힌 채 새우잠을 자고 있었다.

A씨가 북쪽의 격리실 문을 열자, 별안간 구린내와 지린내가 코를 찔렀다. 병실만 한 방인데, 시멘트 벽과 시멘트 바닥이 그대로 드러나 있었다. 마치 짐승이 사는 동물원과 같았고, 서양의 감옥과도 같았다. 방바닥의 한 귀퉁이에는 조그마한 구멍이 뚫려 있고, 그 옆에는 헌 냄비에 지저분한 것들이 붙어 있었다. 한 환자가 누런 담요를 뒤집어쓴 채 쪼그리고 누워 있었다. A씨가 다시 설명해주었다.

"저 구멍이 말하자면 변소요, 저 냄비가 밥그릇입니다. 이 격리실에 두는 환자는 여간 지저분하고 야료를 부리는 게 아닙니다. 이불을 갈기갈기 찢고 똥을 누어서는 벽에다 턱 바르기가 일쑤요, 또 먹기까지 한다니까요. 여간 더러운 게 아닙니다."

또 다른 격리실에는 환자가 똥 누는 구멍에다 머리를 처박은 채 이불에 똘똘 말려 있었다. 두 사람을 보더니 누런 이를 드러내며 씽긋 웃었다.

마지막으로 기자는 A씨에게 몇 가지 궁금한 점을 물었다.

"정신병의 특징은 무엇입니까?"

"정신병은 다른 병과 달라서 환자 자신이 병에 걸렸는지 안 걸렸는지 모릅니다. 최초에 병이 발생할 때와 거의 나아갈 때에 희미하게 병을 의식할 뿐이지요. 이것을 병식(病識)이라고 합니다."

"환자들의 음식 먹는 것은 어떻습니까?"

"보통이지요. 그런데 환자 중에는 이런 일도 있습니다. 며칠이고 도무지 밥을 안 먹는다니까요. 이것을 거식증이라고 하는데, 그러다가도 먹게 되면 남의 것까지 빼앗아 3인분, 4인분을 한꺼번에 먹어 없앱니다."

"성적으로는 어떻습니까?"

"조울증 환자가 특히 에로틱한 점이 많지요. 어떤 때는 여자 환자가 슬며시 의사의 손목을 쥐는 수가 있습니다. 그리고 뭐할 때는 남자고 여자고 하루에도 수없이 수음(手淫)을 합니다. 옆에 누가 있건 없건 상관없지요."

"못하게 하는 수는 없습니까?"

"어디 있겠습니까. 소용없어요."

마침내 기자는 A씨와 작별하고 정신병동인 8호실을 나섰다.

그런데 이 총독부의원의 8호실은 정신병 환자들이 자주 달아나는 것으로 유명했다. 다음의 기사를 살펴보자.

> 정신병 환자가 달아나기 잘하기로 유명한 총독부의원 동 8호실에서는 지난 31일 밤에 환자 한 명이 또 달아났는데, 그는 경남 진주군 금정 변호사 원전정조 씨의 장남 원전무라는 청년으로, 작년 12월 이래 정신병으로 인하여 총독부의원 동 8호실에 입원치료 중이었다. 지난 31일 밤에 병원에서 탈주하여 나와서 시내를 배회하다가 1일 밤에 종로서에 잡혀 보호되어 있다가 2일 아침에 자기 부친에게 인도되었다는데, 원전무는 자기의 병이 다 나았으되 보통 환자와 같이 대우하므로 견디지 못하여 달아났다고 말한다더라.[23]

총독부의원 8호실에 입원해 있던 원전무라는 청년이 탈주했다가 붙잡혀서 자기 부친에게 인도되었다는 얘기다. 이 기사를 통해 당시 정신장애인들이 본인의 의사와 관계없이 부모에 의해 강제로 정신병원에 입원했음을 알 수 있다.

다음으로 세브란스병원 정신병동은 1930년 전염병동 뒤쪽에 세워졌는데, 처음엔 남자 환자 3명과 여자 환자 3명만 수용할 정도로 규모가 매우 작았다. 하지만 병실 분위기는 총독부의원보다 좀 더 인도적이었다고 한다. 병실은 쇠창살을 단 폐쇄 병실이었고, 병실 앞에는 폐쇄 계단이 있어 환자들이 밖으로 나와 운동을 하기도 했다. 남자 직원들이 병실을 지켰으며, 환자들은 모두 찢기 힘든 유도복을 입고 있었다.[24] 당시 세브란스병원 정신병동의 모습도 1933년 11월 『별건곤』의 기자가 그곳을 탐방한 뒤 쓴 기사에 잘 나타나 있다.[25] 이번에도 마찬가지로 현장감을 살리기 위해 대화 부분은 기사 내용을 있는 그대로 싣는다.

우선 기자는 정신장애인을 몸은 멀쩡한데 정신은 현실세계가 아닌 다른 세상을 방황하고 있는 존재라고 했다. 그러고는 이곳 정신병동의 모습을 이렇게 묘사했다.

> 여기는 기독교령의 모 병원이다. 그리고 쇠단장을 하고 가시철망을 두른 곳이다. 겉으로 보기에는 그 안에 사나운 맹수가 있음직한 튼튼한 철벽에 가시 성(城)이다. 문밖에서 초인종을 누르니 한동안 있은 뒤 철커덕 하고 문을 여는 소리가 마치 감옥을 연상케 한다. 문 안에 들어서니 단층 벽돌집이요, 그리 넓지 않은 뜰에는 잔디풀이 깔려 있고 오색십색의 빛 고운 꽃은 양지에서 낮잠을 자고 가시철망으로는 넝쿨 벗은 담쟁이가 덮여 있다. 아주 아담하고 조용한 문화주택이다. 마치 사랑의 단꿈에 취해 사는 젊은 부부가

이상으로 하는 주택이요 정원이다. 그러나 나는 벌써 딴 세상으로 들어온 것이다.

기자가 복도로 들어가 환자들이 수용된 방을 보니, 튼튼한 나무문에 쇠빗장을 두세 군데 걸고 겨우 방 안이 보일 만한 구멍을 뚫어 밀창을 해놓았다. 그 이유를 물어보니, 정신장애인은 평상시에는 조용하나 발작이 일어나 날뛰게 되면 평소 힘이 없던 사람도 장정 서너 명이 당할 수 없을 정도로 힘이 세지기 때문이라고 했다.

환자는 단 6명밖에 없었다. 그중 2명은 좀 나은 사람이요, 1명은 조용히 굴어 뜰에 나올 수 있는 자유가 있었으며, 나머지 3명은 빗장을 지른 방 안에 갇혀 있었다.

그때 조용하던 병실이 갑자기 시끄러워지며 애련한 여자의 노랫소리가 들려왔다.

"믿지 마라, 믿지 마라. 남자의 마음을 믿지 마라."

여자는 그 노래를 되풀이하고 또 되풀이했다. 안내자가 "실연(失戀)을 한 끝에 미치게 된 가련한 여자다. 발작할 때는 무섭게 날뛰지만 오늘은 퍽 조용하게 소리만 지른다. 하루에도 몇 번씩 의사가 들어가서 마음을 진정시키고 마치 어린아이 달래듯이 이야기를 해주는 것이 치료 방법이다. 연애 문제나 성(性) 문제로 미치는 것은 남자보다 여자가 많고, 이런 사람들은 대개가 이성을 보면 소름 끼치는 추파를 보내며 끌어안으려 하고 반드시 음부를 내어놓는다. 그리고 병이 낫기도 매우 더디다"라고 대강 일러주었다.

어떤 남자 환자는 두 팔을 뒤로 결박당한 채 빈방에 홀로 갇혀 있었다. 발작증이 심한 사람만 가두어두는 곳이었는데, 맨바닥에 쓰러져 있어도

차가운 줄을 모르는 듯했다. 오줌이나 똥도 방 안에서 제멋대로 싸도록 내버려두었다. 밖에 내어놓기에는 위험하기 때문이라고 했다.

그런데 알고 보니 그는 바로 서강에서 목회활동을 하던 목사였다. 그는 왜 정신장애인이 되었을까? 안내자가 다시 "그가 믿고 사랑하던 아내가 모세의 십계명을 지키지 않았던 것이다. 그 목사가 전도를 마치고 돌아와 보니 천만 뜻밖에도 아내가 다른 남자와 정을 통하고 있었다고 한다. 이리하여 마침내 그는 차디찬 방 안에 묶인 사람이 되고 말았다"라고 대강 얘기해주었다. 또 그는 늘 밥을 먹은 후 밥그릇에 오줌을 싸놓고, 벌거벗은 후 오줌으로 전신을 씻는다고 했다.

마지막으로 기자는 정신장애인의 몇 가지 특징을 설명하며 글을 끝마쳤다. 정신과 의사의 말에 따르면, 미친 사람을 해부해보면 육체나 뇌수가 건강한 사람과 아주 똑같다는 것이다. 그리고 정신장애인은 대개 잠을 자지 않으며 늘 두서없는 말로 떠들고 지껄이고 웅얼거리는데, 이 환자들은 잠만 잘 자도 쉽게 낫는다고 했다.

그렇다면 당시 정신병동에서는 어떤 치료를 했을까? 총독부의원에서는 정신질환 치료법으로 작업요법, 최면술, 약물 요법 등을 쓰고 있었다. 또 의료심리연구회 소속 의사 이용식은 심리치료를 시행했다고 한다. 반면에 세브란스병원에서는 전기충격 요법, 인슐린 요법, 약물 요법 등을 주로 썼다고 한다.[26]

한편 1930년대가 되면 정신장애인이 급증하는 반면 수용시설이 부족하다고 우려하는 신문기사가 유난히 많아진다.[27] 그 배경 중 하나는 1920년대 말부터 눈에 띄게 증가한 경성 주변의 인구 증가였다. 1929년 세계대공황으로 곡가가 하락하면서 농촌도 피폐해졌는데, 그 결과 농촌 인구가 경성의 변두리 지역으로 몰려들면서 급격한 도시화가 이루어졌다. 본래 30만~40만 명 정도로 추정되던 경성 인구는 1935년에 70만 명으로 크게 늘었다. 이러한 인구 급증과 불완전한 도시화는 질병이나 중독, 실업, 폭력 같은 사회문제를 낳았고, 이에 따라 정신질환 문제도 본격적으로 대두되었던 것이다.[28] 다음의 1937년 5월 20일자 『매일신보』 기사는 당시 급증하던 정신장애인 문제를 비교적 잘 보여준다.

> 세상에 가엾은 정신병자는 그 수가 해마다 늘어가는 것은 자못 우려할 경향이다. 소화 10년(1935) 현재 총독부 경무국 위생과의 조사에 의하면 그 총수가 3013명에 달하고 있어서, 소화 10년 중 이들이 폭행으로 딴 사람에게 위해를 가한 것이 살해사건이 2건, 방화가 1건, 절도가 1건, 폭행이 1건, 상해가 1건으로 보이고 있다. 정신병자 중에 특히 후견인이 없는 자는 각 방면으로 돌아다니고 있으므로 사회에 불안이 심할 뿐 아니라 그들은 불행한 중에도 더욱 참혹한 바가 있다. 총독부에서는 소화 13년(1938)에 정신병자 수용소 설치비를 요구하였던바 용인이 못 되고 있었는데, 방금 예산편성 시기가 되어 정신병자 수용소 설치 소용 경비를 우선 30만 원을 요구하기로 되었으므로 내년도에는 이에 따라 수용소가 출현될 것이다. 이것을 설치하는 동시에 정신병자 강제수용규칙을 제정하여 광폭성 환자에 후견인이 없는 자를 수용하기로 되었고, 이로써 환자 본인을 위하여 일반 사회의 불안을 제거하기로 되었다.[29]

이렇게 1930년대에 정신장애인의 수가 급증하면서 그들에 의한 범죄사건도 늘어 사회적 불안이 커지고 있었다. 그래서 총독부에서는 정신장애인 수용시설을 마련하는 한편 정신장애인 강제수용규칙을 제정하여 후견인이 없는 환자들을 강제수용하겠다는 것이다.

심해지는 고립과 소외

정신장애인은 발작이 일어나면 범죄를 일으킬 위험성이 있었지만, 일반 사람들에 비하면 살인이나 폭행, 강도 등의 강력범죄를 저지르는 비율은 오히려 낮은 편이다. 그럼에도 정신장애인은 위협 인물로 지목되어 잠재적인 범죄자로 취급되었다. 다음의 신문기사를 살펴보자.

> 여주군 대신면 가신리에 본적을 두고 부내 종로 4정목 광흥여관에 투숙하고 있는 최홍섭은 정신병으로 인하여 지난달에 상경한 이래로 대학병원에 다니면서 치료 중이었다. 지난 16일 오후 5시경 집안사람이 없는 틈을 타서 어디론지 자취를 감춰버렸는데, 이 수색원을 접한 동대문서에서는 그가 정신병자인 만큼 언제 어느 곳에서 무슨 짓을 저지를지 모른다 하여 극도로 위험을 느끼고 시내 각 경찰서에 수색 행방을 극력 수사 중이라 한다.[30]

한 정신장애인이 집안사람들이 없는 틈을 타서 어디론가 자취를 감춰버리자, 경찰에서는 그가 정신병자인 만큼 언제 어디서 무슨 짓을 저지를지 모른다고 우려해 적극적으로 수색 중이라는 것이다.

게다가 앞에서 계속 보아왔듯이 당시 언론은 정신장애인에 대한 부정적 인식을 더욱 조장했다. 이들 언론은 정신장애인의 수와 범죄가 해마다 증가하고 있다고 과도하게 우려를 표하면서 경찰이 그들을 더욱 엄중히 감시해야 한다고 주장했다. 예컨대 다음의 기사가 그러한 사실을 잘 말해준다.

경성을 비롯하여 경기도 내에서는 정신병자가 상당히 많은 터이다. 지난 1월 말 현재로 조사된 숫자만 봐도 321명이나 되고, 그중 43명가량은 때때로 발광하여 엄중히 감시할 필요가 있다는 것이다. 더구나 이들 미친 사람이 최근에 와서는 불을 지르고 사람을 때리는 등 소동을 일으키는 일이 적지 아니하므로 경찰부에서는 금후 각 경찰서를 단속하여 정신병자를 한층 엄중히 감시하기로 하였다.[31]

이와 같이 정신장애인에 대한 부정적 인식이 심화되자, 해당 가족이나 이웃들은 그들을 의도적으로 살해하기도 했다. 예를 들어 1923년 전라북도 고창에 사는 홍성춘은 정신장애인이자 고아인 조카를 집에 데리고 있었다. 그런데 조카가 밥을 먹었는데도 동네를 돌아다니며 배가 고프다고 하고 대소변도 잘 가리지 못하는 등 여러모로 괴로움을 끼쳤다. 이에 홍성춘은 자기 아들과 공모하여 그 조카를 섬(짚으로 엮은 멱서리) 속에 넣어 동네 뒤쪽 밭에 산 채로 묻어버렸다. 이튿날 들판에서 일하던 마을 사람들이 발견하고 홍성춘에게 그 조카가 아직 살아 있다고 말해주니, 그날 밤 아들을 데리고 그곳으로 가서 다시는 발견되지 않도록 완전히 묻어버렸다고 한다.[32]

정신장애인이 스스로 목숨을 끊는 일도 계속 일어났다. 사실 정신장애인의 자살 위험도는 일반인에 비해 훨씬 높은 편인데, 그 원인은 정신질환의 증상(환청이나 환각, 충동성), 사회적 고립과 정서적 외로움, 비관적 생각이나 낙담 때문이다. 일제강점기에도 정신장애인의 자살 사건이 지속적으로 일어났는데,[33] 대표적으로 다음의 기사를 살펴보자.

고양군 용강면 동막상리에 사는 권씨는 수년 전부터 정신에 이상이 있어서 이전에도 두 번이나 물에 들어가서 자살하려다가 목적을 달성치 못하였던바, 지난 12월 16일 밤 12시쯤 되어 동리 우물에 빠져 자살하였다더라.[34]

고양에 사는 정신장애인 권씨가 두 번씩이나 물에 빠져 자살하려다가 실패하고, 결국 동네 우물에 빠져 죽었다는 것이다. 이렇게 당시 정신장애인은 세상 그 어디에도 발 딛고 살 곳이 없었다.

지적장애인, 준금치산자로 규정

지적장애인이란 신체 발달에 비해 지적 능력이 상대적으로 떨어지는 장애인을 말한다. 보통 지적 능력(IQ)이 70 이하이면 지적장애인으로 본다. 근대에는 백치, 천치, 바보 등으로 불렸고, 얼마 전까지는 정신지체라 불리곤 했다.

지적장애인은 사회적으로 큰 문제를 일으키지 않아서인지 관련 자료가 그리 많지 않은 편이다. 특히 지적장애인은 주로 집 안에서만 생활했기 때문에 그들의 생계유지 방법에 대해서는 기록이 거의 남아 있지 않다. 따라서 여기에서는 가정생활과 사회생활 등 사회적 처지를 중심으로 간략히 살펴보도록 하자.

우선 근대 사람들은 지적장애인의 경우 지능이 떨어지므로 세상에 별로 쓸모가 없다고 생각했다. 이러한 모습은 특히 전영택의 소설 『천치? 천재?』(1919)에 잘 나타나 있다. 주인공 칠성이는 어려서부터 천치였다. 즉 지적장애를 갖고 있었던 것이다. 그래서 삼촌인 박 교감은 칠성의 담임선생에게 "가르쳐봐야 쓸데없어 단념했다"고 말하거나, 하루에 한 번

씩 으레 매를 때리곤 했다.[35]

전영택의 또 다른 소설 『바람 부는 저녁』(1925)에도 지적장애인에 대한 사회적 인식이 잘 나타나 있다. 주인공 식모 할멈은 지적장애인으로, 아들도 딸도 일가친척도 없고, 자기 나이와 생일도 모르는 위인이다.

그녀는 하루 종일 부엌에서 일하고 빨래하고 심부름을 했는데, 틈만 나면 주변 사람들에게 장단을 쳐달라고 해서 춤을 추었다. 그러다가 흥이 나면 저절로 노래도 나왔다. 할멈은 집에서만 그러는 게 아니라 남의 집에 가서도, 심지어 거리에서도 그러했다. 주인 식구들은 그런 할멈이 불쌍하다고 동정하며 최대한 잘해주려고 노력했다.

하지만 이 집의 딸 정옥은 그런 할멈의 존재를 거부하고 미친 행동으로 치부하기도 했다. 결국 그녀는 할멈에게 고향인 사직골에 데려다 준다고 하고서는 길에다 버리고 왔다. 본래 정옥은 서울에서 학교를 다닌 신여성이었다. 하지만 지적장애 할멈을 귀찮다며 길에 내버리는 것을 보면, 신여성이라고 하기에 무색할 정도로 비정한 인물이었던 듯하다.[36]

이 같은 왜곡된 사회적 인식 때문인지 지적장애인은 결혼하기도 쉽지 않았지만, 설령 결혼하더라도 배우자로부터 소외나 배신을 당하기 일쑤였다. 예컨대 1937년 경성에 사는 김철수는 지적장애인이었는데, 집에서 먹고 자는 것 외에는 세상사도 모르고 그날그날 헛되이 세월만 보내고 있었다. 게다가 생식기마저 불완전하여 아이를 낳을 수도 없는 처지였다. 그런데 아내가 뜻밖에도 딸과 아들을 연달아 낳으니 놀라지 않을 수 없었다. 이에 김철수는 자기 자식이 아니므로 친자관계를 확인하는 동시에 이혼하게 해달라고 법원에 소장을 제출했다. 알고 보니 그 자식들은 아내가 다른 남자와 상간하여 낳은 것이었다.[37]

지적장애인은 사기나 폭행 같은 범죄의 대상이 되기도 했다. 1907년

5월, 일제는 조선의 지적장애인 남녀를 데려다가 도쿄권업박람회에 전시해서 전 세계인의 구경거리로 삼은 적이 있었다. 황현의 『매천야록』에 따르면, 당시 부산 남자 정덕규와 대구 여자 박씨가 일본인에게 유인당해 도쿄로 끌려갔다고 한다. 두 사람은 박람회 전시장에서 조선식 복장을 입고 의자에 가만히 앉아 있었다. 세계 각국에서 온 사람들이 그들을 보고 일본인의 얄팍하고 못된 처사를 개탄하지 않을 수 없었다. 때마침 일본을 시찰하러 갔던 민원식이 그들을 보고서 매우 안타깝게 여기고는 몸값을 갚아주고 데려왔다.[38]

1928년 경성에 사는 지적장애인 이한수는 8~9년 전에도 협잡배의 농락으로 수백 석의 토지를 잃어버린 적이 있었다. 이에 그의 아내가 남편 이한수를 준금치산자로 지정해달라고 경성지방법원에 신청하여 법률적 행위를 할 수 없게 했다. 그럼에도 누군가 그것을 해제하여 이한수의 전 재산을 자신의 명의로 등기를 이전해버렸다. 누군가 그가 지적장애인인 것을 알고 사기를 친 것이었다. 이에 경찰이 본격적인 조사에 들어갔다고 한다.[39]

이와 같이 일제강점기 지적장애인의 경우 준금치산자로 규정하여 후견인이 법률적 행위를 대신할 수 있게 했다. 그런데 이러한 법률을 악용하여 멀쩡한 사람을 지적장애인으로 몰아 그의 재산을 갈취하는 사건이 일어났다. 1923년 12월에 세간을 떠들썩하게 했던 '김하진 사건'이 바로 그런 경우였다. 김하진은 한 해에 500여 석을 거둬들이는 갑부였으나 아내의 농간으로 하루아침에 지적장애인이 되는 억울한 일을 당했다.

본래 김하진은 천성이 순진하여 평소 아내 홍인식에게 눌려 지냈다고 한다. 그의 아내는 김하진의 매부 이언승과 짜고 총독부의원 신경정신과의 미즈츠 신지(水津信治) 의원으로부터 김하진이 '유전성 백치'라는 진단을 받아냈다. 그리고 이를 근거로 경성지방법원에 금치산자 판정을 요구했다. 이처럼 황당한 일을 당한 김하진은 기가 막히지 않을 수 없었다. 이에 변호사를 선임하여 금치산자 판정을 못하게 하고, 중국 봉천의 철도병원 정신과장을 찾아가 자신은 정신적으로 아무런 문제가 없다는 진단을 받아오기도 했다. 결국 이 사건은 아내와 매부의 무고로 밝혀졌고, 이후 김하진은 아내와 이혼소송을 벌였다.[40]

3장

기타 장애

근대의 기타 장애로는 성기능 장애인, 일부 기형아, 한센인 등을 꼽을 수 있다. 오늘날엔 의학이 발달하여 그것들을 단순한 질병으로 보기도 하지만, 근대만 해도 고질병인 장애로 취급되었다. 이 밖에 장애 여성은 장애와 여성 문제를 동시에 안고 있었으므로 별도로 살펴볼 필요가 있다. 일제강점기엔 우리나라에 이주해 살고 있던 일본인 중에도 장애인이 많았는데, 이들 역시 별도로 살펴볼 것이다.

어느 성기능 장애인의 절규

성 불구자

성욕은 식욕, 수면욕과 함께 인간의 3대 욕구 중 하나다. 특히 성적 욕구는 인간의 자기 가치를 확인할 수 있는 매우 중요한 요소다. 나아가 성은 대를 이어가기 위한 수단이기도 하다.

성기능 장애인은 이른바 '성 불구자'로, 성기능과 생식기에 장애가 있는 사람을 말한다. 과거에 이들은 '고자', '화자'라고 불리곤 했다. 또 음양을 모두 구비한 양성인도 성기능 장애인에 포함되었다.

오늘날엔 성기능 장애를 치료의 대상으로 보지만, 근대까지만 해도 고치기 어려운 장애로 인식했다. 우선 조선시대엔 음경이나 고환, 자궁 등 생식기가 불완전한 사람, 남녀 두 성(性)을 함께 갖고 있는 사람을 장애인으로 취급했다.[1] 근대에도 성기능 장애인을 불구자, 즉 장애인으로 생각했는데, 이러한 성기능 장애인에 대한 인식은 『별건곤』 기사에 잘 나타나 있다. 아래는 잡지사 기자가 한규정이란 성기능 장애인을 직접 인터뷰하여 쓴 글이다.

> 이 세상에 허다한 불구자가 있습니다마는 우리와 같이 참혹하고 더할 나위 없는 불구자는 없을 것입니다. 우주 간에 모든 생물이 무엇을 위하여 사는 것입니까. 그보다도 어떻게 해야 생물이라는 것이 끊이지 않고 생존해 있는 것입니까. 반드시 거기에는 생식이라는 생물의 숙명적 임무가 있는 까닭인가 합니다. 그러면 어떠한 종류의 불구자라고 하더라도 생식이란 점에 있어서는 그다지 큰 장애가 있으리라고 믿을 수 없습니다. 있다 할지라도 미연에 이를 방비하는 도리, 치료하는 도리가 있지 않습니까. 그러나 우리와 같은 불구자로 말하면 육신은 뻔히 성해가지고서도 생식에 대한 것을 근본적으로, 결정적으로 파멸되고 있는 것입니다.
>
> 그러고 보니 우리로서는 인생에 대한 의의가 조금도 없는 것입니다. 기왕 이렇게 된 바에는 사회에 다소의 공헌이라도 있기를 바라면! 하겠습니다마는 자기 자신의 이해를 떠난 사회에 대한 공헌이 있을 수 있겠습니까? 있을 수 없는 줄로 이 사람은 생각됩니다. 성(性)! 성에 대한 기능이 조금도 없는

우리올시다. 나올시다. 그러면서도 성에 대한 애착이란 없어지지 않는 나올시다.[2]

한규정은 생식기에 문제가 있는 자신을 불구자라고 하며 거의 절규하듯 토로하고 있다. 비록 성 기능은 전혀 없지만 성에 대한 애착마저 없는 것은 아니라고 항변하기도 한다. 그의 안타까운 이야기는 계속 이어진다.

내가 양아버지(역시 거세당한 불구자) 손에 자라날 때 양아버지가 궁내에 벼슬아치(벼슬이래야 빤하지요)로 있고 재산이 넉넉할 때, 나는 고향에서 20리쯤 떨어져 있는 시골의 처녀와 결혼했습니다. 그때의 내 나이는 열일곱 살이었습니다. 나 같은 병신에게 왜 귀한 딸을 주겠습니까만 이것이 다 돈 있고 권세 있는 탓이지요. 신부의 아버지는 돈과 권세에 눈이 어두워 자기의 딸을 나라는 병신에게 희생하였던 것입니다. 그때 신부의 나이는 열다섯 살, 아무리 나이 어린 처녀이지만 자기의 남편 될 사람이 어떠한 것인가를 왜 모르겠습니까. 나 보는 데서나 안 보는 데서나 허구한 날 훌쩍거리든 것을 지금도 기억합니다.

어여쁜 신부, 가엾은 아내, "나는 저 여자에게 죄를 짓는구나!" 하면서도 차마 놓지 못하고 그럭저럭 20년 동안을 살았습니다. 그러다가 그 여자(어찌 아내라고 부르겠습니까)는 미쳤습니다. 완전히 미쳤습니다. 내가 눈에 띄기만 하면 미치는 것입니다. 나는 할 수 없이 아버지께 말하고서 그 여자를 자기 집으로 돌려보냈습니다. 기어코 붙들어둘 악마심(惡魔心)도 없고 양심이 또한 용서치 않았습니다. 그리하여 많지는 않지만 돈 2천 원을 위자료 삼아 주고, "아모쪼록 좋은 남편 만나 잘 살아라" 하고 보냈던 것입니다. 그

후 여자는 어떤 건강한 남편을 맞아 생활은 극히 곤란하나 아들딸 4남매를 낳고 단란하게 산다 합디다.

아내를 잃은 나, 한동안은 먹지 않고 자지 않고 울기만 했습니다. 그러다가 극도의 비관 끝에 목을 매기까지 하였습니다. 그러나 사람이란 좀처럼 죽어지는 것이 아니었습니다. 죽는다는 것이 용이한 것이 아니었습니다. 평온한 정신 상태로 돌아왔을 때 생에 대한 애착은 한층 더 강하게 되었습니다. 죽음이라는 것이 더 한층 두려워졌으니까요![3]

한규정은 돈 있고 권세 있는 한 내시의 양자로 들어가 열일곱 살에 시골 처녀와 결혼했다. 하지만 신부는 매일 훌쩍거리며 울었고, 급기야 미칠 지경이 되었다. 그는 결국 아내를 보내주었다. 혼자가 된 그는 극도의 비관 끝에 목을 매기까지 했다. 이후 그는 서른한 살 무렵 우연히 만난 여성과 두 번째 결혼을 하지만, 여전히 성 불구로 인해 죄책감을 갖고 살아간다.

물론 성기능 장애는 남성만이 아니라 여성도 갖고 있었다. 여성들은 주로 무자궁증이나 질 폐쇄증을 갖고 있었는데,[4] 예컨대 다음의 기사를 살펴보자.

(신의주) 동거 4년 만에 아내를 상대로 "우리 아내는 선천적으로 무자궁하여 같이 살 수가 없으니 이혼을 시켜주시오" 하는 이혼 소장이 지난 1936년 4월 하순경 신의주지방법원에 제출되어 동 법원에서는 5월 12일 제1회 변론을 개시한바, 여자가 출두치 아니하여 변론을 중지하고 오는 1일 다시 변론을 개정하기로 했다 한다. 이제 소장에 나타난 내용을 보면 다음과 같다.

> 원고는 정주군 갈산면 흥록동 353번지 윤용룡(29)이고 피고는 평양부 신양리 장병옥(23)으로, 원고는 소화 8년(1933) 3월 1일 피고와 결혼한 이래 동거하여왔었는데, 피고는 선천적으로 무자궁하여 성적 생활이 불가능하다는 이유로 전기와 같이 소장을 제출한 것이라 한다.[5]

정주에 사는 윤용룡이 자기 아내가 선천적 무자궁으로 성생활이 불가능하므로 이혼을 시켜달라고 법원에 소장을 제출했다는 내용이다. 참고로 선천적 무자궁은 아이를 가질 수도 없고, 질의 기형으로 성생활도 어렵다고 한다.

양성인 역시 근대까지만 해도 남자도 여자도 아닌 성적 불구자, 즉 성기능 장애인으로 인식되었다. 이러한 양성인도 의외로 많았는데,[6] 다음의 기사를 읽어보자.

> 경남 김해군 대저면 불만리 김생수는 그 동리 김정남을 대정 11년(1922) 12월에 아내로 삼았던바, 김정남은 여자의 옷을 입었으므로 외양은 여자이나 실상은 여자도 아니며 남자도 아닌 불구자로서 성적 관계가 불능하므로 남편은 부산지방법원 민사부에 이혼소송을 제기하였더라. (부산)[7]

경상남도 김해에 사는 김생수가 아내를 맞이했으나 남자도 여자도 아닌 양성인이었다. 그래서 성관계가 불가능하므로 법원에 이혼소송을 제기했다는 것이다.

결혼 문제

성기능 장애는 인간의 가장 민감하고 사적인 부분이라 개인적으론 부끄럽고 창피하다는 의식이 강했다. 그리고 사회적으론 성(性)과 관련되어 있어서인지 결혼 문제가 가장 크게 작용했다. 그들은 결혼하기가 무척 힘들었을 뿐 아니라 설령 결혼했다 하더라도 성기능 장애가 있다는 사실이 드러나면 결혼이 취소되기도 했다. 이러한 사례도 상당히 많은 편인데,[8] 대표적인 예로 다음의 기사를 살펴보자.

김해군 김해면 답즉리에 사는 김익원의 장녀 김임이와 동면 마아리에 사는 최삼룡은 10월에 결혼식을 거행하고 첫날밤 잠자리에 들자 신랑이 고자 불구자가 아닌가 하는 의문을 신부가 가졌다. 그다음 날 신랑이 사는 마을 사람의 전하는 바에 신랑이 고자라는 말을 듣고 신부 집에서 격노하여 의복을 벗겨보니 자연불구자이기로 납폐 받은 것을 돌려보내고 신부가 신랑에게 불구자로서 사람을 속이고 후처를 얻은 것이 그르다고 꾸짖고 쫓아냈다고 한다.[9]

김해에 사는 최삼룡이 결혼식을 무사히 치렀으나 고자라는 사실이 밝혀져 집에서 쫓겨났다는 이야기다.

뿐만 아니라 당시 사람들은 결혼생활 중일지라도 상대방의 성기능 장애를 알게 되면 적극적으로 이혼소송을 제기했다.[10] 1933년 영흥에 사는 신영애라는 여성은 결혼생활 5년 만에 남편이 성기능 장애인임을 알게 되었다. 혼인 당시에는 나이가 열다섯 살에 불과하여 성에 대해 잘 모르다가 뒤늦게 알게 된 경우다. 그녀는 친정으로 돌아가 남편의 비밀을 털어놓았다. 놀란 부모가 사위를 데려다가 국부를 조사해보니 과연 성기능 장애인이었다. 이에 그들은 이혼소송을 제기했다. 시댁에서는 아들의 병이 곧 나을 것이라고 주장했지만, 그들은 가당치도 않은 일이라며 받

아들이지 않았다.[11]

심지어 여성들의 경우 성기능 장애를 가진 남편이 이혼해주지 않으면 방화[12]나 가출,[13] 간통,[14] 자살[15] 같은 방법으로 적극적으로 이혼 의사를 표시하곤 했다. 1933년 평양에서 김소담이란 여성이 저지른 연쇄 방화 사건을 살펴보기로 하자.

> 벙어리요 생식기가 불구자로 6번이나 이혼당한 남자에게 돈에 팔려 시집갔다가 남편과 이혼하려다 못해 이혼을 당하고자 방화죄를 7번이나 범하고 철창에서 우는 여자가 있다. 그는 평양 강서군 보림면 화학리 이정한(39)의 처 김소담(32)이라고 한다. 남편 이정한은 벙어리요 생식기조차 불구자로 김소담과 결혼하기까지 6번이나 아내에게 이혼을 당한 불운의 사나이라 한다. 선폐금 40원을 받고 7번째의 아내로 시집간 김소담은 벙어리 남편에게 답답스러움과 성적 불만에 견디다 못하여 이혼코자 하였으나, 남편은 이번 이야말로 기어코 아내를 잃지 않으려 김소담의 집안이 가난함을 알고 선폐금 40원을 갚지 않으면 이혼할 수 없다고 버티게 되었다 한다. 이에 김소담은 한 꾀를 내어 남편의 미움을 받아 쫓겨날 도리를 차리고자 지난 1월 8일 오후 6시 동네 최원열의 집에 불을 놓았다. 그러나 동네 사람들에게 발견되어 곧 진화하였으므로, 그는 다시 2월 19일에 방화하였으나 역시 실패하였다. 그는 계속하여 3월 14일 새벽 5시, 20일 오후 11시, 31일 오후 5시, 4월 16일 밤 9시 등 4회에 걸쳐 최원열의 집에 방화하였으나 결국 실패하고, 4월 19일 밤 11시경에 또 방화하려다가 이 집에서 계속해서 불이 나는 것을 수상히 여겨 지키고 있던 경관에게 붙들리고 만 것이라 한다. 그는 단지 남편의 미움을 사서 쫓겨나려던 것이 남편을 떠나는 목적은 이루었으나, 방화범이란 무서운 죄명 아래 철창 속에서 울게 된 것이라 한다.[16]

김소담이란 여인이 언어장애에 성기능 장애까지 있는 남편 이정한으로부터 이혼을 당하고자 남의 집에 일곱 번씩이나 불을 지르다가 결국 철창 신세를 지게 되었다는 이야기다.

기형아, 태어나자마자 버려지는 신세

기형아란 선천성 장애아로, 임신 중의 질병, 유전적 또는 환경적 요인 등으로 인해 태어나면서부터 신체에 구조적 이상이 있는 경우를 말한다.

기형아의 유형으로는 청각 · 언어장애, 지체장애(손과 다리의 기형, 저신장 장애), 안면장애(구순구개열), 백색증, 샴쌍둥이, 머리 없는 아이 등이 있다. 청각 · 언어장애, 지체장애, 안면장애 등에 대해선 앞에서 살펴보았으므로, 여기에서는 기타 유형의 기형아에 대해서만 간략히 살펴보도록 하자.

먼저 백색증은 멜라닌 합성의 결핍으로 눈이나 피부, 모발 등에 색소가 생기지 않는 선천성 유전질환으로, 조선시대에도 볼 수 있던 기형아다.[17] 근대에도 백색증 기형아가 태어나곤 했다. 예를 들어 1921년 전라남도 보성에 사는 일본인이 여덟 살 된 딸을 집 안에 가두고 10여 일 동안 음식을 주지 않고 굶겨 죽인 사건이 있었다. 딸이 태어날 때부터 피부와 모발이 하얀 백색증이었기 때문이다. 일본인 부모는 딸의 외모가 '병신' 같아 보여 전부터 항상 죽이고 싶어했다고 한다.[18]

다음으로 샴쌍둥이는 머리가 둘이요 몸이 하나인 기형아로, 삼국시대부터 조선시대에 이르기까지 종종 볼 수 있었다. 특이하게도 당시 사람들은 이를 천재지변의 일종으로 여겼다. 특히 하늘이 왕에게 보내는 엄

중한 경고요 어떤 불길한 사건의 예견이나 징후로 보았다.[19]

일제강점기인 1935년에도 황해도 봉산에 사는 여자가 머리가 둘이요 몸통이 하나인 샴쌍둥이를 낳았다. 그녀는 하도 이상하고 끔찍해서 시내에 있는 의원으로 쌍둥이를 데리고 갔는데, 그날 오후 11시경에 아이들은 죽고 말았다. 더욱 이상한 점은 아이의 한쪽 머리가 울면 다른 쪽 머리도 똑같은 표정으로 운다는 것이었다. 그 병원에선 죽은 아이를 표본으로 만들어 영구 보존코자 했는데, 그 진기한 샴쌍둥이를 보기 위해 찾아오는 사람들로 인산인해를 이루었다고 한다.[20]

한편 근대엔 일반적인 장애인에 대한 인식도 좋지 않았지만, 기형아에 대한 사회적 인식은 더욱 좋지 않았다. 기형아를 낳으면 동네 사람들이 구경하고 가서는 별의별 소문을 퍼뜨렸고, 그 부모도 집안의 수치로 여기거나 평생 장애를 갖고 살 바엔 차라리 일찍 죽는 편이 낫다고 생각하기도 했다. 그래서 기형아를 몰래 죽이거나 남의 집 앞에 버리고, 그렇지 않으면 일부러 방치하여 굶어 죽게 만들기도 했다. 이러한 사례들도 상당수 발견되는데,[21] 그중 두 가지만 살펴보기로 하자.

> 경북 상주군 상주면 복룡리 관해 김기미는 임신 중에 있던바, 지난 5일에 아기를 낳은즉 아기가 왼편 귀가 없고 오른편 다리가 앞으로 꼬부라져 배안병신으로 보기에 흉하였다. 김기미는 이러한 기형아를 낳은 것을 남이 보면 수치라 하여 지난 18일 오전 2시경에 남편이 출타한 기회를 타서 아기를 다듬이 돌로 눌러 죽여 부근 솔밭 속에 묻은 일이 발각되어 지금 상주경찰서에서 엄중 취조 중이라더라.[22]

> 12일 밤 10시쯤 부내 인사정 88번지 송소문의 집 문 앞에서 어린아이의

울음소리가 들리므로 집안사람이 나가본즉 30세가량 된 여인이 낳은 지 7일가량 된 계집아이를 버리고 달아나므로 그 사실을 종로서에 제출하였다. 종로서에서는 아이의 어머니를 찾는 한편 송씨 집에서 기르기로 하였는데, 오른편 손가락이 6개나 되는 기형아라고 한다.[23]

경상북도 상주에 사는 김기미라는 여성이 왼쪽 귀가 없고 오른쪽 다리가 앞으로 꼬부라진 기형아를 낳자 다듬이 돌로 눌러 죽인 다음 집 근처의 솔밭에 묻어버렸다는 것이다. 또 서울 인사동에서도 한 여인이 오른쪽 손가락이 6개인 육손이를 낳자 남의 집 문 앞에 버리고 달아났다는 것이다.

일본 순사보다 무섭다는 한센인

한센병의 대유행

한센병은 나병균에 의해 감염되는 만성 전염병으로, 과거에는 나병(뇌병), 대풍창(대풍나), 문둥병 등으로 불렸다. 그러다가 1873년 노르웨이의 한센이 병원균을 발견한 이후 '한센병'이라 부르고, 그 환자를 '한센인'이라 부르고 있다.

본래 한센병은 장시간 환자에 노출될 때 전염되는데, 특히 환자와 숙식을 같이하다 전염되곤 했다. 이렇게 한센병은 의외로 전염성이 약한 병이지만, 발병하면 피부를 망가뜨리며 눈썹이 빠지고 손발이나 얼굴이 변형되기 때문에 사람들에게 두려움을 주었다.

한센병은 고대부터 계속 존재하던 전염병이고, 조선시대에도 세종 대와 광해군 대에 크게 유행한 적이 있었다.[24] 하지만 한센병이 본격적으로 유행하고 수용시설까지 만들어진 것은 일제강점기 때였다. 다시 말해 한센병은 근대에 대거 유행한 전염병이었던 것이다.

실제로 한센병 환자 수는 1920년대 말과 1930년대 초반에 급증했다. 예컨대 1920년만 해도 조선의 한센인 수는 2569명이었는데, 도별로는 경상북도 835명, 전라남도 742명, 경상남도 680명, 강원도 87명, 전라북도 64명, 충청남도 51명, 함경남도 36명, 평안남도 27명, 충청북도 24명, 경기도 23명 등으로 주로 따뜻한 지역에서 많이 발생했다.[25]

그러다가 1925년에는 4308명으로 급증했는데, 그중에는 조선인 남자 3085명, 여자 1207명과 일본인 남자 13명, 여자 3명이 포함되어 있었다. 도별로는 경상북도 1615명, 전라남도 1122명, 경상남도 953명, 경기도 192명, 강원도 157명, 전라북도 118명 등이었다.[26]

1929년에는 5272명으로 더욱 급증했는데, 도별로는 경상북도 1988명, 경상남도 1407명, 전라남도 1285명, 전라북도 249명, 강원도 164명, 충청남도 74명, 충청북도 71명, 경기도 34명 등이었다.[27]

1932년에는 1년에 평균 1300~1400명씩 새로운 한센인이 발생하여 그 수가 무려 8031명에 달했다.[28] 1934년 8월 말에는 1만 2천여 명에 달했고,[29] 1935년 9월 말에는 1만 4천여 명에 이르렀다고 한다.[30] 이 시기에 한센인의 수가 기하급수적으로 늘었음을 알 수 있다.

한센병 치료제

현재는 한센병에 걸려도 한 번의 주사나 3개월 정도 약을 복용하면 깨끗이 낫는다. 한센병 치료제가 우리나라에 들어온 건 1950년대였고, 1980년대에 상용화되기 시작했다. 그 후 국내 한센병 환자는 거의 다 치유가 되었고, WHO(세계보건기구)에서도 한국을 한센병 치료국으로 인정했으며, 현재 새로 발병하는 환자는 없다고 한다.

하지만 과거에 한센병은 한 번 걸리면 평생 고치지 못하는 천형(天刑)의 병으로 알았고, 실제로도 매우 고치기 어려운 병이었다. 그래서 예부터 한센병에 걸리면 집 안에만 있거나, 그렇지 않으면 인적이 없는 곳에 격리되어 있었다.[31] 그들은 한센병을 치료하기 위해서라면 인육까지 써 보기도 했다. 『매일신보』 1928년 2월 28일자 기사에 그러한 모습이 잘 나타나 있다.

> (충청도) 주성군 주성면 김모는 돌연히 작년 봄부터 세인을 꺼렸는데, 나병에 걸려서 누구를 대할 수도 없고 집안사람만이 각 방면으로 의약을 구하여 치료에 열중하나 소위 천형병이라 백약이 무효하여 집안사람은 날마다 하늘을 우러러 기도를 마지아니하였다. 그의 딸 김성녀는 저희들 동무와 동리 사람들이 이야기하는바 '인육을 먹으면 나병이란 것은 백발백중한다'는 말을 들었다. 김성녀는 아무리 해도 다른 사람이 병 치료하라고 살을 베어줄 리는 만무하고 부친의 병세는 날이 갈수록 심해짐을 매우 우려하여 '나의 살을 베어 병구완을 하겠다'고 결심하고, 온 집안사람들도 모르게 자기의 허벅다리의 많은 살을 베어 약 20점가량을 요리하여 부친에게 바치고 병의 쾌차를 기다리나, 자기의 아픔을 속일 수가 없게 되어 자연히 집안사람이 알게 되고 병자인 부친도 알게 되어 지극한 효성에 놀랐다. 동리 사람들도 그 소녀의 효성을 인정하나, 그 부친의 병만은 어찌할 도리가 없다더라.[32]

한센병에 걸린 아버지를 구완하기 위해 딸이 자기 허벅다리 살을 베어

요리해서 아버지에게 드렸다는 내용이다.

또 한센병엔 인육, 특히 어린아이의 생간을 먹으면 낫는다는 속설이 있어서 근대에도 영유아 납치와 살해사건이 드물지 않게 일어났다. 앞에서도 인용한 것처럼 1928년 대구에 사는 어떤 여인은 한센병에 걸린 딸을 치료하기 위해 네 살짜리 동네 아이를 자기 집으로 데려다가 부엌에서 죽여 간을 빼내었고,[33] 1929년 경상북도 달성군에서는 한센인 3명이 어린아이를 산속으로 데려가 배를 갈라 간과 부와를 빼내어 먹은 일이 있었다.[34]

물론 1921년에 한센병 치료제로 '대풍자유'가 개발되기는 했다. 대풍자유는 인도 등지에서 자생하는 대풍자나무의 열매에서 짜낸 황색 기름인데, 해독과 살충 효과가 있었다. 워낙 독성이 강해 복용은 못하지만 주사로 맞으면 한센병 치료에 어느 정도 효과가 있었다고 한다. 사용법은 대풍자유 1그램을 근육 안에 주사하는데, 몇 달 혹은 1~2년 정도 일주일에 한 번씩 주사를 맞아야 했다.[35] 다만 대풍자유 한 병에 3원 50전이나 나갔으므로 대부분의 사람들은 돈이 없어 치료를 포기해야 했다.[36]

공포와 기피의 대상

한센병은 한 번 걸리면 고치기 힘들 뿐 아니라 한센인들이 어린아이를 잡아먹는다는 소문까지 있어 일제강점기 한센인은 순사와 더불어 2대 공포와 기피의 대상이었다.

결국 한센인들은 부모와 처자식에게까지 버림을 받아 산비탈이나 다리 밑에서 비참하게 살다가 세상을 떠나곤 했다. 또 집에서 쫓겨난 한센인은 일정한 거주지가 없이 유랑하며 살았다. 그들이 경성으로 몰려드는 모습은 다음의 신문기사에 잘 나타나 있다.

최근 부내에 문둥병 환자의 거지가 들어가는 모양이라는바, 원인은 원래 그 병을 모든 사람이 싫어하는고로 흔히 자기 고향을 떠나 아무도 모르는 경성으로 올라오는 것과, 또 경성에는 세브란스병원과 총독부병원 등의 치료소가 있다는 말을 듣고 자꾸 올라오는 것인 듯하나 두 병원에서는 문둥병 환자를 취급하지 아니하고, 종래 조선의 환자는 소록도 자혜의원에 보내어 치료하는 중인데 이러한 관계를 모르고 경성으로 모여드는 것이라 한다. 그런데 이 병자들은 생계가 없으므로 매양 거지가 되어 시중을 배회할 때마다 병균이 산포되는고로 극히 위험한바 부내 인사상담소에도 매일 2~3명씩 와서 직업을 구하는 자가 있다 하고, 소록도에도 지금은 만원이 되어 수용할 여지가 없다더라.[37]

하지만 한센인 걸인들의 수는 해마다 늘어만 갔다. 1929년엔 총 5355명의 한센인 중 각지를 배회하며 부랑하는 자가 1443명이었고, 재산이 없어 부랑할 염려가 있는 자는 1237명이었다. 다시 말해 당시 한센인의 절반가량인 2680명이 부랑자로 살아갈 처지에 놓였던 것이다.[38] 1932년에는 총 8031명의 한센인 중 겨우 2500명이 수용 치료를 받고 있는 상황이었고,[39] 1934년엔 1만 2천여 명의 한센인 중 수용자는 불과 3408명이고 비수용자는 9천여 명으로 추정되었다.[40] 1935년엔 총 1만 4천여 명의 한센인 중 선교사 병원이나 소록도에 수용되지 못해 길에서 배회하는 자가 9164명이었는데, 도별로는 경상북도 2910명, 경상남도 2160명, 전라남도 1778명, 전라북도 510명, 강원도 272명, 충청남도 240명, 충청북도 149명, 황남 79명, 경성 39명, 함경북도 25명, 평안북도 5명, 평안남도 3명, 황해도 3명 등이었다.[41]

이들은 떼를 지어 돌아다니며 구걸을 했기 때문에 시민들의 불안이 날

걸인 한센인들

이 갈수록 커져만 갔다. 1936년 울산의 경우를 살펴보기로 하자.

금년 봄 이래로 울산지방에 문둥이가 횡행하야 태화강 연안에는 수백 명이 떼를 지어 거주하면서 읍내에 들어와 집집마다 돌아다니며 걸식을 하되 부엌에 마음대로 들어올 뿐 아니라 행패가 빈빈하며, 문둥이가 직접 채소를 경작하야 가지고 시장에 내다가 파는 일까지 있어 실로 읍민의 위생상 중대한 문제로 일반의 물의가 비등하므로 울산읍 당국과 경찰 당국의 협력으로 군내에 있는 문둥이 수백 명을 전부 '트럭'에 실어다가 축출하였으므로 한동안 그 모습을 볼 수 없더니 근일에 와서는 번화한 읍내에는 출몰치 않은 모양이나 여기저기 촌락으로 모여들기 시작하고 있다는바 그들 중에는 전남 고흥 소록도에 수용되었던 문둥이도 고향이 그리워 탈출한 자도 적지 않다 한다.[42]

울산 태화강 주변에 수백 명의 한센인이 거주하면서 읍내에 들어와 집집마다 돌아다니며 걸식을 할 뿐만 아니라 그들이 직접 채소를 경작하여 시장에 내다파는 일까지 있어 위생 문제가 심각하다는 것이다.

이와 같이 한센인 걸인들의 수가 날이 갈수록 늘어 시민들의 불안이 커지자, 각 도시에서는 위의 신문기사에서처럼 그들을 트럭에 실어 본인의 출생지로 쫓아버리거나, 배에 태워 소록도로 보내기도 했다. 예컨대 대구에서는 1922년에 주소와 성명을 알 수 없는 한센인 20명을 순사들이 붙잡아 소록도 자혜의원으로 이송했고,[43] 1928년엔 시내에서 배회하던 한센인 50여 명을 자기 출생지로 내쫓았다.[44] 1933년 통영에서도 한센인이 살고 있는 소굴을 전부 불태워버리고, 또 한센인 60여 명을 잡아다가 수상 경비선에 태워 소록도로 보내버렸다.[45]

사립 나병원들

한센인의 수용과 치료는 구한말과 일제강점기에 외국인 선교사들에 의해 시작되었다. 이들은 광주 나병원(1927년 이후 여수 애양원), 부산 나병원(상애원), 대구 나병원(애락원)을 설립했다. 일제는 이들에 대한 지원과 감시를 병행하면서, 직접적으로는 1916년부터 소록도에 한센인 요양시설을 설치하여 한센인을 관리하고 통제했다.[46] 아래에서는 이들에 대해 하나씩 차근차근 살펴보면서 근대의 한센인 요양사업에 대해 자세히 알아보자.

먼저 광주 나병원부터 살펴보자. 광주의 서양 의료기관인 진료소에서 한센인을 격리, 수용하기 시작한 것은 1909년 4월경이었다. 이후 광주의 제중병원장이던 윌슨이 영국나병협회의 지원금과, 그와 함께 한센인을 위해 일하던 최흥종이 기증한 광주군 효천면 봉선리의 땅 천여 평을 토대로 1912년 11월 광주 나병원을 건립했다. 그 병원 건물은 지원금을 보내준 영국 에든버러의 나병협회를 기념하기 위해 E자형으로 지어졌는데, 양편으로 숙소가 있고 중앙에 진료소와 예배실이 자리 잡은 구조였다.

하지만 광주 나병원은 얼마 후 광주 시민들의 거센 반발로 전라남도 여수로 이전하게 되었다. 그 이전 경위와 과정은 다음의 신문기사에 잘 나타나 있다.

> 광주 뇌병원은 "역터 위일손(우월순 혹은 우일순 선교사)" 씨의 헌신적 노력 아래 경영되어 약 600명의 환자가 수용되었는데, 그 병원의 위치가 광주시가를 흘러내리는 강 상류에 있으므로 여름 같은 때는 환자가 냇물을 더럽히고 겨울에는 수용되고 남은 자가 거리로 배회하므로 시민들은 이에 대해 고심하던바, 이번에 전라남도 여수군 율촌면으로 옮겨가게 되어 국고보조 1만 5천 원, 지방비 4천 원, 지방인 기부 3천 원, 총계 약 2만 원에 본국으로부터 기부금을 합하여 여수반도에 4만 평을 매수하여 지금 건축 중인데 금년 여름에는 완성할 모양이다. 완성되는 날에는 900명을 수용하야 이상적인 경영을 실현하리라더라.[47]

결국 광주 나병원은 1927년 11월부터 1928년 봄 사이에 여수 신풍리로 이전했고, 이름을 애양원으로 바꾸었다. 여수 애양원은 총 14만 평이 넘는 대지에 사무실과 예배당, 그리고 치료실을 중심으로 환자 숙소가 배열되어 있었다. 그 밖에 환자들이 직접 농사를 짓는 논과 밭이 있었다.[48] 1932년 애양원에는 800명이 넘는 환자가 수용되어 있었는데, 이미 정원을 초과하여 또다시 기부금을 받아 병원을 확장하고자 했다.[49]

다음으로 부산 나병원은 1911년 4월 스코틀랜드 출신의 의료선교사

맥켄지에 의해 설립되었다. 이에 앞서 1910년 3월 미국의 의료선교사 어빈이 부산 동래군 서면 감만리에 한센인 수용소를 설립했으나, 그가 여러 사정으로 선교사 자격을 박탈당하고 평양으로 떠나면서 유명무실한 상태였다. 맥켄지는 그곳을 인수하여 영국구라선교회의 지원을 받아 확장했던 것이다.[50] 맥켄지는 1938년 2월 73세의 나이로 정년을 맞아 부산을 떠나기 전까지 27년 동안 이곳에서 한센인들을 돌보았다.[51]

부산 나병원(상애원)도 사무실과 예배당이 요양소를 중심으로 주변에 환자 숙소가 늘어선 형태였다. 환자 10명을 한 조로 묶어 방을 배정했고, 남녀의 숙소를 구분했다. 또 원외에 별도로 고아원을 경영했다. 이곳에서도 역시 환자들에게 경작용 농지를 제공했다. 남자들에겐 1인당 2평 정도의 밭을 주었는데, 이들은 그 땅에서 자급자족용 채소를 재배했다. 여자 환자들은 주로 세탁이나 재봉 등의 일에 종사했다.

부산 나병원의 모습은 1934년 『동아일보』 기자가 그곳을 방문하고 쓴 기사에 잘 나타나 있다.

> 7월 1일 오후 3시. 부산진에서 자동차로 안개 자욱한 부산 바다를 오른편으로 끼고 약 15분 동안 달리면 매주 1~2차례씩 소를 일본으로 대량 이주하는 부산의 출우검역소 앞을 지나 좁은 산 비탈길로 가면 감만리라는 디귿자 모양으로 된 동리에 붉은 벽돌, 회색 양회(시멘트)의 큰 건물이 15, 6채가 빙 둘러 있다. 이것이 곧 한 촌을 이룬 부산 나병원 동리이다.
>
> 조선에 나병원이 4곳이 있다. 소록도, 대구, 여수, 그리고 부산에 있는데(4곳의 입원 환자는 약 3500명), 그중에 가장 오랜 역사를 가지기는 부산 나병원으로 지금부터 34년 전 영국선교부에서 창설한 것이다. 지금도 동 선교부의 영국 황실의 보조로 경영하고 있다. 현재 동 병원에 입원한 나병 환자

는 600여 명, 그중에 여자가 3분의 1, 소년소녀가 50여 명이다. 누구나 병원 입구에 들어서면 그 눈코입이 기형으로 된 것, 그리고 손가락이 떨어진 사람, 다리 저는 사람, 형형색색의 불쌍한 환자를 볼 수 있다.

마침 그곳에 간 때는 일요일이라 500여 명이 예배당에 모여 찬미하고 기도하고 있었다. 귀를 기울여 그 기도 소리를 들으니 자기의 참혹한 병을 낫게 해달라는 애원은 아니었다. 세상에 죽은 영혼들을 구원해달라는 기도를 들을 때 가슴을 찌르는 듯싶었다.

병원의 내부는 중병환자 수용하는 집이 3, 4채, 여병실이 4채, 그 외는 보통 환자 수용소, 예배당, 진찰관, 간호원집 등으로 한 방에 5, 6인이 보통이오, 식사와 의복 등은 병원에서 무료 배부하되 자작으로 지어 입고 한다. 그리고 환자 가운데는 상당한 대학 출신도 있고, 중등학교 교육을 받은 사람도 있고, 또 각종 기술을 가진 사람도 있어서 깨끗한 이 병원도 모두 환자들이 친히 지은 것이라고 한다.

매년 이곳에서 좀 나아서 나가는 사람이 50명가량이나, 이 병은 완치가 못 되는고로 감만리 윗동리에 큰 동리를 이루고 700여 명이 사는데, 이들은 이 병원에서 좀 나아서 나가 집단생활을 하는 이들이다. 그들 중 좀 나은 환자끼리 남녀가 결혼하여 부부생활을 한다. 그러나 병원 안에서는 절대 엄금이라고 한다. 이 병은 시신경, 말초신경, 생식기에 병균이 침입하기가 쉽고, 그 피부는 감각을 잃어 심하면 밤에 쥐가 코를 떼어가고 발가락을 뜯어가도 모르며, 또는 환자 가운데는 70퍼센트가 매독 환자라고 하니 얼마나 세상과 등진 불쌍한 그들인가.[52]

끝으로 대구 나병원은 1913년 미국의 의료선교사 프렛처에 의해 설립되었다. 당시 대구 제중병원(지금의 계명대학교 동산의료원) 원장이던 프렛

처는 한센인들이 거리를 떠돌며 걸식하는 것을 보고 제중병원 부근에 있는 초가집 한 채를 매입하여 한센인 10여 명을 격리, 수용했다고 한다. 이후 그는 더 많은 환자들을 수용하기 위해 영국구라선교회의 지원으로 경상북도 달성군 달서면 내당리에 새로운 터전을 마련하여 1916년 4월 대구 나병원을 개설했다.

대구 나병원은 계속 발전하여 1924년경에는 한센병 요양소로서의 체계를 갖추었고, 이름도 대구 애락원으로 바뀌었다. 2년 후에는 600명의 수용 능력을 갖추게 되었다. 이 밖에도 대구 나병원은 경상북도 내에 3개의 출장소를 설치한 뒤 부랑하는 한센인의 정착과 관리를 담당하는 한편 선교 거점의 역할도 수행하도록 했다.[53]

소록도 자혜의원

근대적인 한센병 치료는 이처럼 서양 선교사들에 의해 시작되었다. 하지만 이들 3개의 사립 나병원은 수용할 수 있는 인원이 매우 적어서, 여전히 많은 한센인들이 다리 밑이나 움막에서 살고 있는 형편이었다. 게다가 날이 갈수록 늘어나는 한센인의 존재는 일반 시민들에게 불안감을 안겨줬을 뿐 아니라 무엇보다 남에 대한 의식이 강한 일제의 국가적 위상을 추락시킬 우려가 있었다. 그리하여 일제는 1916년 2월 전라남도 고흥군 금산면 소록도에 또 하나의 자혜의원을 설립했다.

우선 소록도는 기후가 온난하고 수량이 풍부하며 육지와 가까워서 환자들의 요양지로 매우 적합했다. 또 자혜의원은 일반병원으로서, 당시 전국에 18곳이 있었다. 소록도 자혜의원은 마지막 열아홉 번째로 개설된 것인데, 한센병을 전문으로 하는 특수병원이었다.[54]

소록도 자혜의원의 초대 원장으로 부임한 사람은 군의관 출신의 아리

카와 도루(蟻川亨)였다. 그는 치료소, 직원 관사, 사무본관, 예배당, 목욕탕, 취사장, 환자 주택 등 19동의 건물 공사를 주도하여 소록도 자혜의원의 기틀을 마련했다.

2대 원장 하나이 젠키치(花井善吉)도 1921년 6월에 부임하여 과로로 죽은 1929년 10월까지 한센인의 수용과 치료에 온 힘을 쏟았다. 그의 재임 기간 동안 소록도 자혜의원은 수용 인원이 100명에서 750명으로 급성장했다.[55] 이 시기 소록도 자혜의원의 상황은 1923년 『매일신보』 기자가 그곳을 방문하고 쓴 기사에 잘 나타나 있다.

> 전라남도 소록도에 있는 소록도 자혜의원은 나병, 곧 문둥병자를 치료하기 위하야 설립한 자혜의원이다. 이는 황공하오나 명치천황께서 조선에 있는 나환자를 구료함에 쓰라 하옵신 하사금을 기금으로 하여 대정 5년(1916) 2월에 창설한 의원임은 일반이 다 아는 바이다. 그리하여 대정 6년(1917) 4월로부터 나환자의 수용을 시작하여 재작년까지 수용 환자의 정원은 100명이었으나 작년 이래로 수용하는 환자의 정원을 증가하여 200명으로 하였으며, 현재에는 남자 154인 여자 36인 합하여 190인의 환자가 있다. 그들은 천연자연의 경치가 좋은 소록도의 섬 가운데서 인격자이오 나병학자로 그 이름이 높은 하나이 원장 아래에 친절하며 정렴한 20여 인 직원의 치료와 간호를 받으며 희망을 기다리고 있는 중이다.[56]

> 다음에 그들의 일상기거와 수용은 어떻게 하였는가. 아무리 문둥병 환자라 할지라도 성욕은 남아 있어서 내지(일본)의 나병원 같은 곳에서는 그 병원에 수용된 남녀 사이에 성의 관계가 있어서 매년 많은 사생자가 생긴다 하는데, 조선에서는 다행히 심하지 아니하나 설립 이래 몇 사람 사생자

가 났다 한다. 그러므로 이 의원에서는 남녀의 사이를 엄중히 감금하며 남녀를 다 각각 따로 거처하게 하였다. 그리고 그들을 수용한 조선식으로 건축한 20채의 병사에는 한 집에 열 사람씩 있어서 자치생활을 하게 하여 음식을 만드는 것과 의복을 세탁하는 것, 기타 모든 것을 다 자기가 하게 하며 열 사람을 수용한 병사에는 각 집마다 한 사람의 사장을 서로 선출케 하고 그 뒤에 한 사람의 계장을 뽑게 하여 일반 환자의 취체와 기타 여러 가지의 주선을 하게 하고, 또한 중병한 자 이외의 환자에 대해서는 남자는 농업, 여자는 재봉과 세탁 같은 것의 일을 하게 하여 운동이 되게 한다. 그리고 그들에게 쓰는 약과 옷과 침구는 다 관급(官給)이오, 식사는 쌀과 보리를 혼합한 것을 먹게 하며, 부식으로는 신선한 채소와 생선 혹은 소고기 등을 주며 일용품은 작업 장려금으로서 사게 한다 하더라.[57]

첫 번째 기사에 따르면 소록도 자혜의원이 천황의 하사금으로 설립되었으며, 지금은 하나이 원장의 노력으로 매년 수용 인원이 크게 늘고 있다는 것이다. 조선총독부의 기관지인 『매일신보』의 기사답게 노골적으로 일제 천황과 원장을 칭송하고 있다. 두 번째 기사에선 남녀가 따로 거처하고 있으며, 20채의 병사에서 각각 10명씩 나뉘어 자치생활을 하고 있다는 것이다. 여기에서도 그들이 사용하는 물품은 모두 관급(官給)이라고 하면서 일제를 한껏 칭송하고 있다.

조선나예방협회

1930년대에 접어들면서 일제의 한센병 관리정책은 크게 변화하기 시작했다. 그동안 선교사들에게 맡겨두다시피 한 한센병 구료를 일제가 직접 통제하게 된 것이다. 그 최초의 움직임은 1932년 '조선나예방협회'의 창설로 나타났다. 이 협회는 원래 관민(官民) 합동을 표방했지만, 실제로는 관변 단체였다. 이는 그 사무실을 조선총독부 내에 두고, 지부를 각 도청에 둔 것만 봐도 알 수 있다.

일제가 이 협회를 설립한 목적은 부랑하는 한센인을 격리, 수용해서 전염을 방지하고, 궁극적으로는 한센병을 근절시킨다는 것이었다. 하지만 보다 진정한 의도는 일제가 한센인의 격리와 수용을 장악하여 그에 소요되는 막대한 경비를 민간으로부터 조성하려는 것이었다.[58]

이후 조선나예방협회는 민간으로부터 기금을 모집하는 한편[59] 1933년 2월 전국적으로 한센인의 실태를 조사했다. 그 조사 결과는 다음과 같다.

조선의 전체 나환자 수: 1만 2269명

① 시설에 수용되어 있는 환자

소록도 자혜의원(공립): 796명

여수 애양원(사립): 775명

대구 나병원(사립): 461명

부산 나병원(사립): 578명

계: 2610명

② 미수용자: 9659명[60]

이를 토대로 협회에서는 한센인 수용 연차계획표를 수립했는데, 만일 그 계획대로만 진행된다면 20년 후인 1952년에는 거리에서 부랑하는 한센인이 모두 없어질 것이라고 했다.

1933년 조선총독부는 한센인 요양소를 새로 짓기보다는 기존의 소록도를 확장하기로 했다. 그리하여 협회에서는 전라남도 당국을 통해 부지로 확정된 소록도의 토지 매입 및 보상 등을 추진하여 불과 20여 일 만에 계약을 종료했다. 당시 소록도 주민들은 이미 수차례에 걸친 저항운동에 실패하여 영주(永住) 희망을 잃어버린 상태였을 뿐 아니라 일제의 협박과 회유로 자포자기 상태에 빠져 있었기 때문이다.[61]

소록도 갱생원

이후 소록도는 총 세 차례에 걸쳐 대규모 확장공사를 진행했다. 1차는 1934년 3월부터 1935년 10월까지 공사했는데, 이로써 수용 인원은 1천 명이 늘어 3770명이 되었다. 2차는 1936년 12월부터 1937년 말까지 진행되었으며, 수용 인원은 다시 1천 명이 늘어 4770명에 이르게 되었다. 3차는 1939년 1월부터 그해 11월 25일까지 진행되었는데, 수용 인원은 또다시 1천 명이 늘어 총 5770명에 이르게 되었다.

동시에 소록도의 주변 환경을 정비하는 공사도 진행되었다. 도로공사(1934년 3월), 선착장과 잔교 설치(1934년 5월), 등대와 만령당 설치(1936년), 중앙공원 조성(1940년 4월) 등이 그것이었다.[62]

특히 소록도의 대대적인 확장은 1933년 9월 1일 4대 원장으로 취임한 스호오 마사스에(周防正季)에 의해 주로 이루어졌다. 그는 일본 아이치의전(愛知醫專) 출신으로 1921년 아이치현에서 경기도 위생과로 발령받아 한국에 왔으며, 경기도에서는 마약 중독자 퇴치와 위생 행정에 공적을 세웠다. 아이치현에서 재직할 때에도 야간학교를 다니면서 건축, 설계, 제도 등의 기술을 습득할 정도로 야심이 많고 명예욕이 강한 인물이었다. 그는 소록도에 부임하자마자 전체 환자들을 운동장에 집합시켜놓고 "제1목표를 확장사업에 두어 소록도 자혜의원을 세계 제일의 나요양

소록도 일반 병사

소로 만들겠다"라는 포부를 밝힐 정도였다.[63]

확장공사는 전문적인 기술이 필요한 부분을 제외하고는 대부분 환자들의 노동으로 이루어졌다. 당시 환자들은 직원들의 강요와 처벌의 위협 속에서 저임금으로 공사에 동원되었다.[64] 결국 이에 반발한 이춘상이 1942년 6월 스호오 원장을 향해 "너는 환자들에게 너무 무리한 짓을 하므로 이것을 받아라"라고 하면서 식칼로 그의 오른쪽 흉부를 찔러 죽였다.

소록도 확장공사가 한창이던 1934년 9월 소록도 자혜의원은 '소록도 갱생원'으로 개칭되었다. 당시 일제는 요양소 관제칙령을 공포하여 전라남도 산하에 있던 소록도 자혜의원을 조선총독부 관리로 전환시켰는데, 조선총독부는 이를 소록도 갱생원으로 개칭함과 동시에 서무과, 의무과, 약제과를 두어 사무를 담당하게 했다.[65]

또한 조선총독부는 1935년 4월 20일 '조선나예방령'을 공포했는데, 이는 환자의 강제수용을 법률화한 것이었다. 그에 따라 도지사는 한센인의 직업을 제한하고 요양소에 입소시킬 수 있었고, 경찰서장은 병이 의심되는 자를 검진하고 한센인의 출입 장소를 제한할 수 있었으며, 요양

소록도 4대 원장 스호오가 환자들을 집합시켜놓고 훈시를 하는 장면

소장은 입소 환자에 대해 강력한 징계 또는 검속을 할 수 있었다. 이를 계기로 소록도 갱생원의 수용 환자 수도 1천 명씩 비약적으로 늘었던 것이다.[66]

한편 1930년대 중반 이후 운영의 어려움을 겪고 있던 사립 나병원들은 1941년 말 태평양전쟁이 일어나면서 외국 선교사들마저 철수하거나 추방되면서 자연히 쇠퇴할 수밖에 없었다. 결국 부산 나병원은 폐쇄되고, 여수 애양원과 대구 나병원은 조선경찰협회 등 조선총독부 산하단체로 이관되었다. 그들 나병원에 수용되어 있던 한센인들도 일부는 소록도 갱생원으로 옮겨지고, 일부는 도망치기도 했다. 결국 소록도 갱생원이 유일한 한센인 요양소가 되었고, 한센병 관리는 조선총독부가 완전히 장악하게 되었다.[67]

장애 여성이 겪은 이중의 질곡

장애 여성들은 조선시대에도 장애로 인한 개인적 · 사회적 질곡과 함께 여성이기에 겪는 가부장적 질곡이라는 이중의 질곡을 겪었다.[68] 게다가 일제강점기엔 식민지적 억압 상황뿐만 아니라 남성 위주의 일본식 가부장제까지 덧씌워져 이들은 더욱 힘든 세상을 살아가야만 했다. 그러므로 장애 여성은 일반적인 장애인과 달리 별도로 고찰할 필요가 있다.

먼저 근대의 장애 여성은 가정 내에선 그저 동정의 대상일 뿐이었다. 부모가 그들을 불쌍하고 보호받아야 할 존재로만 여기면서 그들이 살아가는 데 필요한 용기와 자립심을 키워주지 않았던 것이다. 장애 여성을 향한 동정적 시선은 김소엽의 소설 『누님』(1936)에 상징적으로 잘 나타나 있다.

주인공 남순은 어릴 때 이웃집 아이가 쏜 화살에 왼쪽 눈을 맞아 애꾸눈이 된 시각장애인이었다. 이후 남순은 사회로부터 철저하게 소외되고 학대를 받았다. 입학한 지 얼마 되지 않아 학교에서 쫓겨나고, 동네 아이들에게 '애꾸눈'이라고 놀림을 받았다. 결혼한 후에도 그녀는 시어머니의 호된 시집살이와 남편의 무관심 및 구타와 폭언 등을 당하다가 결국 시댁에서 쫓겨났다. 그 후 친정부모에게 의지해 사는 게 면구스러워 집을 나가 식모살이나 여공, 식당 등의 일자리를 찾아 스스로 경제적 능력을 키워나갔다. 하지만 임종을 앞둔 아버지는 기어코 헤어진 사위를 불러 남순을 다시 거두어줄 것을 부탁하고 세상을 떠났다. 아버지는 끝까지 장애를 가진 딸을 불쌍하고 보호받아야 할 존재로만 여겼던 것이다.[69]

다음으로 장애 여성은 드물지만 범죄, 특히 성폭행의 대상이었다. 예를 들어 1935년 충청남도 연기군에 사는 전치세가 이웃마을 음식점에서 자고 있던 백기선의 첩 김씨를 강간했다. 하지만 그는 범행을 부인하고 화간(和姦)이라 주장했는데, 김씨가 언어장애인이기 때문에 쉽게 판결을 내리지 못하고 있었다고 한다.[70]

하지만 예부터 장애 여성이 겪는 가장 큰 어려움은 역시 결혼 문제였다. 그들은 결혼하기도 쉽지 않았을뿐더러, 설령 결혼한다 해도 얼마 안 가 이혼당하는 경우가 많았다. 우선 여성의 외모를 중시하는 근대 가부장제 사회에서, 남성들은 장애가 있는 여성과 결혼하기를 꺼렸다. 그래서 장애 여성은 평생 독신으로 살거나,[71] 그렇지 않으면 부모가 약간의 지참금과 함께 억지로 시집을 보냈다. 장애 여성의 힘겨운 결혼 과정은 계용묵의 소설 『백치 아다다』(1935)에 잘 나타나 있다.

주인공 아다다는 지적장애와 언어장애를 가진 여성이었다. 그녀에게는 '확실이'라는 이름이 있음에도 불구하고 다들 그녀를 '아다다'라고 부르며 조롱했다. 아다다는 힘든 집안일을 혼자서 거의 다 도맡았다. 그녀가 열아홉 살이 되자 아버지는 그녀를 논 한 섬지기와 함께 그야말로 '똥 치우듯이' 치워버렸다. 아다다가 시집올 때 가져온 논 덕분에 평생 먹고 살 걱정이 없게 되자 처음엔 남편과 시댁 식구들도 그녀를 매우 아끼고 위해주었다. 그러나 해가 지나면서 남편은 까닭 없이 그녀를 때리고 "이 년 보기 싫다! 네 집으로 가거라"라며 학대했다. 결국 그녀는 시집에서 쫓겨나게 되었다. 그러나 친정집에서도 어머니의 매가 그보다 심하면 심했지 덜하지는 않았다.[72]

장애 여성의 결혼 문제는 주요섭의 소설 『추물』(1936)에서도 잘 나타나 있다. 이 소설의 주인공 언년이는 언청이(구순구개열)라 데려갈 만한 동네 총각이 없어 아무도 모르는 먼 동네로 시집을 가야 했다. 하지만 첫날밤에 소박을 맞고 생과부가 되고 말았다.[73]

이처럼 근대의 장애 여성은 가정 내에선 동정의 대상이요, 사회적으론 범죄의 대상이었다. 그들은 장애 때문에 결혼하기가 쉽지 않았고, 설령 결혼한다 해도 학대를 받거나 이혼당하는 경우가 많았다. 그럼에도 장애인 정책이라는 게 거의 없었고 여성을 위한 직업도 많지 않았기 때문에, 장애 여성들은 결혼에 매달릴 수밖에 없었다.

한국에 살았던 장애 일본인들

1876년 강화도조약으로 조선이 문호를 개방한 이후 제일 먼저 들어온 이들은 일본 상인들이었다. 그들은 비누, 향수, 머릿기름, 백분, 치분(齒粉) 등 주로 아낙네들에게 소용되는 물건을 갖고 시골로 다니면서 돈이나 곡식을 훑어갔다.[74]

1894년 청일전쟁 후에는 더 많은 일본인들이 들어왔는데, 그들은 바늘이나 가위 등 생활 소도구를 파는 행상을 많이 했다. 또 약을 갖고 시골을 돌아다니며 파는 이른바 '왜약장사'도 많이 했다. 그들은 장사를 하다 보니 조선말도 곧잘 했고, 돈벌이도 제법 쏠쏠했다고 한다.[75]

1910년 한일병합 후에는 각양각색의 일본인들이 건너왔다. 1930년대 초반 35만 명의 경성 인구 중 10만 명이 일본인일 정도였다.[76] 그중에는 장애를 가진 사람도 상당히 많았는데, 시각장애인과 청각 · 언어장애인, 정신장애인, 기형아, 한센인 등 다양했다. 따라서 지금까지는 거의 주목하지 못했지만, 근대 우리나라에 살았던 장애 일본인에 대해서도 한 번쯤 집중적으로 살펴볼 필요가 있다.

당시 장애 일본인 중에는 시각장애인이 가장 많았던 듯하다. 조선총독부 제생원에서 발간한 『조선맹아자통계요람』에 따르면, 1921년 조선의 시각장애인 수는 8792명이었는데, 그중 93명이 일본인이었다. 도별로는 경기도 30명(남 20, 여 10), 경상남도 19명(남 12, 여 7), 전라북도와 전라남도, 경상북도, 경상남도 각 6명 등이었다. 1927년에는 전국의 시각장애인 수가 1만 1205명이었는데, 그중 일본인은 121명이었다. 도별로는 경기도 32명(남 25, 여 7), 평안남도 25명(남 20, 여 5), 경상북도 14명(남 10, 여 4), 경상남도 14명(남 6, 여 8) 등이었다.[77]

당시 시각장애 일본인들은 주로 침 · 구 · 안마업에 종사했다. 본래 일본에서도 시각장애인은 악사로 활동하거나 무속업에 종사했는데, 18세기 말부터 안마업이 대표적인 직업이 되었다. 그래서 침 · 구 · 안마를 가르치는 학교가 전국적으로 15개나 세워지기도 했다.[78] 한일병합 이후 그들은 하나둘씩 우리나라에 진출하여 안마업을 했고, 1914년에는 침 · 구 · 안마조합을 결성하기도 했다. 예를 들어 서울에서는 서천당(西川堂), 오삼당(五三堂) 같은 안마원을 만들었고, 지방 대도시에서도 안마원을 운영했다. 고객으로부터 전화가 오면 대기하고 있던 안마사들이 나가서 안마를 해주곤 했다.[79]

청각 · 언어장애 일본인도 적잖이 살고 있었다. 『조선맹아자통계요람』에 따르면, 1921년 조선의 청각 · 언어장애인 수는 6847명이었는데, 그중 58명이 일본인이었다. 도별로는 경기도 12명(남 4, 여 8), 경상남도 10명(남 5, 여 5), 전라남도 9명(남 7, 여 2), 경상북도 6명(남 2, 여 4) 등이었다. 1927년에는 전국의 청각 · 언어장애인 1만 300명 중 일본인이 93명이었다. 도별로는 경상남도 24명(남 13, 여 11), 경기도 22명(남 12, 여 10), 전라남도 11명(남 8, 여 3), 경상북도 9명(남 4, 여 5) 등이었다.[80] 당시 우리나라의 청각 · 언어장애인이 농업, 날품팔이, 고용살이, 수공업 등의

자유노동과 의복 · 재봉 등의 재봉사를 많이 했는데, 일본인들도 마찬가지였으리라 추정된다.[81]

정신장애 일본인도 의외로 많이 살고 있었다. 예컨대 1926년 조선의 정신장애인 수는 2488명이었는데, 그중 일본인은 102명(남 48, 여 54)이었다. 1927년에는 조선의 정신장애인 수가 2518명이었는데, 그중 일본인이 96명(남 50, 여 46)이었다.[82]

그런데 당시 우리나라 사람들은 정신장애를 여전히 귀신 들린 것으로 간주하여 집 안에 감금하고 무속 치료를 많이 했지만, 일본인들은 의학적으로 이해하고 병원시설에 수용하여 치료하려고 했다. 실제로 앞에서 보았듯이 1932년 경성제대 부속병원에는 일본인이 더 많이 입원해 있었다. 당시 그 병원엔 총 50여 명의 환자가 입원해 있었는데, 1층엔 10여 명의 환자 중 일본인과 조선인이 반반이었고, 2층엔 일본인이 더 많았다. 여자 병실에도 조선인 3명, 일본인 4~5명이 있었다.[83] 물론 당시 일본인은 조선인에 비해 경제 수준이 더 높았고, 본래 경성제대 부속병원은 일본인을 위해 세운 병원이었다는 점을 유의할 필요가 있다.

한편 일본인들도 간혹 기형아를 낳았는데, 그때마다 괴이하게 여기며 죽이곤 했다. 앞에서 보았듯이 1921년 전라남도 보성에 사는 한 일본인은 백색증 딸을 집 안에 가두고 굶겨 죽였으며,[84] 1921년 황해군 봉산군 사리면에서 잡화상을 하던 일본인은 자기 아내가 윗입술은 두 갈래로 찢어지고 아랫입술은 한 갈래로 찢어진 이른바 언청이를 낳자 남들 보기에 창피하다며 목을 졸라 죽인 일도 있었다.[85]

그 밖에 한센인 일본인도 있었다. 1925년 한센인 4309명 중 일본인이 16명(남 13, 여 3)이었다고 한다.[86]

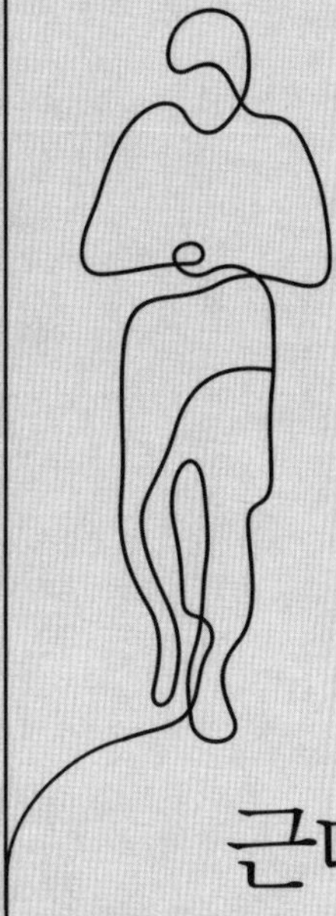

3부

근대사에 족적을 남긴 장애 인물들

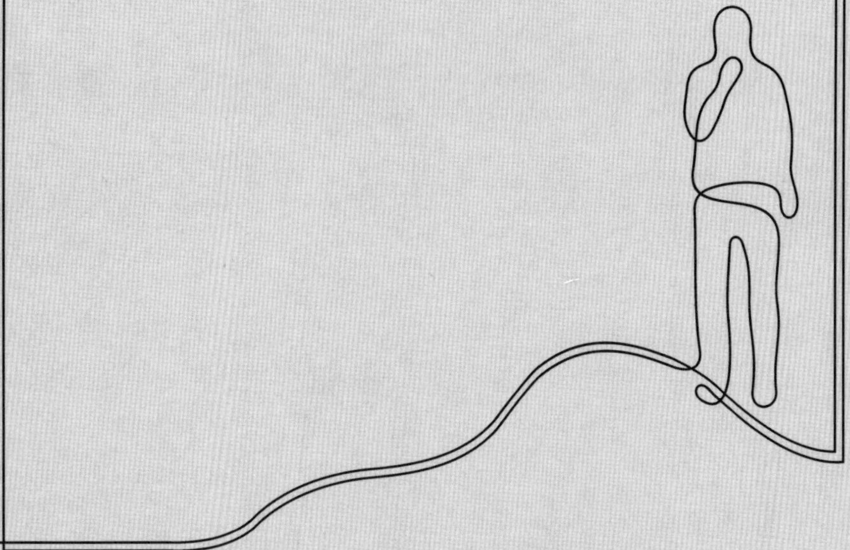

조선시대 장애인은 다양한 직업을 갖고 비교적 자립생활을 했으며, 양반층의 경우 능력과 의지만 있다면 과거시험을 보고 높은 관직에까지 오를 수도 있었다. 하지만 근대의 장애인은 더 이상 관직 참여가 불가능해지고, 국가의 복지정책도 제대로 시행되지 않았다. 게다가 근대화 · 산업화로 기존 장애인의 직업도 많이 사라져갔다. 그 결과 많은 장애인들이 거리로 내몰려 구걸로 연명할 수밖에 없었고, 날이 갈수록 사람들은 그러한 힘없는 장애인을 놀리거나 학대하고 축출하는 지경에 이르게 되었다. 한 마디로 근대의 장애인은 세상 그 어디에도 발 디딜 곳 없는 비참한 처지가 되었던 것이다.

그럼에도 근대의 장애인은 의병 · 독립운동가, 교육가, 예술가(작가, 화가, 음악가), 그 밖에 다방면에서 뛰어난 업적을 남김으로써 우리 근대사의 한 축을 이루었다. 여기에서는 나름대로 뚜렷한 족적을 남긴 근대의 장애 인물들을 유형별로 나누어 자세히 살펴보고자 한다.

그런데 이들은 기본적으로 장애인에다 지방 출신, 여성이 많아 그들의 존재 자체를 발굴하기도 쉽지 않을뿐더러 관련 자료도 부족하고 선행연구도 별로 없는 실정이다. 실제로 아래의 장애 인물들은 이 책에서 거의 처음 소개하는 것이라고 해도 과언이 아닐 것이다. 그러므로 자료를 최대한 많이 찾아내어 그들의 생애와 업적을 정리한 뒤 시대적 의미를 짚어주는 일종의 평전 형식으로 살펴보고자 한다. 그래야 해당 인물을 좀 더 생생하게 이해할 수 있기 때문이다.

이를 통해 우리 근대 역사의 장애 인물들을 대거 발굴할 뿐 아니라 한국 장애인사의 저력도 다시금 확인할 수 있을 것이다. 또 장애인의 긍정적인 역할과 이미지를 찾아내어 그들에 대한 인식을 개선하는 데도 조금이나마 기여하고자 한다.

1장

의병·독립운동가

근대의 장애 인물 중 의병·독립운동가로는 기산도, 윤태한, 강대주, 신규식, 김창숙, 정해익, 이진무, 윤형숙, 심명철 등이 있었다. 이들은 주로 의병운동이나 독립운동을 하다가 체포되어 고문을 받던 중 장애를 입은 '후천적 장애인'이다. 아래에서는 그들의 생애와 업적에 대해 시대 순으로 차근차근 살펴보기로 하자.

동학접주, 윤태한

윤태한(1857~1932)은 한말의 의병이다. 전라남도 광산에서 태어났으며, 호는 한암이다.

26세에 동학 교리에 심취하여 2대 동학교주인 최시형의 문하에서 수학하고 동학에 입도했다. 32세엔 동학접주가 되어 광산, 화순, 나주 등지에서 포교활동을 했고, 38세엔 수백 명의 농민군을 이끌고 전투에 참가했다. 이후에도 을사조약과 고종의 퇴위, 군대 해산 등에 울분을 느껴 의병활동에 가담했다.

결국 1907년 일본 경찰에 체포되어 모진 고문을 당했는데, 이로 인해 손톱과 발톱이 빠지고 오른팔이 불구가 되었다. 또 2년간의 옥고를 치르며 성불구자가 되기도 했다. 그럼에도 종교집회와 교육활동에 계속 참여하여 사람들에게 항일의식과 애국심을 고취시켰다. 1932년에 세상을 떠났으며, 계룡산 천도교본당에 제향되었다.[1]

윤태한은 이렇게 동학접주로서 의병운동을 하다 일본 경찰의 고문을 받고 후천적으로 장애를 입은 인물이었다.

강개한 의열지사, 기산도

기산도(1878~1928)는 한말과 일제강점기의 의병이자 독립운동가다. 출생지에 대해서는 전라남도 장성과 고흥이란 두 가지 설이 있는데, 장성에서 태어나 자라다가 나중에 고흥으로 이주한 것으로 추정된다.

그의 할아버지 기삼연은 노사 기정진의 제자이자 호남 지역 의병장이었으며, 장인 고광순도 지리산을 거점으로 일제에 항거하다가 전사한 의병장이었다. 이러한 집안 내력을 배경으로 그는 평생 동안 독립운동을 전개했던 것이다.[2]

한때 기독교계 학교의 교사를 지내기도 했던 기산도는 1905년부터 본격적으로 항일투쟁에 나섰다. 그는 먼저 을사조약 이전에 매국노들을 죽여 조약 체결을 막고자 했으나, 일제의 경계가 워낙 삼엄한 탓에 뜻을 이루지 못했다. 1905년 11월 18일, 결국 을사조약이 강제로 체결되자 기산도는 결사대를 조직하고 권총과 실탄을 구입하여 매국노들의 동정을 염탐했다. 하지만 의거 계획이 사전에 누설되는 바람에 결사대 동지들이 모두 경찰에 붙잡혀 옥고를 치렀다.

이듬해인 1906년 2월, 이번에는 매국노이자 군부대신 이근택을 처단하고자 했다. 이근택은 1882년 임오군란을 피해 명성황후가 충주로 피난 갔을 때 매일같이 신선한 음식을 바친 공으로 벼슬길에 올랐다. 이후 고종의 환심을 사서 승진을 거듭하여 한성부 판윤, 경무사, 법부대신을 역임하고, 1905년 군부대신에 올랐다. 대표적인 친일파로, 침략의 원흉 이토 히로부미(伊藤博文)를 의부(義父)로 삼고, 일본군 사령관과 형제간으로 지내기도 했다.

마침내 1906년 2월 16일 새벽 1시경, 기산도는 3명의 동지와 함께 이근택의 집에 뛰어들어 그를 칼로 마구 찔렀다. 다급해진 이근택은 온힘을 다해 촛불을 껐고, 함께 자고 있던 첩의 비명소리가 밖으로 흘러나왔다. 그 소리를 듣고 이근택의 집을 지키던 한인 순검과 일본 헌병이 급히 방 안으로 뛰어 들어갔다. 결사대는 이미 담장에 줄사다리를 놓고 도망친 뒤였다. 이근택은 머리와 어깨, 다리 등 10여 곳에 상처를 입었지만 한성병원에서 한 달여 동안 치료를 받고 겨우 목숨을 구할 수 있었다.

이후 일본 경찰은 기산도를 비롯한 결사대를 검거하기 위해 혈안이 되었다. 안타깝게도 결사대가 썼던 가발 하나가 이근택 집의 대청 위에 떨어졌는데, 그것이 단서가 되어 모두 체포되고 말았다. 이 일로 기산도는 2년 6개월의 징역형을 선고받았다.

그 후에도 기산도는 1920년 상하이 임시정부에 보낼 군자금을 모집하다가 일본 경찰에게 체포되어 광주지방법원에서 징역 3년형을 언도받아 옥고를 치렀다. 이때 그는 심한 고문을 받아 절름발이가 되고 말았다. 다시 말해 기산도도 독립운동을 하다가 감옥에 갇혀 고문으로 지체장애인이 되었던 것이다.

출옥 후에도 그는 이곳저곳을 유랑하며 항일운동을 계속하다가 1928년 향년 51세로 전라남도 장흥에서 병으로 사망했다. 그는 자신이 죽으면 '유랑개걸지사(流浪丐乞之士) 기산도지묘(奇山度之墓)'라는 목패를 무덤 앞에 세워달라는 유언을 남겼다고 한다. 1963년 대한민국 정부는 그의 공훈을 기려 건국훈장 독립장을 추서했고, 2003년 '10월의 독립운동가'로 선정했다.[3]

전남의 의병장, 강대주

강대주(1880~1960)도 한말과 일제강점기의 의병이자 독립운동가다. 전라남도 나주에서 태어났으며, 자는 달주다.

1907년 군대 해산 후 전라남도 함평군 신광면에서 심남일이 의병을 일으키자, 강대주도 그에 가담하여 후군장으로 활약했다. 특히 강대주는 선봉장 강무경과 함께 격문을 작성하여 각지에 살포하고 의병을 모집하여 훈련시키는 역할을 맡았다.

1908년 3월엔 강진 오치동 전투에서 일본군 수백 명과 접전하여 첫 승리를 거두었고, 6월엔 능주 전투에서, 10월엔 해남 성내에서 300여 명의 의병을 거느리고 적과 교전하여 큰 전과를 올렸다.

1909년 5월에도 일본군 50여 명과 접전 끝에 5명을 사살했다. 하지만 그해 8월 석성 전투에서 한 첩자가 일본 헌병대와 밀통함으로써 적의 야습을 받아 많은 의병을 잃게 되었다. 그 후 조정의 칙령에 따라 의병을 해산하고 풍치에 피신해 있던 중 의병장 심남일, 선봉장 강무경 등과 함께 일본군에 체포되었다.

1910년 4월 광주지방재판소에서 폭동죄로 징역 5년형을 선고받았다. 투옥 중 일본 관헌의 고문을 받아 발목 불구가 되었다. 그도 역시 항일운동을 하다가 지체장애를 입게 된 경우다. 그는 감옥에서 나온 뒤에도 나주군의 독립운동에 은밀히 참여했다. 3·1운동 후에는 영암군 시종면 봉소리에서 은거생활을 했다고 한다. 1990년 건국훈장 애국장이 추서되었다.[4]

임시정부 법부총장, 신규식

신규식(1880~1922)은 일제강점기의 독립운동가다. 호는 예관(睨觀), 일민(一民) 등이다. 충청북도 청원군에서 신용우와 전주 최씨의 둘째 아들로 태어났다. 어려서부터 영특하여 세 살 때 글자를 깨우쳤고, 일찍이 집안에서 운영하는 글방인 가숙(家塾)에 들어가 한문을 익히고 사서오경을 통달했다. 특히 글재주가 뛰어나 어린 나이부터 글을 짓고 시를 썼다.[5]

하지만 신학문의 필요성을 느낀 신규식은 열아홉 살인 1898년에 상경하여 관립한어학교에 입학했다. 이후 그의 중국어 실력은 일취월장하여 거의 중국인과 맞먹는 수준이었다. 또 스물한 살에 육군무관학교에 들어가 여러 가지 군사학과 신학문을 공부했다.

1905년 을사조약이 강제로 체결되자, 신규식은 비분강개하여 의병을 일으키고자 했으나 뜻을 이루지 못했다. 그는 들끓는 마음을 억제할 길

신규식(맨 오른쪽). 누구보다 뜨거운 가슴을 지닌 독립운동가였다.

이 없어 자결을 시도했는데, 다행히 집안 식구들이 일찍 발견하여 겨우 목숨을 구할 수 있었다. 하지만 약기운이 워낙 강해 시신경을 손상한 탓에, 결국 오른쪽 눈이 사물을 똑바로 보지 못하고 항상 흘겨보는 이른바 사시가 되었다. 이때부터 신규식은 '흘겨보다'라는 뜻의 예관(睨觀)을 자신의 호로 삼았다.[6]

그는 학교를 졸업한 뒤 육군 참위가 되었으나 1907년 일본의 군대 해산으로 짧은 군대생활마저도 끝나고 말았다. 이후 밤낮을 잊고 나라를 위해 충성을 다하고자 했다. 학회를 조직하여 『공업계』라는 잡지를 발행하고 자강회, 대한협회 등의 정치단체에도 참여했다.

하지만 그러한 활동만으로 국권을 회복하기에는 역부족이었다. 결국 1910년 한일병합이 체결되자, 그는 한없이 절망하며 또다시 음독자살을 시도했다. 다행히 대종교의 종사 나철에 의해 구출되었는데, 이를 계기로 그는 대종교 신도가 되었다.[7]

1910년 나라를 잃은 뒤 많은 애국지사들이 연해주와 만주 등으로 망명했다. 신규식도 1911년에 중국의 혁명 중심지인 상하이로 망명했다. 이때 그의 나이 서른두 살이었다. 그곳에서 중국의 혁명운동인 신해혁명을 도왔고, 중국 혁명의 지도자 쑨원(孫文)과도 친분을 맺었다. 또 여러 동지들과 함께 비밀결사인 동제사를 결성하고, 박달학원을 설립하여 상하이로 오는 청년 동포들을 지도했다.

1919년 3 · 1운동을 계기로 상하이에 대한민국 임시정부가 수립되었다. 이때 신규식은 임시정부의 법부총장으로 취임했다. 하지만 얼마 안 있어 임시정부는 서로 의견이 맞지 않아 전복될 위기에 처했다. 신규식은 그러한 분열 사태를 지켜보며 심장병과 신경쇠약으로 병석에 눕고 말았다. 그는 단식하고 약마저 거부하며 자결을 시도했는데, 결국 25일 만에 "정부! 정부!" 하고 외치며 생을 마감했다. 그가 얼마나 임시정부의 분열을 안타깝게 여겼는지 짐작할 수 있는 대목이다.[8]

1962년 정부는 그의 공적을 인정하여 건국훈장 대통령장을 추서했다. 신규식의 저서로는 사론집 『한국혼』과 시집 『아목루(兒目淚)』가 전하고 있다. 아목루는 '예관시집'이라고도 하는데, 1909년부터 1922년까지 10여 년 동안 지은 160여 편의 율시와 산문시가 수록되어 있다.[9]

유림계의 독립운동가, 김창숙

김창숙(1879~1962)은 일제강점기의 독립운동가다. 경상북도 성주에서 태어났으며, 호는 심산(心山), 벽옹(躄翁: 앉은뱅이 노인)이다.

김창숙은 어릴 적부터 성정이 거칠어 절대 남에게 지려 하지 않았다. 열 살 때 아버지의 명에 따라 동네 어른에게 나아가 가르침을 받았으나 늘 방종한 아이들과 어울려 다니며 놀았다. 한 동네 어른이 "네가 아버지의 뜻을 따르지 않으니 어떻게 사람이 되겠느냐?"라며 엄격히 훈계해서야 차츰 분발하기 시작했으나, 구속받기 싫어하는 성질은 여전했다.[10]

1905년 일제는 강제로 을사조약을 체결하고서 '보호'라는 명목 아래 통감부를 설치했다. 이에 김창숙은 스승 이승희를 따라 상경하여 대궐 앞으로 나아가 이완용, 이지용, 이근택, 박제순, 권중현 등 을사오적의 목을 베라고 상소했다. 하지만 궁궐에서 아무런 회답이 없자 그냥 통곡하다가 돌아왔다.

김창숙이 독립운동에 본격적으로 뛰어든 것은 1919년 3 · 1운동 이후부터였다. 당시 민족대표 33인이 독립선언문을 발표했는데, 거기에 서명한 사람은 천도교, 기독교, 불교계 인사들뿐 유교계는 한 명도 없었다. 이에 그는 통탄을 금치 못하고 이렇게 말했다.

"우리나라는 유교의 나라였다. 나라가 망한 것도 따지고 보면 유교가 먼저 망하자 나라가 망한 것이다. 지금 독립운동을 하는데 3교의 대표가 주동하고 유교는 단 한 사람도 참여하지 않았으니, 세상에서 꾸짖기를 '오활한 선비, 썩은 선비들과 더불어 일할 수 없다'라고 한다. 우리들이 이런 굴욕을 당했으니 세상에 이보다 더 부끄러운 일이 어디 있겠는가?"[11]

그는 즉시 전국의 유림들을 규합하여 130여 명의 서명으로 한국 독립을 호소하는 유림단의 진정서를 작성했다. 그리고 그것을 파리강화회의에 보내 국제 여론을 일으키면 유림들도 독립운동가로 인정받을 수 있을 것이라고 생각했다.

김창숙이 그 진정서를 가지고 상하이로 가서 임시정부 사람들을 만나 파리로 가겠다고 하자, 그들은 이미 우리나라의 민족대표로 김규식을 보냈다고 하면서 그 진정서를 파리강화회의에 우편으로 보내는 게 좋겠다고 했다. 그와 함께 김창숙에게 한학에 조예가 깊으니 상하이에 머물면서 독립운동을 할 것을 권유했다. 이에 그는 경상북도 의원으로 선임되어 대한민국 임시정부를 수립하는 데 공헌했다.

유림계의 독립운동가 김창숙. 전국의 유림들을 규합해 독립운동에 헌신했다.

한편 김창숙이 파리로 진정서를 보낸 사실이 중간에서 탄로나는 바람에 영남과 기호의 많은 선비들이 체포되어 대구 감옥에 갇혔다. 이것이 1차 유림단 사건이다.[12]

1924년 김창숙은 만주와 몽골의 접경지대에 황무지를 개간하여 새로운 독립운동 기지를 건설할 계획을 세웠다. 그런 다음 황무지를 개간할 자금을 조달하기 위해 국내로 잠입하여 모금운동을 전개했다. 하지만 독립운동의 기운이 시들어서인지 만족할 만한 성과를 거두지 못했다. 상하이로 돌아간 김창숙은 이동녕과 김구에게 국내 정세를 설명하고서 이렇게 제안했다.

"인심이 이미 죽었으니 만약 비상수단을 써서 사기를 진작시키지 않는다면 우리들도 장차 궁박한 처지를 면치 못할 것입니다. 이 자금으로는 대규모 사업을 착수하기가 실로 어렵습니다. 청년 결사대에게 무기를 주어 국내로 들어가 왜정 기관을 파괴하고 친일 부호를 박멸하게 해서 국민 의기를 고취시킵시다."

두 사람도 동의하면서 결사대원으로 나석주를 추천했다. 김창숙은 폭탄과 권총 등의 무기를 구입하여 나석주 일행에게 주면서 말했다.

"제군들의 용감함은 후일 독립운동사에 길이 빛나게 될 것이오."

1926년 12월, 나석주는 서울에 잠입하여 식산은행과 동양척식주식회사에 폭탄을 던져 파괴하고, 또 권총으로 동양척식주식회사 직원 및 일본 경찰 등 여러 명을 사살하고 나서 자신도 자결했다.

이 사건으로 역시 수많은 사람들이 체포되어 대구로 끌려가 어떤 이는 구류되고 어떤 이는 감옥에 갇혔는데, 이것이 2차 유림단 사건이다.[13]

마침내 일본 경찰이 밀정을 상하이로 보내 김창숙을 체포하려 했다. 1927년 6월 김창숙이 치질에 걸려 영국 의사가 운영하는 병원에 입원해 있었는데, 일본 형사 6명이 병실로 들이닥쳐 그를 체포한 뒤 일본 총영사관 내의 감옥에 가두었다.

이후 김창숙은 대구로 압송되었다. 대구경찰서에 감금된 그는 온갖 형구로 모진 고문을 당했다. 그의 죄는 모두 일곱 가지로 제령(制令) 위반, 치안유지법 위반, 폭발물취체령 위반, 거주침입, 살인미수, 살인방조, 공갈 등이었다. 1928년 12월, 마침내 그는 징역 14년형을 언도받고 대전형무소로 이감되었다.

김창숙은 감옥에서 심한 고문을 받아 병이 더욱 악화되었는데, 두 다리의 마비증세로 앉은뱅이가 되었다. 당시 그는 자리에서 일어날 때마다 남의 부축을 받아야만 했다. 1929년 5월 병이 더욱 위중해지자 가석방되어 고향으로 돌아갔다. 그러나 한 달 후 다시 수감되었다. 몇 년 후 병세에 조금씩 차도가 있어 간신히 눕고 일어날 수 있었지만, 대소변은 남의 도움을 받아야 했다. 1936년 3월에도 가석방되어 울산 바닷가에서 5년 동안 치료했으나, 병은 해마다 깊어져 두 다리가 무력해지고 오그라들어 완전히 앉은뱅이가 되고 말았다.[14]

1945년 8월 해방 후 김창숙은 상경하여 비상국민회의 민주위원을 역임하며 반탁운동을 펼쳤다. 또 1946년 전국유림대회에서 유도회총본부 위원장으로 선출되었고, 같은 해 9월에는 성균관대학을 설립하여 초대 학장에 취임했다. 1953년 성균관대학이 종합대학으로 승격되자 초대 총장이 되었다.

김창숙은 1962년에 84세의 나이로 세상을 떠났다. 그의 장례는 사회장으로 치러졌으며, 건국훈장 대한민국장이 수여되었다. 저서로는 시문집 『심산만초』와 『벽옹만초』, 자서전 『벽옹칠십삼년회상기』 등이 있다.[15]

남원의 돌격대장, 정해익

정해익(1890~1976)은 일제강점기 독립운동가로, 전라북도 남원 출신이다. 태어난 지 6개월 만에 부친을 여의고 홀어머니 밑에서 자랐다. 어릴 때부터 기골이 장대하고 위풍이 당당하며 지덕을 겸비한 대장부였다고 한다.

1919년 3 · 1운동 때 남원의 덕과면과 사매면 사람들도 만세운동을 펼쳤는데, 일본 헌병대가 출동하여 그 주동자들을 붙잡아 구금했다. 이에 분개한 정해익은 돌격대를 조직하고 스스로 돌격대장이 되어 일본 헌병대를 습격했다. 그러나 일본 헌병대의 총격을 받아 쓰러졌고, 검사가 사망 진단을 내린 뒤 그의 시신을 가족에게 인도했다. 그러나 죽은 줄로만 알았던 그는 가까스로 의식을 되찾았다.

정해익은 부상이 채 회복되기도 전에 남원 군수와 경찰서장이 사매면을 지나간다는 소식을 듣고 암살을 시도하다가 일본 헌병에 붙잡혀 옥고를 치렀다. 이후 병으로 가석방되었으나 어깨뼈에 입은 부상으로 불구, 즉 지체장애인이 되었다. 해방 후에는 70세의 노구로 마을길 청소나 도로 보수, 다리 놓기 같은 마을 일에 헌신했다. 이 같은 행적이 널리 알려지면서 1946년 3 · 1운동기념 남원위원회로부터 표창장을 받았고, 1971년 남원군수의 감사장과 1977년 대통령 표창장을 받았다.[16]

만주의 흑선풍, 이진무

이진무(李振武, 1900~1934)도 일제강점기 독립운동가다. 평안북도 정주군에서 태어난 그는 어릴 때부터 항일의식과 의협심이 유달리 강했다고 한다.

3 · 1운동 직후 항일투쟁에 투신하기로 결심한 그는 만주로 건너가 광복군 총영에 가입한 뒤 본격적인 무장투쟁을 전개했다. 그런데 1920년 8월 미국 상하의원들로 구성된 동양시찰단이 서울을 방문한다는 소식이 들려왔다. 임시정부는 우리 민족의 자주독립에 대한 염원과 일제의 침략상을 세계 여론에 호소할 수 있는 절호의 기회라고 생각했다. 그리하여 광복군 총영에 일제의 주요 기관과 시설들을 파괴하고 침략 원흉과 일제 관리들을 처단하라는 지시를 내렸다. 그때 이진무는 광복군 총영의 제5대에 소속되어 비밀리에 국내로 들어와 신의주역과 호텔에 폭탄을 투척하는 등 많은 활약을 펼쳤다.

1924년 5월에는 대원들과 함께 평안북도 창성군에 잠입하여 경찰 주재소를 방화하고, 그곳에 사는 주민들로부터 군자금을 모집했다. 이듬해인 1925년에도 정의부에 가입한 뒤 철산에 있는 양조장, 우체국, 경찰관

주재소를 습격하여 일본 경찰 4명을 사살하고 군자금을 모집했다.

이후에도 그는 수차례에 걸쳐 국내로 잠입하여 일본 주구배들의 처단과 군자금 모집 등 항일 무장활동을 전개했다. 그러나 불행하게도 1931년 1월 만주 안동에서 일본 경찰에 체포되어 신의주로 압송되었다. 1933년 신의주지방법원에서 사형선고를 받고 이듬해 5월 평양형무소에서 순국했다. 이때 그의 나이는 35세에 불과했다.

이진무는 본래 체구가 작고 애꾸눈이었으나 담력이 비상하여 만주 일대에서 무장활동을 전개할 때 '일목장군(一目將軍)'으로 불렸다. 그가 한쪽 눈을 잃은 사연은 분명하지 않은데, 일본군과 싸우다가 그렇게 되었다는 이야기가 있다. 불의를 보면 참지 못해 물불 가리지 않고 달려드는 기세가 마치 『수호지』에 나오는 흑선풍과 같다 하여 '만주의 흑선풍'으로 불렸다. 일제 경찰과 주구들은 그의 이름만 들어도 벌벌 떨었다고 한다. 1962년 건국훈장 독립장이 추서되었다.[17]

비운의 여성 독립운동가, 윤형숙

윤형숙(1900~1950)은 일제강점기의 여성 독립운동가다. 전라남도 여천에서 태어났으며, 순천 매산학교를 졸업하고, 광주 수피아여고에 입학했다.

1919년 3월 1일 서울에서 만세운동이 일어났을 때, 광주에서도 3월 10일 장날을 기해 천여 명의 군중이 모여 대한독립만세를 외쳤다. 이때 윤형숙은 시위대 맨 앞에서 만세를 외치다가 일본 헌병이 내리친 칼에 왼팔이 잘리는 부상을 입었다. 그리고 일본 헌병에 체포되어 광주지방법원에서 보안법 위반으로 징역 4개월을 언도받고 옥고를 치렀는데, 감옥에 있는 동안 고문을 받아 오른쪽 눈마저 실명했다.

출옥한 후에는 함경남도 원산 마루다신학교에 입학했지만, 고문 후유증으로 학업을 중단하고 전라북도 고창으로 내려왔다. 고창의 한 유치원에서 6년간 교사로 근무했고, 오빠가 살고 있는 여수로 가서 봉산교회의 전도사 및 봉산학원의 교사로 일하기도 했다.

한국전쟁 때 전도사라는 이유로 북한군에게 붙잡혀, 9월 28일 여수시 둔덕동 과수원에서 손양원 목사와 함께 총살되었다. 2004년 대한민국 정부는 윤형숙의 공훈을 기려 건국포장을 추서했다.[18]

유관순과 반열을 같이한 독립운동가, 심명철

심명철은 일제강점기 개성에서 활동했던 시각장애인 전도사이자 여성 독립운동가다. 자세한 생몰년이나 출신, 가족사항은 알 수 없다.

1919년 3 · 1운동 때 독립선언문 수백 장이 개성의 북부교회 강조원 목사에게 전달되었으나, 소심한 그는 여러 사람들에게 배포하지 못했다. 그러자 어윤희라는 사람이 보따리장사꾼으로 위장하고서 집집마다 돌아다니며 독립선언문을 전달했는데, 그것을 본 호수돈여학교 사감 신관빈(1885~?), 전도부인 심명철이 합류했다. 개성의 만세운동은 바로 이들 여성에 의해 선도되었던 것이다.

심명철은 만세운동을 벌일 때에도 일본군 기마병의 행렬 앞으로 뛰어들어 군중에게 적극적인 참여를 독려하다 체포되었다. 당시 그녀는 "내 눈이 멀었다고 마음까지 먼 줄 아는가. 우리는 조국의 독립을 위해 만세를 부른 것뿐이다"라고 외치며 일본 경찰의 포박에 거세게 항의했다고 한다.

결국 만세운동의 주동자로 붙잡힌 그녀는 서대문형무소 8호 감방에 수감되었다. 그곳에는 이화학당 학생으로 고향인 천안에서 3·1운동을 주도하다 붙잡혀온 유관순(1902~1920), 주일학교 교사이자 독립운동가로 활동하던 권애라(1897~1973) 등도 갇혀 있었다.

이듬해인 1920년에 3·1운동 1주년을 기념하는 만세 소리가 서대문형무소 여자 감옥에서 울려 퍼졌을 때, 일제는 유관순과 심명철을 주요 인물로 지목할 정도였다. 이후 유관순은 잦은 구타와 고문에 시달리다 결국 옥중에서 순국했다. 하지만 심명철의 행적에 대해선 더 이상의 기록이 남아 있지 않아 현재로선 제대로 알 수 없는 실정이다.[19]

이처럼 심명철은 앞의 의병이나 독립운동가들과 달리 선천적 시각장애인이었는데, 그럼에도 3·1운동에 참여하여 주동적인 역할을 했고, 이후 감옥에 갇혀서도 유관순과 함께 독립만세를 외치다 순국한 여성이다. 지금까지 우리는 심명철에 대해선 거의 관심을 기울이지 않았는데, 앞으로는 유관순 열사와 반열을 같이했던 여성 독립운동가로 심명철을 재조명할 필요가 있을 듯하다.

2장

교육자

근대의 장애 교육자로는 오봉래, 임현주, 김성실, 한신경 등이 있었다. 이들은 주로 선천성 혹은 어렸을 때 시력을 잃고 근대식 장애교육, 즉 특수교육을 받은 뒤 전문적인 장애 교육자로 활동한 인물들이다. 앞의 의병 · 독립운동가처럼 그들의 생애와 업적에 대해 시대 순으로 차근차근 살펴보자.

한국 최초의 장애인 교육자, 오봉래

오봉래(?~1919)는 평양맹아학교의 시각장애인 교육자였다. 1부 '근대의 장애인 정책'에서 살펴보았듯이, 오봉래는 평양의 평민층 집안에서 오석형과 노수잔의 큰딸로 태어났다.

그녀의 부모는 평양에서 의료선교를 하던 윌리엄 제임스 홀과 로제타 셔우드 홀 부부의 첫 번째 기독교 신자였다. 당시 로제타는 평양의 환자

오봉래. 선교사 로제타에게 점자교육을 받은 뒤 장애인을 가르치는 교사로 활동했다.

들 가운데 맹인과 농아인이 많은 것을 보고 어떻게든 그들을 돕고 싶어 했다. 하지만 "서양 사람들이 약을 만들기 위해 아이들의 눈을 뽑아 간다"는 유언비어가 퍼져 있어서 각별히 조심하지 않을 수 없었다. 그러던 차에 오석형의 딸이 맹인이라는 사실을 안 로제타는 '드디어 이곳에서 일을 시작할 때가 왔구나. 그 아이의 아버지는 기독교인이니 내 의도를 곡해하진 않겠지'라고 생각했다.

로제타는 어린 시절 어머니에게 배운 기억들을 떠올리며 빳빳한 기름종이에 바늘로 점을 찍어 일종의 점자를 고안해냈다. 그러고는 ㄱㄴㄷㄹ…, ㅏㅑㅓㅕ… 등 언문(한글) 자모를 점자로 찍어 오봉래를 가르치기 시작했다.

다행히 오봉래는 총명한 데다 공부에 대한 열정까지 대단해서 곧 좋은 성과를 보였다. 다만 아직 점자가 완벽하지 않고, 맹인 교육에 대한 더 이상의 지식이 없어 안타까울 따름이었다.[1] 하지만 오봉래에 대한 로제타의 점자교육은 그리 오래가지 못했다. 1894년 청일전쟁이 일어나고 로제타의 남편 윌리엄이 전쟁 부상자를 치료하다 죽자, 로제타도 잠시 미국으로 돌아갔기 때문이다.

그녀는 미국에 머무는 동안에도 조선의 맹인들을 위해 일하겠다는 다짐을 잊지 않고 뉴욕 맹학교를 찾아가 4점식 '뉴욕 포인트' 점자를 익혔다. 1897년에 다시 돌아온 뒤에는 틈틈이 언문 자모를 비롯해서 조선어 기도서, 십계명 등 점자 교재들을 만들었다.

이듬해 평양으로 간 로제타는 오봉래에게 본격적으로 점자교육을 시작했다. 처음엔 진도가 느리고 지루했지만, 언문 자모를 깨우친 뒤에는 학습 속도가 매우 빨랐다. 오봉래는 불과 1년 만에 로제타가 준비한 모든 교재들을 읽을 수 있었다. 또한 점자로 글을 쓸 수 있었을 뿐 아니라, 다른 맹인 소녀들에게 점자를 가르칠 정도가 되었다. 로제타는 오봉래에게 뜨개질 등 직업교육을 시키기도 했다.

오봉래가 점자를 배우며 행복해하는 모습을 본 다른 맹인 소녀들도 하나둘씩 찾아와 점자를 가르쳐달라고 했다. 이렇게 해서 우리나라 최초의 맹인학교가 생기게 되었던 것이다. 로제타는 1899년 죽은 딸 에디스 마거릿을 추모하기 위해 지은 '에디스 마거릿 어린이 병동'의 한쪽 구석에 방을 마련하고 맹인 소녀들을 가르치기 시작했다.

이후 감리교에서 운영하는 정진소학교가 설립되자, 로제타는 그 학교 안에 맹인 소녀를 위한 학급을 개설해달라고 요청했다. 조선에서는 처음으로 장애인과 비장애인이 함께 공부하는 통합교육을 시킨 것이다. 그녀는 평소 맹인 소녀들도 일반 소녀들과 함께 공부해야 하며, 여러 가지 운동이나 놀이도 똑같이 참여시켜야 한다고 생각했다. 물론 이러한 통합교육에 어려움이 없는 것은 아니었다. 무엇보다 맹인 소녀들을 가르칠 수 있는 전문적인 장애 교사가 없는 게 가장 큰 문제였다. 그래서 오봉래를 보조 교사로 삼아 맹인 소녀들을 가르치도록 했다. 그즈음 오봉래는 남에게 점자를 가르칠 뿐 아니라 뜨개질도 가르칠 수 있었기 때문이다.

감리교 선교회는 그 맹인반을 '평양맹학교'라 하고, 로제타를 교장으로 임명했다. 맹인 소녀들은 낮엔 정진소학교에서 보통 아이들과 함께 통합수업을 받고, 방과 후엔 어린이 병동에서 직업교육을 받았다.

나아가 로제타는 1909년 미국의 독실한 기독교 신자 록웰과 함께 우리나라 최초의 농아학교를 설립했는데, 이를 계기로 학교 명칭도 '평양맹아학교'로 바뀌게 되었다. 어느덧 성인이 된 오봉래는 이곳에서 맹인 소녀들에게 점자를 읽고 쓰는 법을 가르치는 교사로 활동했다.[2]

한편 오봉래는 사회가 발전함에 따라 고등 맹아교육의 필요성을 인식하고 일본 도쿄에 유학하고자 했다. 이때부터 학비를 마련하기 위해 더욱 근검절약하며 저축에 힘썼는데, 다행히 로제타도 학자금의 일부를 보태주었다.

마침내 1914년 오봉래는 조배녀, 최신애와 함께 일본 도쿄맹아학교에 입학했다. 그녀는 부족한 학비 때문에 허리띠를 졸라매며 어렵게 공부했다. 그리하여 4년 만에 도쿄맹아학교 기예과와 침안과를 당당히 졸업했다. 귀국한 뒤에는 평양맹아학교에서 학생들을 가르치는 한편 안마사와 마사지사로도 활동했다. 당시 조선의 장애 여성으로서 일본에 유학하여 졸업한 것은 그녀가 처음이었다. 하지만 안타깝게도 그녀는 1919년 12월 유행성 열병으로 갑자기 세상을 떠나고 말았다.[3]

오봉정사의 주인, 임현주

임현주(1858~1934)는 한말과 일제강점기의 의병이자 교육자다. 전라남도 구례 출신이며, 면암 최익현의 문인으로 12의사(義士)의 한 사람이다.

1905년 을사조약이 체결되자, 임현주는 스승 최익현에게 의병을 일으킬 뜻을 전하고 남원에서 300여 명의 의병을 모아 순창으로 가서 첫 전투를 벌였다. 이후 남원, 임실 등지에서 일본 헌병과 교전했으나 패배하고, 1906년 윤4월 순창에서 최익현과 함께 체포되었다. 그 후 감옥에서 혹독한 고문을 받다 반신불수의 몸이 되었다.

임현주는 반신불수의 몸으론 의병활동을 할 수 없다고 생각하고 본격적으로 교육사업에 뛰어들었다. 재산을 처분하여 구례 오봉산 아래에 오봉정사(五鳳精舍)를 짓고, 그 고장의 젊은이들을 모아 교육했다. 또 오봉정사 위에 봉산사(鳳山祠)를 세워 최익현과 주자를 배향하기도 했다.[4]

이처럼 임현주는 의병활동을 하다 투옥되어 고문으로 지체장애를 입었음에도 뜻을 굽히지 않고 고향에서 교육사업을 펼친 불굴의 인물이었다.

이화여전 출신 맹학교 교사, 김성실

김성실은 평양맹아학교 제6회 졸업생이자, 이화여자전문학교 영문과를 졸업하고 모교로 돌아가 교사로 근무한 시각장애인 교육자다.[5]

그녀는 평안남도 강서 출신으로, 다섯 살 때 실명했다. 세 살 때 어머니를 잃은 뒤로 눈이 잘 보이지 않았는데, 한의사가 침을 잘못 놓아 아예 앞을 볼 수 없게 되었다고 한다. 열한 살이 되자 오빠가 아버지의 반대에도 불구하고 그녀를 평양맹아학교에 입학시켜주었다. 열여섯 살 때 평양

타자 연습을 하는 김성실의 모습

정의여학교에 들어갔고, 다시 서울로 가서 제일고등여학교 5학년으로 들어갔다. 고등학교 때만 해도 그녀는 과학, 특히 사회봉사를 할 수 있는 의학을 공부하고 싶어했다. 하지만 맹인이 의학을 공부하기엔 무리라는 것을 알고서 마음을 돌려 이화여전 문학부에 들어갔다.

1930년, 그녀는 이화여전 영문과를 가장 우수한 성적으로 졸업해서 많은 사람들의 관심을 끌었다. 특히 『중외일보』는 그녀를 직접 인터뷰하여 이틀에 걸쳐 기사를 내보냈다.

먼저 기자는 김성실의 모습을 간략히 설명한 뒤 이화여전 재학 중 어려웠던 점들에 대해 물어보는데, 그중 일부 기사만 살펴보자.

따뜻한 봄볕이 길 가는 모든 사람에게 희망과 평화를 던져주는 19일 오후 3시. 기자의 발은 이화여자전문학교 현관에 멈추었다. 찾아온 뜻을 말한 후에 응접실로 들어간 기자는 무심코 맞은편을 보고 앉아 있노라니, 문 열리는 소리도 고요하게 낯선 처녀 한 분이 나타났다. 검은 치마에 흰 명주 저고리를 입고 기름 바르지 않은 검은 머리가 희고도 둥근 이마를 덮었는데, 약간 눈을 감은 듯한 그의 얼굴은 졸고 있는 여신의 조각인 듯 무언의 가인! 그가 누구인지 기자는 즉각적으로 깨달았다.

"당신이 김성실 씨입니까?"

기자는 일어서서 그의 손을 잡으면서 이렇게 물었다.

"네, 그렇습니다. 누구신지요?"

"네! 저는 중외일보사에서 왔습니다."

옆에 있는 의자를 김양에게 권한 후 기자와 김양의 사이에는 다음과 같은 이야기가 오고 가고 하였다.

"먼저 졸업을 축하합니다. 공부하시는 중에 불평을 느끼신 적은 없습니까?"

"왜 없겠어요. 제가 아주 고통을 느낀 것은 맹인을 위하여 만든 서적이 부족하다는 것입니다. 여간 있다 하여도 모두 보통이나 중등 정도요, 그 이상은 일본말이나 조선말로 만든 것은 없습니다. 일본에서는 맹인을 위하여 서적을 출판해놓은 회사가 있다 할지라도 모두 퍽 불편하여서 주문대로 보내주지를 않으니까요. 제가 처음 목적한 것은 과학을 연구하려 하였습니다. 그래서 사회봉사를 할 수 있다는 점에서 의학을 지원하였지요. 그러나 의학을 연구하는 데는 눈을 감은 사람이 읽을 수 있는 책이 있어야지요. 즉 점자책 말입니다. 그래서 부득이 중간에서 뜻을 변해가지고 생각을 할 수 있고나 혼자서도 딴 세상을 엿볼 수 있는 문학을 향하여 길을 물렀습니다. 물론 문학이라고 하여도 아무것도 모릅니다만."[6]

김성실이 공부할 때 가장 힘들었던 점은 무엇보다 점자책이 별로 없다는 것이었다. 그래서 처음에는 의학을 공부하고자 했으나 부득이 문학으로 뜻을 바꾸었다고 했다.

이어서 기자는 공부하는 방식에 있어서 다른 학생들과의 차이점은 무엇이고, 앞으로 어떠한 길을 갈 것인지 물어보았다. 그에 대한 대답을 들어보자.

"공부하는 방식에 있어서 다른 학생들과 다른 점은 무엇이었습니까?"

"교과서 가운데 영어로 된 것은 대개 점자로 되어 있는고로 별로 불편이 없었습니다. 그러나 이것을 시험할 때에는 타자기를 가지고 써서 바치는고로 잘되었는지 어쩐지 다시 읽어볼 수가 없는고로 맨 처음에 쓴 대로 싫으나 좋으나 그냥 내놓을 수밖에 없습니다. 남들은 그냥 뜻을 가지고 쓰는데 저 혼자만 머리에서 말을 생각하랴 타자기를 찍으랴 아주 바쁩니다."

"영어 이외의 과목은 어떻게 했습니까?"

"다행히 점자로 된 것이 있으면 좋고, 없는 것은 순전히 선생의 설명을 필기를 해가지고 외우는 수밖에 없지요."

"필기라니요?"

"점자를 공책에다 찍는 것입니다. 선생님이 하시는 말씀을 뾰족한 바늘 같은 붓으로 글자의 암호를 찍어두었다가 그것을 뒤집어 가지고 손가락으로 만져보면 다 알 수가 있습니다."

"네, 네. 알겠습니다. 그러면 앞으로는 어떠한 길을 취하실 작정입니까?"

"헬렌 켈러의 일을 모르는 바가 아니지만 모든 사람에게 허락되지 않습니다. 첫째로 책이 없어서요. 그래서 지금 여러 가지로 생각이 많습니다만 맹인을 위하여 평생을 바치겠다는 마음만은 변치 않을 줄로 압니다."[7]

김성실은 공부하는 방식에 있어서도 남들과 달랐다. 시험은 타자기로 쳐서 제출했고, 필기는 선생님의 설명을 그대로 받아 적거나 점자로 찍곤 했다. 그녀는 앞으로 맹인을 위해 평생을 바치겠다고 다짐했다.

실제로 그녀는 모교인 평양맹아학교에서 교사로 근무하면서 특히 시각장애인에 대한 인식을 개선하는 데 많은 활약을 펼쳤다. 1937년 헬렌 켈러가 우리나라를 방문하여 순회강연회를 했을 때 김성실이 통역을 맡았으며, 1938년 6월엔 시각장애인 음악가들과 함께 '경성맹인음악단'을 조직하여 한여름의 더위를 씻어주는 납량음악회를 개최하기도 했다. 그 밖에 잡지 『별건곤』에 「맹인이 본 세상」이란 글을 써서 시각장애인의 입장, 세상 사는 법, 비록 앞은 못 보지만 결코 암흑세계를 사는 것이 아니라는 점을 사람들에게 알리기도 했다.[8]

이와 같이 김성실은 이화여전 출신의 맹학교 교사로서, 영어와 음악, 문학 등 다방면에 걸쳐 뛰어난 능력을 갖고 있었다. 무엇보다도 시각장애인에 대한 인식을 개선하는 데 많은 노력을 기울였던 여성이다.

집념의 맹인 교육자, 한신경

한신경(1920~1990)은 시각장애인 교육 및 복지기관의 설립자다. 만주 봉천에서 태어났다. 1933년에 무순보통학교를 졸업한 뒤 무순고등여학교에 진학했으나, 가족이 지린(吉林)으로 이사하는 바람에 지린고등여학교로 전학했다. 그런데 열여덟 살 무렵 학교에 가려고 집을 나서는데, 이상하게도 눈이 부시고 눈물이 흐르는 증세를 보였다. 학교에 가서도 여전히 눈이 거북하고, 칠판 글씨를 제대로 읽을 수 없었다. 서둘러 지린 국립병원에 가서 정밀검사를 받아보니 '홍채염'이라는 진단이 나왔다. 그 후 몇 달 동안 치료를 받았지만 시력은 호전되지 않았다. 봉천의과대학에서 첫 수술도 받았으나 오히려 백내장만 겹치고 말았다. 결국 실명이 되어 고등학교 2학년 때 학교를 중퇴해야 했다.

그녀의 가족은 다시 만주 안동으로 이사했다. 국경지대에 있는 안동은 압록강을 끼고 신의주를 바라보는 큰 도시였다. 그때 어떤 사람이 교회에 나가 기도하면 나을 수 있다고 해서 어머니와 함께 안동제일교회에 나가기 시작했다. 스물한 살 때엔 교회에서 세례를 받기도 했다.

1946년에 그녀는 남쪽엔 미국의 온갖 신약과 의술이 쏟아져 들어와 고치지 못하는 병이 없다는 말을 듣고 혼자서 월남했다. 그러고는 우여곡절 끝에 경성부립병원에 입원하여 무려 여덟 번의 대수술을 받았으나, 끝내 시력을 되찾지 못했다.

이듬해 그녀는 서소문에 있는 여자불구자수용소인 천애원에 잠시 머물다가, 스물여덟 살의 나이로 효자동에 있는 서울맹학교에 들어갔다. 그곳의 여자 기숙사에서 생활하며 본격적으로 점자, 국어, 수학, 영어, 과학, 음악, 안마 등을 배웠다. 그리하여 3년 만인 1950년에 맹학교 중등과 3년을 마쳤다.[9]

하지만 얼마 안 있어 한국전쟁이 일어났다. 그녀는 피난지인 경주에서 제18육군병원의 군속으로 근무했다. 부상 군인들의 방을 돌아다니며 안마와 마사지 등 물리치료를 해주는 것이 그녀의 역할이었다. 골절 부위의 깁스를 푼 뒤에 경직되어 있던 근육신경을 마사지로 풀어줌으로써 부상병들의 회복을 돕고자 했다.

전쟁이 끝난 뒤에는 부산 기독교라이트하우스에서 교사로 근무했다. 맹인들에게 타자와 점자를 가르치고, 바느질과 재봉틀 다루는 법도 가르쳤다. 하지만 그에 머물지 않고 더 큰 지도자로서의 자질을 갖추기 위해 1954년 서울에 있는 한국신학대학에 입학하여 1957년에 졸업했다.[10]

마침내 그녀는 1960년 서울 도봉구 수유동에 '임마누엘여맹원'을 창설했다. 불우한 맹인 여성들을 위한 복지기관이었는데, 단지 그들을 수용하는 데 그치지 않고 자활 자립할 능력을 키워주는 것이 목적이었다. 새벽에 일어나 기도와 찬송으로 하루를 시작하고, 아침밥을 먹은 뒤에는 점자책을 가지고 국어, 산수, 사회, 역사, 교양 등을 공부했다. 또 직업교육으로 양계와 봉투 붙이기를 했다. 이렇게 여자 맹인기관이 생겼다는 소문이 나자 거리를 떠돌던 눈먼 여자들이 하나둘씩 모여들기 시작했다. 순경들도 눈먼 여자 거지를 보는 족족 데리고 와서 내팽개치듯 떠맡기고 가버렸다.

1964년 컴패션(Compassion)에 가입한 것을 계기로 임마누엘여맹원은 비약적으로 발전하기 시작했다. 우선 컴패션의 가입과 동시에 대부금 30만 원을 받아 서울시로부터 1160여 평의 땅을 제공받았다. 또 재단법인으로 인정받아 양식과 부식을 배급받기도 했다. 나아가 서울시 교육위원회로부터 특수학교 인가를 받아 1971년 임마누엘여맹학교를 개교했다(1976년 국어순화운동에 따라 한빛맹학교로 개명했다). 특히 그녀는 음악회를 자주 개최했는데, 시각장애인은 음악에 대한 흥미와 소질이 많을 뿐 아니라 그런 활동을 통해 장애인에 대한 인식도 개선할 수 있기 때문이었다.

한신경은 맹인으로서 맹인 복지와 교육에 기여한 공로로 1971년 서울특별시장으로부터 사회복지 유공자로서 표창을 받았고, 1980년 세계인권선언의 날 기념식에선 국무총리 표창을 받았다.[11]

3장

예술가

근대의 장애인들은 오갈 데 없는 비참한 현실 속에서 그나마 장애에 대한 편견이나 차별이 덜한 문학과 그림, 음악 등 예술계로 진출하여 생계를 유지하는 한편 사회적 자아를 실현하고자 했다. 작가로는 김명순, 서덕출, 최금동, 권오순, 한하운 등이 있다. 화가로는 구본웅, 김기창, 이병직 등이, 음악가로는 박유전, 유동초, 편재준, 정해시, 안병소 등이 있다. 여기에서도 그들의 전기적 사실에 대해 유형별로 나누어 시대 순으로 차근차근 살펴보자.

| 작가 |

근대 최초의 여성 작가, 김명순

김명순(1896~1951)은 일제강점기의 여성 시인이자 소설가, 기자, 영

18세 무렵의 김명순.

화배우다. 필명은 탄실, 망양초 등이다.

김명순은 평양의 갑부 김희경의 서녀로 태어났다. 1902년경에 평양 남산현학교에 입학했는데, 공부를 아주 잘해 선생님과 학생들에게 모두 사랑을 받았다고 한다. 1909년 그녀는 당돌하게도 혼자 서울로 가서 진명여학교 보통과 2학년에 편입했다. 하지만 얼마 후 어머니가 세상을 떠나고, 이듬해에는 아버지마저 갑자기 세상을 떠나면서 집안은 급격히 기울어갔다. 그럼에도 김명순은 1911년 진명여학교 보통과를 마치고 중학과에 입학했다.[1]

1913년에 그녀는 일본 도쿄로 유학을 떠났다. 하지만 1915년 교제 중이던 이응준에게 데이트 폭력(강간)을 당하고 말았다. 김명순은 그 충격으로 자살을 기도하고 학교마저 그만두어야 했다. 이 사건은 일본과 조선의 신문을 통해 널리 알려지면서 그녀의 이름은 졸업생 명단에서도 삭제되었다.[2]

김명순은 겨우 아픔을 딛고 귀국하여 1916년 숙명여자고등보통학교에 들어가 1917년에 졸업했다. 그리고 같은 해 11월 육당 최남선이 발행하는 잡지 『청춘』의 소설 현상공모에서 단편 『의심의 소녀』로 2등에 당선되어 문단에 데뷔했다. 『의심의 소녀』는 한 젊은 부인이 첩을 거느린 남편에 대항하여 칼로 자결하고, 그녀의 가엾은 딸 범례는 외조부 황진사와 함께 정처 없이 떠도는 생활을 한다는 내용이다.[3] 심사를 맡았던 춘원 이광수는 이 작품에 대해 다음과 같이 높이 평가했다.

"나는 조선 문단에서 교훈적이라는 구투를 완전히 탈락한 소설로는 외람하나마 내 『무정』과 진순성 군의 『부르지짐』과 그다음에는 이 『의심의 소녀』뿐인가 합니다."[4]

1918년 무렵 두 번째 일본 유학을 떠난 김명순은 도쿄에서 음악을 전공하는 한편, 김동인, 주요한, 전영택 등과 함께 『창조』 동인으로 활동하면서 첫 번째 시인 「조로(朝露)의 화몽(花夢)」을 발표했다. 1922년경에 귀국해서는 『개벽』을 중심으로 활발한 작품 활동을 펼쳤는데, 여러 편의 창작시를 발표했을 뿐만 아니라 번역가로도 활동했다.[5]

김명순이 가장 왕성하게 활동하던 시기는 1924년으로, 이해엔 시, 번역시, 소설, 수필 등을 고르게 발표했다. 하지만 인기가 높아질수록 그녀를 향한 악의적인 비난과 모함도 점점 심해졌다. 우선 일본의 소설가 니카니시 이노스케의 소설 『너희들의 등 뒤에서』의 주인공 권주영은 일본 남자와 연애하는 '창부 같은 계집'으로 등장하는데, 그녀의 모델이 김명순이라고 했다. 이에 대해 김명순은 『탄실이와 주영이』란 자전소설을 써서 발표했지만 중도에 그만두고 말았다. 게다가 같은 해 김기진은 「김명순 씨에 대한 공개장」을 통해 그녀의 사생활과 문학에 대해 신랄한 독설을 퍼부었다.[6]

이런 충격적인 사건들을 겪은 후 김명순의 작품 활동은 현저히 줄어들었다. 소설 창작은 거의 하지 않고 탄식에 젖은 시만 이따금씩 발표할 뿐이었다. 물론 1925년 첫 번째 창작집 『생명의 과실』이 출판되어 많은 사람들의 관심을 받기도 했다. 문단에서 고립된 김명순은 『매일신보』 사회부 기자로 입사하여 여성 기자로 활동하기도 했으며, 1927년 서른한 살의 나이로 영화계에 진출하여 〈나의 친구여〉, 〈숙영낭자전〉, 〈꽃장사〉, 〈젊은이의 노래〉 등에서 주연을 맡기도 했다.[7]

1930년에 이르러 김명순은 극도의 가난과 외로움, 심리적 갈등 속에서 거의 작품 활동을 하지 못했다. 게다가 과거 『창조』 동인으로 함께 활동했던 김동인이 그녀를 모델로 한 소설 『김연실전』을 발표했는데, 김명순을 연애밖에 모르는 여자, 음탕하기 그지없는 여자로 등장시켜 매우 노골적으로 비난했다.

1939년 『김연실전』이 출간되자, 그녀는 갑자기 일본으로 건너가 버렸다. 이후 그녀는 도쿄에서 거의 행려병자처럼 살다가 정신병이 심해져 아오야마(青山)정신병원에 수용되었고, 그곳에서 죽은 것으로 추정된다.[8] 김명순의 비참한 말년과 최후는 전영택의 증언 「내가 아는 김명순」을 통해 확인할 수 있는데, 해당 부분만 살펴보기로 하자.

> 내가 사변(만주사변) 직후에 동경에 갔을 때 명순은 정신병자가 된 지도 오래고 이미 폐인이 되었을 무렵이었다.
>
> 옛날의 가냘프고 예쁘던 명순은 찾아볼 길이 없고, 흰 털이 섞인 머리가 흐트러진 얼굴에는 주름살이 가득 찬 것을 보고 나는 놀라지 않을 수 없었다.
>
> 동경에 있는 우리 YMCA회관 뒷마당에 돼지우리도 같고 계사(鷄舍)도 같은 판잣집이 그녀의 최후의 보금자리였다는 말을 들으면 누구나 놀라지 않을 수 없고 동정을 금할 길이 없을 것이다.
>
> 그래도 마지막에는 우리 동포들이 모여 살고 있는 기독교 기관으로 된 곳을 찾아온 모양이요, 한국 사람들에게서 한 푼 두 푼 동정을 받아서 살아왔다고 하고 약간의 닭을 쳐서 보태기도 하였다고 한다.
>
> 어떻게 생긴 아들이 하나 있는데, 그 아들이란 자가 변변치 못하기 때문에 역시 청년회관의 괴롬거리가 되니 그 어머니에게 조금이나마 도움이 될

리가 없었다.

내가 두 번째 세계작가대회에 참가하려고 동경에 갔을 때 그는 이미 세상에 없었다. 사변 직후에 동경에 있을 때에 정신병이 심해서 강제로 동경시 경영인 청산뇌병원에 수용되었다는 말을 들었는데, 두 번째 갔을 때는 벌써 고인이 되었다는 것이다.[9]

또 전영택은 소설 『김탄실과 그의 아들』에서 그녀가 정신병원에 실려 가는 모습을 이렇게 묘사했다.

Y는 무심코 나가 보았다. K는 Y를 강당 쪽으로 끌고 가서 뒤뜰을 가리킨다. 자동차가 한 대 오고, 수선수선하다. 동네에서 구청에 말해서 미스 김을 시립 뇌병원에 데려간다는 것이다.

"아이구, 왜, 왜? 내가 어쨌다고… 나를 어디로 가자는 거야?"

미스 김은 자동차를 두 손으로 떼밀고 안 타려고 버둥거린다.

"오바상(아주머니)! 이런 집에서 늘 사시겠어요? 아들이 좋은 집 얻어놓고 모셔 간다는데 어서 가세요. 그러지 말고…."

제본하는 집 일본 마누라가 이렇게 달랜다.

"아니야! 거짓말이야, 거짓말. 나를 미치광이라고 병원에 데려가는 거지 뭐야. 망할 것들… 내가 왜 미쳐… 미치긴 너희들이 미쳤지. 성한 사람을 미쳤대. 호호호호."

"어머니, 어서 가세요. 그런 게 아니구 무슨 병이구 다 고치는 큰 병원이랍니다. 어머니 늘 가슴 아파서 그러지요? 그리구 또 심장병이 있지 않아요? 심장병도 고치구. 자, 어서 타세요."

아들 정일의 말이다. 일본말로 쇼오이치, 혹 쇼오짱이라고 부르는 아들이 어머니의 팔을 붙들고 차에 올라타기를 권한다.

"그럼 그렇지. 그래두 우리 아들이 바른대루 말한다. 병원이지 병원이야. 이사는 무슨 이사. 집이 집이구 이사라면 짐두 안 싣고 그냥 가? 정일아! 그래도 웬 돈 있니? 돈 내라면 어쩔 테야?"

제법 병원에 입원하면 입원비 낼 걱정을 하는 것이다.

Y는 전화가 오고 바빠서 사무실에 들어와 있다가, 한참만에야 다시 나가 보았다. 수선거리던 뒤뜰은 조용해졌다. K의 말에 의하면 영순은 결국 아들과 같이 차를 타고 아오야마(靑山)에 있는 시립 뇌병원으로 갔는데, 가면서 닭을 잘 보아달라고 부탁을 하고, 자기 집이나 닭의 우리를 몇 번 돌아보면서 차를 타고 갔다고 한다.[10]

일본으로 건너간 김명순은 도쿄의 청년회관 뒤뜰 움막에서 양아들과 함께 거의 행려병자처럼 살았는데, 그마저도 한 동네 아주머니의 신고로 쫓겨나 정신병원에 입원하게 되었다는 것이다. 여기에 나오는 영순은 김명순을 말하고, 아들 정일은 길에서 거두어 기른 양아들이다.[11] 이것이 김명순의 말년의 모습이었다.

김명순은 근대 최초의 여성 작가다. 춘원 이광수의 추천으로 등단한 이래 『창조』, 『폐허』 등의 동인으로 활동했다. 시와 소설, 수필, 희곡 등 130여 편의 작품을 창작했으며, 『생명의 과실』, 『애인의 선물』 등 두 권의 작품집을 출간했다. 하지만 당시 여성으로서는 선구적인 길을 걸어서인지 뭇 남성 작가들에 의해 '연애밖에 모르는 탕녀'로 매도되었다. 다시 말해 그녀는 근대 여성혐오의 희생양이 되었던 것이다. 결국 김명순은 1920년대 중반 이후 더 이상 작품 활동을 하지 못하고, 일본으로 건너가 정신병자이자 행려병자처럼 살다가 도쿄의 한 정신병원에서 비참하게 죽어갔던 것이다.

중복장애 동요 작가, 서덕출

서덕출(1906~1940)은 일제강점기의 아동문학가이자 약사다. 경상남도 울산에서 시대일보 기자였던 아버지 서형식과 어머니 박향초 사이에서 5남 4녀 중 장남으로 태어났다.

서덕출은 여섯 살 때 마루에서 놀다가 떨어져 한쪽 다리를 다쳤는데, 그것이 덧나서 온갖 약을 다 썼으나 낫지 않고 결국 앉은뱅이에 꼽추가 되고 말았다. 즉 지체장애에 척추장애까지 가진 중복장애인이었다. 이후 그는 집밖을 나가지 못하고 방 안에서만 지내면서 독학으로 글을 깨쳐 노래를 짓는 데 재미를 붙이게 되었다.[12]

서덕출은 1925년 4월 방정환의 주관으로 발행되던 천도교 잡지 『어린이』에 동시 「봄편지」가 1등으로 뽑히면서 문단에 데뷔했다. 이 작품은 버들잎에 우표를 붙여 강남으로 보내면 작년에 갔던 제비가 봄을 찾아 다시 온다는 기막힌 시적 구성을 갖추고 있다. 조선의 독립을 봄과 제비로 표현함으로써 억압당하고 있는 우리 민족에게 힘과 용기를 불어넣어 준 것이다. 그 전문을 인용하면 다음과 같다.

연못가에 새로 핀
버들잎을 따서요
우표 한 장 붙여서
강남으로 보내면

작년에 간 제비가
푸른 편지 보고요
대한 봄이 그리워
다시 찾아옵니다.[13]

또 우리나라 최초의 동요 작곡가인 윤극영이 이 시에 곡을 붙였는데, 1926년 4월호 『어린이』에 악보가 게재됨으로써 전국의 어린이들이 노래로도 부를 수 있게 되었다. 광복 후 이 시는 초등학교 국어교과서에 수록되었고, 윤극영의 곡 〈봄편지〉는 음악교과서에 수록되었다.

이후 서덕출은 방정환, 윤석중 등과 교류하며 70여 편의 동요를 발표했다. 그의 초기 시는 맑고 고운 선율로 동심을 그대로 드러낸 참신함이 돋보였지만, 후기로 가면서 차츰 감상적인 경향을 띠게 되었다는 평가를 받고 있다.[14]

서덕출은 1934년에 부모님이 정해준 전필남이란 여인과 결혼했고, 울산 북정동으로 이사하여 약방을 운영했다. 당시 그는 가계를 꾸리기 위해 약사 시험을 봐서 합격했으며, 애생당(愛生堂)이란 신약방을 운영했다고 한다. 하지만 1940년 2월 척추병이 재발하여 슬하에 남매를 남기고 세상을 떠나고 말았다. 이때 그의 나이 34세였다.

작품집으로는 작고한 지 11년 후에 발간된 유고시집 『봄편지』(자유민보사, 1951)가 있다. 1968년에는 새싹회에서 울산시 학성공원에 「봄편지」를 새긴 '서덕출 노래비'를 세우기도 했다.[15]

한국 최초의 본격 시나리오 작가, 최금동

최금동(1916~1995)은 일제강점기와 해방 후의 시나리오 작가이자 기자였다. 전라남도 함평에서 태어났다. 일곱 살 때 완도 신지도로 이사해서 어렵게 보통학교와 중학교를 졸업했다.

그는 태어날 때부터 오른쪽 눈이 안 보였고, 왼쪽 눈마저 백내장에 걸려 잘 보이지 않을 뿐 아니라 보기에도 매우 흉했다. 이 때문에 그는 항상 위축되어 있었다. 다음은 1960년대 말 원로영화인 인터뷰에서 그가 직접 했던 말이다.

> 먼저 육체적으로 눈 하나를 나면서부터 실명했어요. 그것이 바른편의 눈이죠. 한쪽 눈만 가지고 있다가 그것이 다섯 살 때에 또 백내장에 걸려가지고. 부모님들이 금방 종합병원 큰 안과 같은 데 갔더라면 고칠 수 있었는데, 그때의 환경은 시골서 가난에 찌들린 살림인 데다 무지했기 때문에 손을 쓰지 못했어요. 그저 그냥 원시적인 치료방법만 가지고 하다가 스물한 살까지 남 앞에 서서 얼굴을 못 들었어요. 그 백내장 때문에. 이렇게 쳐다보면 병신, 불구라는 것이 눈에 들어오니까 학교 댕길 때도, 안 댕길 때도 친구가 없다 이거예요. 애꾸눈이다 해가지고 놀림을 받으니까. 그래서 보통학교 6년도 그랬구, 그다음에 서울 올라와서 고학을 하면서 지금의 동국대학(당시 중앙불교전문학교)을 다니면서도 정신적으로나 육체적으로나 항상 위축된 생활을 해왔습니다.
>
> 그러다가 스물한 살 때 취직이 됐어요. 첫 출근 하기 전에 '이건 안 되겠다' 해서 무리를 해서라도 수술을 했어요. 그게 또 완전 어리둥실하게, 수술은 못하고 염색을 했어요. 동공만을 가리지 않도록 염색을 해가지고 지금

현재 이렇게 되어 있습니다. 그러니까 이 염색 속에는 백내장이 그대로 있고 실은 이 시력마저도 하나만 가지고 쭉 쓰니까 보통 사람의 눈의 2분지 1도 안 돼요. 안경을 쓰고 있지마는, 안경을 쓰고 있는 것은 내 얼굴의 약점을 가리기 위해서 쓴 것이지, 시력을 돕기 위해서 쓴 것은 아니에요. 난시, 근시, 원시까지 있기 때문에 안경점에 가서 시력을 맞출 수가 없어요.[16]

그는 열여덟 살 때 서울로 올라가 경성사범학교의 관비생이 되고자 했으나 뜻을 이루지 못하고, 신문배달을 하며 공부해서 중앙불교전문학교(지금의 동국대학교)에 들어갔다. 미당 서정주와 함께 학교에 다녔으며, 『조선중앙일보』에 처녀작 「누나」를 투고하여 가작으로 뽑히고, 『동아일보』에 시조 「고성」으로 가작에 당선되기도 했다.

1936년에 『동아일보』 제1회 시나리오 공모에 그의 〈환무곡(幻舞曲)〉이 당선되어 시나리오 작가로서 첫발을 내딛게 된다. 이 작품은 『메밀꽃 필 무렵』으로 유명한 이효석이 『애련송(愛戀頌)』이라는 제목의 소설로 각색하여 『동아일보』에 연재했고, 1939년 김유영 감독이 영화로 제작하여 단성사에서 개봉하기도 했다.

그러나 1937년부터는 일제의 탄압으로 민간영화 제작사들이 거의 문을 닫는 바람에 더 이상 활동무대를 찾기가 어려웠다. 이에 그는 조선총독부 기관지인 『매일신보』에 입사하여 사회부 기자로 활동하며 영화소설 『해빙기』 등을 쓰기도 했다.

해방 후에도 그는 기자생활을 계속했는데, 1947년까지는 『매일신보』의 후신인 『서울신문』 사회부장으로, 1949년까지는 『독립신문』 편집국장, 1951년까지는 『한성일보』 편집국장으로 근무했다. 그리고 한국전쟁을 피해 광주로 내려가 1957년까지 전남대학교 출판국장을 지냈다.

1957년 이후로는 오로지 작품 활동에만 전념하면서 많은 시나리오를 창작했다. 탈고한 시나리오가 100여 편에 이르는데, 그중 영화로 제작된 것만 해도 50여 편에 육박한다. 국내 최초의 본격 시나리오 작가라고 해도 과언이 아니다.

그의 작품세계는 거의 대부분 역사적 인물과 사건을 중심으로 불교 사상이나 독자적인 민족의식을 보여주는 것이었다. 대표적으로 〈아, 백범 김구 선생〉(1960), 〈성웅 이순신〉(1971), 〈의사 안중근〉(1972), 〈유관순〉(1974) 등과 〈이름 없는 별들〉(1954), 〈3 · 1독립운동〉, 〈8 · 15 전야〉(1958), 〈동학란〉(1966) 등을 들 수 있다.

이 밖에도 최금동은 1965년부터 1971년까지 한국시나리오작가협회 회장을 역임했고, 1990~1995년에는 대한민국예술원 회원으로 활동했다. 1999년엔 한국예술평론가협회가 선정한 '20세기를 빛낸 한국의 예술인'(영화 부문)에 선정되었다. 작품집으로는 『최금동 시나리오 문학선집』(전 2권)이 있다.[17]

아동문학의 첫 세대 작가, 권오순

권오순(1919~1995)은 일제강점기와 현대의 여성 아동문학가다. 황해도 해주에서 태어났다. 세 살 때 소아마비를 앓은 후 지체장애인이 되었다. 그의 어머니의 증언에 따르면, 원래는 건강했으나 세 살 무렵 고추밭에서 놀다가 갑자기 고열을 앓은 후 지체장애를 입게 되었다고 한다. 이후 권오순은 일체 바깥출입을 하지 않았고, 외고집 괴팍쟁이가 되어갔다. 학교도 다니지 않았는데, 대신 집에서 어린이 잡지를 읽으며 독학했다.[18]

권오순은 열세 살 때 처음으로 동시 「하늘과 바다」를 써서 평소 구독하던 잡지인 『어린이』 1933년 5월호에 발표함으로써 문단에 데뷔했다. 열여덟 살인 1936년에는 「구슬비」 등 여러 편의 동시를 써서 아동문예 잡지에 투고했으나, 일제의 문화말살정책에 따라 잡지들이 폐간되면서 발표되지 못했다. 그런데 이듬해 만주 용정에서 발간하던 『가톨릭 소년』 5월호에 그녀도 모르게 「구슬비」가 실리게 되었다.

송알송알 싸리잎에 은구슬
조롱조롱 거미줄에 옥구슬
대롱대롱 풀잎마다 총총
방긋 웃는 꽃잎마다 송송송

고이고이 오색실에 꿰어서
달빛 새는 창문가에 두라고
포슬포슬 구슬비는 종일
예쁜 구슬 맺히면서 솔솔솔[19]

이 작품은 우리말의 아름다움을 잘 살린 시로 꼽힌다. 특히 '송알송알', '총총', '송송송', '포슬포슬', '솔솔솔' 같은 흉내말을 잘 살려 써서 성공한 작품으로 평가받고 있다.[20]

1948년에 안병원이 이 시에 곡을 붙여 동요로 만들었다. 그래서 동시는 초등학교 국어책에, 동요는 음악책에 실리는 영광을 누리게 되었다.

그녀는 자신의 시가 남한의 교과서에 실렸다는 소식을 듣고서, 1948년 11월 작은 조각배를 타고 황해도 바다를 건너 월남했다. 그러고는 이화여대 뒤편에 있는 언니 집에 얹혀살며 삯바느질로 살림을 도왔다.

그녀는 장애를 가진 몸이라 한국전쟁 때에도 피난을 가지 못해 몇 번이나 죽을 고비를 넘겨야 했다. 1952년에는 가톨릭에 귀의하여 천주교회에서 세운 고아원(성모원)에서 보모로 일하며 평생 독신으로 살았다.

1979년 2월, 권오순은 충청북도 제천군 백운면 천주교회 옆 오두막에 거처를 마련했다. 그곳에서 활발한 작품 활동을 펼쳤다. 그 결과 첫 동시집인 『구슬비』(1983)를 비롯해 『새벽 숲 멧새소리』(1984), 『무지개 꿈밭』(1987) 등을 연달아 발간했다. 1980년에는 수원의 요양병원인 '평화의 모후원'에 들어가 지내면서 『가을 호수길』(1990)을 펴내기도 했다. 그 밖에도 수기 · 동요 · 동시집인 『꽃숲 속 오두막집』(1987), 글 모음집 『조각달처럼』(1990)을 남겼다. 특히 그녀는 방정환, 윤석중 등과 함께 한국 아동문학의 첫 세대 작가로서 우리말의 아름다움을 잘 살리고, 평생 동안 소녀의 감성을 간직한 시인이라는 평을 받았다. 1995년에 타계하여 경기도 안성의 미리내 성지에 묻혔다.[21]

한센병 시인, 한하운

한하운(1919~1975)은 일제강점기와 해방 이후의 시인이자 사회사업가, 출판인이다. 본명은 한태영, 호는 하운(何雲)이다.

함경남도 함주에서 태어났다. 여덟 살인 1926년에 함흥으로 이사해서 함흥보통학교에 들어갔고, 열네 살인 1932년에 이리농림학교에 들어가 축산과를 공부하면서 평소 좋아하는 시와 소설을 습작했다.[22]

한하운이 한센병에 걸린 것은 열세 살 때였다. 그해 봄, 까닭도 없이

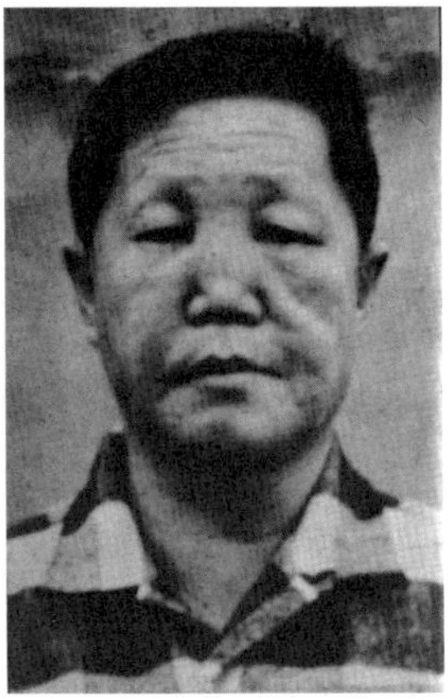
한하운. 한센인의 처지를 잘 나타내는 시를 썼다.

몸이 무겁고 얼굴이 부어오르기 시작했다. 이리농림학교 5학년 때에는 팔다리에 심한 통증이 오고 몸 전체에 콩알 같은 피부 결절이 생기더니 나중에는 그것이 터져서 흠집이 났다. 경성제대 부속병원으로 가서 진찰을 받아보니 한센병이었다. 다행히 금강산에 들어가 한센병 치료제인 대풍자유 주사를 맞고 병세는 금세 호전되었다. 그리하여 이리농림학교를 졸업하고, 열아홉 살인 1937년에 일본으로 건너가 도쿄 성계고등학교에 입학했다.[23]

그런데 말끔히 나은 줄로만 알았던 한센병이 또다시 발병했다. 이번에도 급히 귀국하여 금강산으로 들어가 몇 달 동안 치료를 받았다. 6개월 후 병세가 나아지자 동양의학의 본고장인 중국으로 가서 병도 치료하고 공부도 더 하고자 했다. 마침내 1941년 중국 베이징대학 농학원 축산학과에 입학하여 2년 동안 수학했다. 귀국한 뒤에는 함경남도 도청의 축산과에서 근무했다.

그런데 1944년 그의 몸에 또다시 이상한 증세가 나타나기 시작했다. 검은 눈썹이 차츰 줄어들고, 피부 결절이 팔과 다리, 얼굴 등에 나날이 눈에 띄게 퍼져갔다. 게다가 이때는 태평양전쟁의 막바지라 약조차 구하기가 힘들었다. 결국 그는 회사에 사표를 내고 고향으로 돌아가 본격적인 한센인 생활을 해야 했다.[24]

1945년 8월 15일 나라는 광복을 맞았지만 그의 집안은 온 재산을 공산당에게 몰수당하고 말았다. 이에 그는 먹고살기 위해 동생과 함께 헌

책방을 운영했다. 하지만 1947년에 어머니마저 돌아가시자, 그는 죽음을 무릅쓰고 월남하여 유리걸식하며 살았다. 한센인으로서 갖은 학대와 박대를 당하면서 문전걸식을 하고 다리 밑에서 잠을 자곤 했다.

이때 그는 무너져가는 육체와 정신적 고통을 이기기 위해 쓴 시 「전라도 길」 외 13편을 『신천지』 1949년 4월호에 발표하고, 그해 5월엔 첫 시집 『한하운시초』를 정음사에서 출판했다. 그가 최초로 발표한 시 「전라도 길」은 '소록도 가는 길에'라는 부제가 붙어 있다. 시 전문을 살펴보자.

가도 가도 붉은 황톳길
숨 막히는 더위뿐이더라.

낯선 친구 만나면
우리들 문둥이끼리 반갑다.

천안 삼거리를 지나도
쑤세미 같은 해는 서산에 남는데.

가도 가도 붉은 황톳길
숨 막히는 더위 속으로 쩔름거리며
가는 길….

신을 벗으면
버드나무 밑에서 지까다비를 벗으면
발가락이 또 한 개 없다.

앞으로 남은 두 개의 발가락이 잘릴 때까지
가도 가도 천리 먼 전라도 길.[25]

한센병을 치료하기 위해 전라도의 외딴 섬 소록도로 가는 시인의 모습이 잘 나타나 있다.

1950년대 이후 그는 본격적인 나병운동을 전개했다. 1950년 부평에 한센인 정착촌인 '성계원'을 건설하여 자치회장이 되고, 1951년엔 영등포에 미감아(未感兒) 보육기관인 신명보육원을 창설하여 원장으로 취임했다. 1960년 평생을 괴롭히던 한센병이 드디어 음성으로 판명되자 사회에 복귀하여 '무하문화사'라는 출판사를 차리고, 자작시 해설집 『황톳길』을 신흥문화사에서 출판하기도 했다. 1962년에는 미국 공보원에서 그의 전기영화 〈황톳길〉을 제작해주었다. 1973년 한하운 시비가 소록도에 세워졌는데, 그 시비에는 그의 대표작 「보리피리」가 새겨져 있다. 1976년 2월 28일, 한하운은 인천시 십정동 자택에서 57세를 일기로 세상을 떠났다.[26]

| 화가 |

야수파 화가, 구본웅

구본웅(1906~1953)은 일제강점기와 한국전쟁기에 서양화가이자 조각가, 미술평론가로 활동했다. 지금까지는 천재 작가 이상의 절친한 친구이자 그의 초상화를 그려준 인물로 더 유명하지만, 우리나라 최초의 야수파 화가로서 새롭게 조명할 필요가 있다.

구본웅은 서울 누하동에서 구자혁의 외아들로 태어났다. 그의 조부는 일찍이 일본 유학을 다녀왔고, 아버지 역시 우리나라 최초의 인쇄소인 창문사(彰文社)를 경영하던 사람이었다. 하지만 구본웅은 이렇게 부유하고 개화한 집안에서 태어났음에도 너무도 일찍 불행한 운명을 겪어야 했다. 두 살이 되던 해에 어머니를 여의고, 그를 돌봐주던 가정부의 부주의로 마루에서 떨어져 꼽추, 즉 척추장애인이 되었던 것이다.

그는 열여섯 살인 1921년에 신명보통학교를 졸업하고 경기중학교에 들어가려 했으나 척추장애 때문에 입학을 거부당했다. 다행히 외국인 선교사가 운영하는 경신중학교에 들어갔는데, 그것이 오히려 전화위복의 계기가 되었다. 경신중학교의 교장 선생인 쿤스가 구본웅의 그림 소질을 발견하고서 카메라까지 선물하며 적극적으로 격려해주었던 것이다.

이후 그는 중학교 미술반에서 미술의 기초를 배우는 한편, 을지로에 있는 고려미술원을 다니며 서양화가 이종우에게 전문적으로 그림 지도

이상과 구본웅(오른쪽).

를 받기 시작했다. 이종우가 파리 유학을 떠난 뒤에는 서울 YMCA 미술과에 다니며 도쿄미술학교 출신의 조각가 김복진에게 조각기법을 배웠다. 그리하여 1927년 제6회 조선미술전람회 조각부에 〈얼굴 습작〉을 출품해 특선으로 당선되기도 했다. 하지만 신체장애로 인해 조각가의 길을 포기하고 서양화에만 주력했다.[27]

이듬해 그는 더욱 본격적으로 미술 공부를 하기 위해 일본 유학을 떠났다. 가와바타(川端)미술학교에서 1년 동안 데생 연습을 하고, 일본대학 전문부 미술과에서 1년 정도 미술 이론을 공부했다. 작품 활동도 병행하여 태평양회화연구소가 주최하는 콩쿠르에서 두 번씩이나 입상했다. 때마침 태평양회화연구소가 태평양미술학교로 승격되자, 그는 1933년에 이 학교의 본과를 졸업하고, 1934년에 연구과까지 수료한 뒤 서울로 돌아왔다.

일본에서 주로 야수파적인 회화를 공부한 구본웅은 우리나라에 처음으로 강렬한 색채와 파격적 구도의 야수주의를 도입했다. 귀국 후에는 서양화가 단체인 목일회(牧日會), 백만회(白蠻會) 등을 조직하여 미술비평에도 힘을 쏟았다. 그와 함께 고미술에 심취하여 1934년 10월 서울 소공동 대로변의 3층 건물에 우고당(友古堂)이란 골동품상을 차려 직접 운영하기도 했다. 1936년엔 아버지가 운영하던 인쇄소 창문사의 일을 도우면서 문인들과도 폭넓은 교유관계를 가졌다. 특히 오랜 지기인 천재작가 이상이 참여하던 구인회(九人會)의 동인지 『시와 소설』을 창문사에서 발행해주기도 했다.[28]

1930년대 후반부터 구본웅은 조선주의에 경도되어 〈고행도〉, 〈만파〉, 〈호수〉, 〈괴석〉, 〈호랑이〉 같은 전통미술을 그리기 시작했다. 그러면서 서구의 표현주의 화법과 전통적인 동양화의 조화를 추구하려 했다. 하지만 그런 시도는 조선주의를 표방하면서 도리어 그 자신의 독창적인 색채를 잃어버렸다는 부정적인 평가를 받았다. 또한 1937년 중일전쟁이 일어났을 때는 '화필보국(畵筆報國: 붓으로 나라를 위해 보답하다)'하자고 주장하면서 이른바 친일행위를 했다.

1945년 광복 후 그는 미군정청 문교부 편수국에서 미술교과서를 편찬했다. 한국전쟁 때에는 마산, 부산 등지로 피난을 다니며 국방부의 요청으로 종군전람회, 가두전람회를 개최하기도 했다. 그러다가 신문사 일로 상경하여 둘째 아들과 함께 지내던 중, 1953년 누하동 자택에서 급성 폐렴으로 세상을 떠났다. 이때 그의 나이 47세였다. 유고집으로 시화집 『허둔기(虛屯記)』(1974)가 발간되었는데, 이는 한국전쟁이 일어나기 직전인 1947년에 쓴 것으로 추정된다.[29]

근대의 대표 화가, 김기창

김기창(1914~2001)은 일제강점기와 현대의 화가다. 호는 운포, 운보다. 서울 종로구 운니동에서 8남매 중 장남으로 태어났다. 그의 어머니 한윤명은 진명여고생으로 이른바 신여성이었다. 반면에 아버지 김승환은 충청남도 공주에서 이미 결혼한 상태였는데, 서울의 조선총독부 토지관리국에 발령을 받아 한윤명의 집에 하숙하면서 인연을 맺게 되었다. 말하자면 한윤명은 김승환의 첩이었던 셈이다.[30]

한윤명의 집안은 아버지가 일찍 세상을 떠났음에도 재산이 많아 비교적 부유한 편이었다. 그러나 김기창이 태어날 무렵에는 김승환이 광산업, 증권 등의 사업을 벌였다가 실패하면서 가세가 많이 기운 상태였다.

근대를 대표하는 화가 김기창.

김기창은 일곱 살 때까지만 해도 평범한 소년이었다. 하지만 승동보통학교에 입학한 지 이틀 후에 소풍 겸 운동회를 다녀오고 나서 장티푸스에 걸렸는데, 이후 그의 운명은 완전히 달라졌다. 할머니가 그의 병세를 걱정하여 달여준 인삼을 먹은 후 심한 고열이 나더니 결국 청력을 잃고 말았다. 이후 그는 청각장애인으로서의 삶을 살아가야 했다.[31]

다시 학교에 나간 그는 글자도 모르고 선생님의 말도 들을 수 없어 수업 시간 내내 교과서 삽화를 따라 그리며 지루함을 달랬다. 이를 계기로 그림에 대한 흥미를 키우게 되었다.

당시 한윤명은 서울역 앞 세브란스병원에서 치과 간호사로 일하고 있었다. 김기창은 학교가 끝나면 병원으로 가서 어머니와 함께 전차를 타고 귀가하곤 했다. 병원 대기실에서 어머니를 기다리던 그는 자연스레 그곳에 놓인 잡지책에 눈길이 갔다. 잡지 『어린이』를 비롯해서 『별나라』, 『새벗』, 『소년계』 등을 탐독했다. 그리하여 시간이 지날수록 문학에 심취했고, 그림 그리는 일에도 게을리 하지 않았다. 이런 창작 활동은 나름의 성과를 내기도 했다. 5학년 때 쓴 동시 「매암이와 쓰르람이의 노래」가 『어린이』 7월호에 실리게 된 것이다. 체육에도 소질이 있어 전국체전에 육상, 테니스 선수로 출전했고, 육상 릴레이 경기에서 은메달을 땄다.[32]

열일곱 살에 승동보통학교를 졸업한 뒤 그는 어머니의 권유로 이당 김은호(1892~1979)의 문하에 들어가 그림을 배우기 시작했다. 김은호는 동양화가, 특히 초상화의 대가로 화조와 산수 등 모든 분야의 그림에 뛰어났으며, 고종과 순종의 어진을 그리기도 했다. 그는 당시 가장 유명한 화가였다.

김기창은 김은호의 문하에 들어간 지 6개월 만인 1931년에 제10회 조선미술전람회에 〈판상도무〉(널뛰기)를 출품하여 입선하는 성과를 거두었다. 그리고 이때 어머니로부터 '운포(雲圃)'라는 아호를 받았다. 이듬해에도 그는 창경궁의 펠리칸 한 쌍을 그린 〈수조(水鳥)〉를 출품하여 두 번째로 입선했다. 하지만 그해 어머니가 산후 부황과 심장마비, 뇌일혈이 겹쳐 서른여덟 살의 젊은 나이로 갑자기 세상을 떠났다. 그는 돌아가신 어머니를 생각하며 더욱 열심히 작품 활동에 몰두했다. 이후에도 계속 조선미술전람회에서 입선하다가 제16회 때 할머니의 옛이야기를 듣는 아이들의 모습을 그린 〈고담(古談)〉을 출품하여 최고상인 '창덕궁상 겸 특선'을 받았다. 또한 1938년부터 1940년까지 연달아 특선을 받고 1941년부터는 대망의 추천작가가 되었는데, 이때 그의 나이는 불과 27세였다.

하지만 조선미술전람회의 추천작가가 된 후 일제의 강요에 의해 '반도총후미술전', '조선남화연맹전', '애국백인일수전람회' 등 친일미술전에 일제의 군국주의를 찬양하는 작품을 출품했다. 또 『매일신보』에 일제의 강제징집을 고무하는 시화 연재물 〈님의 부르심을 받고〉의 삽화를 그리

기도 했다. 그도 역시 일제 말기에 친일활동을 했던 것이다.[33]

한편 김기창을 언급할 때 빼놓을 수 없는 인물이 아내 우향 박래현이다. 박래현은 일본 도쿄여자미술전문학교의 일본화과를 졸업했는데, 3학년 때 화장하는 여자를 그린 〈장(粧)〉이란 작품을 조선미술전람회에 출품하여 최고 영예의 총독상을 수상했다. 우향과의 만남으로 김기창의 예술세계는 한층 더 성숙해졌다. 두 사람은 1946년에 결혼하여 이듬해 제1회 '운보-우향 부부전'을 개최했다. 이 전시회는 한국 미술사상 최초의 부부전이었으며, 1971년 제17회까지 꾸준히 이어졌다.[34]

1950년 한국전쟁이 일어나자 그는 아내의 친정이 있는 군산으로 피난을 갔다. 그곳에서 생계를 위해 미군들에게 초상화를 그려주기도 했다. 전쟁이 끝난 뒤에는 다시 서울로 올라와 순수 회화에 몰두했는데, 그 경향은 크게 성화(聖畵) 시리즈와 반추상화 작업으로 나뉘었다. 우선 그는 바지저고리와 두루마기를 입고 머리에 갓을 쓴 '예수의 생애'를 총 30여 점의 그림으로 완성했다. 또한 전쟁 뒤의 폐허 속에서도 꿋꿋하게 살아가는 사람들의 모습을 굵은 직선을 사용해 입체파적으로 표현했다. 판자촌 앞 복덕방 할아버지를 그린 〈복덕방〉, 동네 아이들이 찐빵집 앞에 모여 앉아 찐빵 먹는 모습을 쳐다보고 있는 그림인 〈노점〉, 가을걷이를 마친 뒤 장구와 징, 작은 북을 치며 흥겨워하는 농부들의 모습을 표현한 〈홍낙도〉 등이 그것이었다.

1960년대 중반부터는 완전한 추상화 단계에 접어들었는데, 그러한 경향은 아내와 함께 뉴욕에 머물며 세계 현대미술을 접하면서 더욱 두드러졌다. 대표적인 작품으로 〈태양을 먹은 새〉가 있다.

그런데 7년여 동안 미국에서 판화작업을 하던 아내가 과로로 인해 병(간암)을 얻고, 1976년 1월 57세의 나이로 먼저 세상을 떠났다. 사랑하는 아내를 잃은 그는 외로움에서 벗어나기 위해 더욱 열정적으로 그림 작업에 몰두했다. 그리고 불과 2개월 만에 〈엿장수〉, 〈일장〉, 〈비 오는 날〉, 〈십장생〉, 〈바보 화조〉, 〈바보 수렵도〉 등 80여 점을 완성했는데, 이것들이 그 유명한 바보산수, 바보화풍이다. 1973년부터는 세종대왕, 김정호, 을지문덕 등 역사 속 위인들의 초상을 제작하는 데도 여러 차례 참여했다.[35] 현재 만 원권 지폐의 세종대왕은 바로 그가 그린 작품이다.

그는 말년에 농아들을 위한 복지사업도 활발하게 펼쳤다. 1979년 한국농아복지회를 창설하여 초대 회장에 취임했으며, 1984년에는 서울 역삼동에 청각장애인을 위한 복지센터인 청음회관을 설립했다. 또 아내가 세상을 떠나자 어머니의 고향인 충청북도 청원군에 2만 5천 평의 산을 매입하여 '운보의 집'을 지은 뒤, 2001년 88세의 나이로 타계할 때까지 그곳에서 여생을 보냈다.[36]

김기창은 그림뿐 아니라 글재주도 뛰어나서 『화방여적』(1962), 『침묵의 세계에서』(1976), 『나의 사랑과 예술』(1977), 『침묵의 심연에서』(1988) 등의 산문 작품집을 남겼다.[37]

내시 화가, 이병직

이병직(1896~1973)은 일제강점기와 광복 후의 서화가이자 서화 수장가다. 강원도 홍천에서 태어났다. 1903년, 일곱 살 때 사고로 성기를 잃고 칠천석꾼의 내시 집안에 양자로 들어갔다. 하지만 1908년에 내시제도가 폐지되었으므로 그가 내시로 활동한 기간은 아주 짧았을 것으로 보인다.

그는 열아홉 살인 1915년부터 당대의 유명한 서화가인 김규진의 서화연구회에 들어가 그림과 서예를 배웠다. 1923년에는 고려미술회 회원으로 참여하여 사람들에게 동양화 분야를 지도하기도 했다. 이해부터는 조선미술전람회에 작품을 출품하여 1931년까지 여덟 차례의 전람회에서 12회나 입선하는 기염을 토했다.

광복 후에도 그는 대한민국미술전람회에서 입선했으며, 1953년 국선 추천작가, 1956년 국선 초대작가, 1957~1959년 국선 심사위원을 역임했다. 특히 그는 김규진의 큰 글씨를 본받아 곳곳에 많은 현판을 남겼다. 그림 또한 김규진의 영향을 받았는데, 사군자 중에서도 난초와 대나무를 잘 그렸다.

한편 그는 부유한 내시 집안의 양자로서 막대한 재산을 물려받았을 뿐만 아니라 서화 감식안이 뛰어난 것으로도 유명했다. 그래서 굴지의 서화 수장가 가운데 한 사람이기도 했다. 실제로 그는 자신의 방대한 수장품을 1937년과 1941년에 경성미술구락부의 경매에서 처분했고, 1950년 한국고미술협회에서 또 한 번의 경매를 열어 중요한 전적류를 처분했다. 그럼에도 국보인 『삼국유사』만큼은 끝까지 지켜내어 수장가로서의 모범을 보여주었다고 한다. 그가 이토록 많은 수장품을 경매로 처분한 이유는 선산이 있는 경기도 양주의 효촌초등학교와 양주중학교 등에 기부하기 위해서였던 것으로 추정된다.[38]

지난 2018년 유홍준 교수는 자신이 소장하고 있던 이병직의 서화 8점을 서울 종로구 부암동 무계원에 기증했다.

| 음악가 |

서편조 소리의 시조, 박유전

박유전(1835~1906)은 한말의 판소리 명창이다. 전라북도 순창에서 태어났는데, 어릴 때 전라남도 보성으로 이주해 살았다. 그는 어려서 왼쪽 눈을 다쳐 애꾸가 되었다. 이 때문에 밖에서는 놀림을 받고 집안에서는 천덕꾸러기로 자랐다. 하지만 목청이 워낙 좋아서 '천구성(天口聲: 하늘이 내려준 목소리)'을 지녔다는 평을 들었다.

이후 그는 전주 대사습놀이에서 명성을 얻어 중앙으로 진출했고, 본격적으로 명창의 반열에 오르게 되었다. 특히 판소리를 유난히 좋아했던 흥선대원군의 총애를 얻어 선달(先達)이란 벼슬을 제수받았을 뿐 아니라, 오수경(검은 안경)과 추위를 막기 위해 팔뚝에 끼는 금토시를 하사받았다.

그는 판소리 중 세 마치 장단과 기타 여러 장단을 조합하여 이른바 강산제(江山制)를 개발했다. '강산'이란 명칭은 그가 살던 마을인 보성군 강산리에서 따왔다고도 하고, 흥선대원군이 그의 소리를 "제일강산(第一江山)이다"라고 한 데서 따온 것이라고도 한다. 강산제 소리는 섬진강 서쪽의 광주, 나주, 보성 등지에서 많이 불렸고, 주로 계면조의 맑고 높으며 아름답고도 슬픈 기운을 띤 서편제 소리의 뿌리가 되었다. 즉 박유전이 서편제 소리의 시조인 것이다.

흥선대원군의 실각 후 고향으로 돌아온 박유전은 나주와 보성을 오가며 제자를 양성하는 데 전념했다. 그의 제자로 이날치와 정재근이 있었는데, 특히 이날치가 그의 소리를 계승하여 뛰어난 명창이 되었다. 이날치는 〈적벽가〉와 〈심청가〉를 잘 불렀고, 〈춘향가〉 중에서 '이별가'와 '새타령'을 아주 잘했다.

박유전은 슬하에 일점혈육을 남기지 못한 채 1906년 71세의 나이로 세상을 떠났다.[39]

퉁소 명인(1), 유동초

유동초(1887~1946)는 일제강점기의 국악 연주자다. 전라남도 장성군 북상면에서 유수영과 한덕산의 장남으로 태어났다. 이후 고창 흥덕리, 익산 황등리, 김제 백산면 등으로 이사하며 주로 전라북도 지방에서 터를 잡고 살았다. 또 전라남도와 광주 등지에서도 기거하며 활동 범위를 넓혔다.

그는 선천적이거나 아주 어릴 적에 시력을 잃은 것으로 보인다. 본명은 유봉(柳奉)이나, 퉁소로 이름을 날려 당시 이왕직아악부에서 "동쪽에서 이런 명인은 처음 났다"라고 하면서 '동초(東初)'라는 호를 지어주었다 한다.

그는 퉁소뿐 아니라 가야금, 단소, 젓대, 세피리에도 능했다. 주요 연주곡은 영산회상, 가곡반주, 가곡창 등 풍류와 시나위(산조), 봉장취 같은 민속악이었다. 특히 그의 퉁소 산조와 봉장취는 그야말로 전무후무하다는 평가를 받았다.

그는 스물여덟 살 때 박두엽이란 여인과 결혼하여 귀남, 귀례, 귀화, 진남 등 2남 2녀를 두었다. 하지만 그의 삶은 그리 녹록하지 않았던 것으로 보인다. 음악 교습을 해주며 가족을 부양했는데, 1936년 3월에는 광주의 한 부호에게 7개월 동안 〈영산회상〉 등의 음악을 가르쳐주고도 교습료를 받지 못해 광주지방법원에 소송을 제기한 적도 있었다.[40]

그는 1946년 61세의 나이로 김제군 백산면 승방마을에서 세상을 떠났다. 200여 명의 사람들이 그의 묘소에 모여 3일간 음악을 연주했으며, 이후 3년간 제사 때마다 모여서 음악을 연주했다고 한다. 그의 음악적 재능과 인기가 어느 정도였는지 실감할 수 있는 대목이다.

그의 음악은 1930년대에 녹음한 유성기 음반자료[41]가 유일하게 남아 있을 뿐이다. 또 그의 퉁소 산조도 고이곤, 한범수 등의 제자들에게 이어졌으나, 지금은 그 가락마저 사라지고 없는 실정이다.[42]

퉁소 명인(2), 편재준

편재준(1914~1979)도 일제강점기의 국악 연주자다. 유동초의 제자이자 그와 더불어 퉁소 명인이라는 칭송을 받았다. 오늘날 퉁소는 겨우 명맥만 이어가는 상황이지만, 근대까지만 해도 관악기의 총칭으로 불릴 만큼 대중적인 악기였다. 그중에서도 특히 유동초와 편재준의 퉁소 솜씨를 최고로 꼽았다.

그는 전라북도 고창 출신으로, 본명은 옥석(玉石)이다. 세 살 때 홍역을 앓았는데, 약을 잘못 써서 완전히 실명하여 맹인이 되었다고 한다. 그 후 마을에 살던 당골(김토산: 여성 명창 김소희의 첫 선생)이 그를 데려갔고, 처음으로 피리를 배우기 시작했다. 또 맹인 음악가 유동초에게 젓대를 배웠으며, 전홍련에게는 대금, 퉁소, 단소를 배웠다. 그리하여 퉁소, 단소, 젓대, 가야금, 양금 등에 모두 능통했다. 주로 남원에서 활동했고, 말

년에는 대전에서 살기도 했다. 하지만 안타깝게도 그의 음원은 하나도 남아 있지 않다.[43]

퉁소 명인(3), 정해시

정해시 역시 일제강점기의 국악 연주자다. 그에 관한 기록은 거의 남아 있지 않다. 다만 그가 남긴 유성기 음반들을 통해 음악세계를 대강 짐작해볼 수 있을 뿐이다.

일제강점기에 그가 연주한 〈봉장취〉, 〈새타령〉이 일본 콜롬비아 음반으로 전해지고, 김덕진 · 김매홍 · 김덕준 · 이소향 등과 함께 연주한 〈가난타령〉, 〈고당상(高堂上)〉, 〈고산염불〉을 포함한 10여 곡이 일본 빅타 음반으로 전해지며, 오태석 · 정남희 · 조앵무 등과 함께 연주한 〈까투리타령〉, 〈남도잡가〉, 〈농부가〉, 〈매화타령〉, 〈문경새재〉, 〈성주풀이〉가 일본 폴리돌 음반으로 전해지고 있다.

또 1935년부터 1941년까지 김덕진, 조금옥과 함께 경성방송국에 출연하여 경기가요, 봉장취, 산조, 속곡, 시조 등을 연주하기도 했다. 주요 음악은 시나위, 산조, 봉장취 등이었으며, 그가 맡은 부분은 퉁소와 대금이었다. 정해시가 이렇게 많은 음반작업에 참여할 수 있었던 것은 당시 퉁소 명인으로 손꼽혔을 뿐만 아니라 그의 실력이 유동초와 버금갔기 때문이라고 한다.

정해시는 원래 한쪽 눈이 보이지 않는 시각장애인이었다. 그는 신체적 장애를 악기 연주로 승화시켜 주옥같은 음악을 만들어냈던 것이다.[44]

바이올린 음악의 선구자, 안병소

안병소(1910~1979)는 일제강점기와 광복 후에 활동했던 바이올린 연주자다. 서울 중학동에서 태어났다. 그의 조부는 조선 화단의 거장인 안중식 화백이고, 아버지 안명호는 관립영어학교의 영어 교사로 근무하다가 실업계에 종사했으며, 어머니 이동초는 여성 교육계의 선구자로 한성고등여학교의 교사였다.

그도 역시 어렸을 때 지체장애를 입었다. 두 살 무렵 병을 앓다가 겨우 살아났는데, 그때부터 오른쪽 다리를 쓸 수 없게 되었다. 총독부의원에서 진찰을 받아보니, 척수마비증으로 나중에 심한 절름발이가 될 것이라고 했다.

그는 8~9세 무렵부터 음악에 특별한 관심과 재능을 보이기 시작했다. 학교에서는 다른 과목보다 창가를 제일 좋아했고, 집에서는 아버지가 구해다 준 풍금과 바이올린을 혼자 익혀 금세 연주하곤 했다.[45]

이후 광산업에 종사하던 아버지를 따라 온 가족이 황해도 평산으로 이사했다. 때마침 그곳에는 도쿄음악학교에 다니던 최호영이 방학을 맞아 귀국해 있었다. 아버지는 그를 데리고 최호영을 찾아가 정식으로 바이올린을 배우게 해주었다. 이후에도 아버지는 조선일보사의 초청으로 내한중이던 독일의 바이올리니스트 요셉 후스에게 그를 데려가 일주일에 한 번씩 바이올린 교습을 받게 해주었다. 그리하여 4년 뒤 안병소는 천재적인 연주자로 이름을 알리게 되었고, 1927년에는 첫 독주회를 열었다.

그로부터 2년 뒤인 1929년에 일본 오사카에서 열리는 동포위안음악회에 그는 바이올린 연주자로 초청받았다. 그래서 일본에 건너갔으나 갑자기 연주회가 취소되는 바람에 한동안 그곳에서 무위도식하며 지낼 수

안병소. 우리나라 바이올린 음악의 선구자로 많은 제자를 양성했다.

밖에 없었다. 그는 좌절하지 않고 일본에 있던 러시아의 바이올린 교수 클라인의 문하에 들어갔다. 그때 클라인은 현악4중주단을 이끌고 있었는데, 안병소는 그곳에서 제2바이올린을 맡아 실내악 운동에 참여하는 한편 따로 독주회를 열어 일본 악단에까지 이름을 알리게 되었다.

1934년에 그는 일시 귀국하여 경성공회당에서 송별음악회를 가진 뒤 그토록 열망하던 독일 유학길에 올랐다. 처음 2년 동안은 유명한 바이올리니스트인 빌리 헤스에게 개인 교습을 받다가, 이후 베를린 국립음악대학에 입학하여 2년 만에 졸업했다. 또한 그는 바이올린 제작자 아르민 노이만에게 바이올린 제작 기술을 배워 직접 바이올린을 제작하기도 했다.

당시 그는 숙명여고를 졸업한 피아니스트 이애내와 함께 독일 유학을 떠났는데, 1938년에 귀국한 뒤 그녀와 결혼했다. 이후 국내에서 본격적으로 활동하기 시작할 즈음, 만주 신경교향악단의 부지휘자 데루노부가 그를 찾아와 최고의 대우를 약속하며 악장 겸 독주자로 일해줄 것을 요청했다. 이에 그는 만주 신경(新京: 지금의 창춘)으로 가서 1941년까지 오케스트라 활동을 했다.

마침내 그가 고국으로 돌아오자 여러 대학에서 강의를 맡아달라고 했다. 하지만 연주자는 연주 기법을 연마하는 데에만 전념해야 한다는 소신에 따라, 아내와 함께 연악원(硏樂院)이라는 바이올린 교습소를 개설하여 후진 양성에 주력했다. 실제로 초창기 우리나라에서 활동하던 바이올린 연주자들은 거의 대부분 연악원 출신이거나 그의 제자들이었다고 한다.

이 밖에도 그는 한국과 일본, 만주를 무대로 350여 회의 독주회를 열었고, '안병소 현악4중주단'을 조직하여 활동했으며, 〈국토 통일의 노래〉 등을 작곡하기도 했다. 바이올린 음악의 선구자로서 많은 제자들을 양성했을 뿐 아니라 서양 음악의 보급에도 앞장섰던 것이다. 그는 마지막까지 연악원을 지키다가 1979년 3월에 69세를 일기로 세상을 떠났다. 그의 장례식은 음악협회장으로 엄수되었다.[46]

4장

그리고 기억해야 할 인물들

기타 주목할 만한 근대의 장애 인물로는 영화배우 김정숙, 이야기꾼 이몽득, 왕실 사람인 순종과 덕혜옹주 등을 들 수 있다. 다만 조선의 마지막 왕인 순종에 대해선 이미 앞에서 살펴보았으므로 여기에선 생략하고자 한다.

말더듬이 영화배우, 김정숙

김정숙은 일제강점기인 1920~1930년대에 활동했던 영화배우다. 부산에서 태어난 것 외에는 출생이나 성장에 관한 기록이 거의 없다. 그녀는 눈에 띄는 미모를 가졌으나 말을 더듬는 언어장애가 있어서 별명이 '에테테'였다고 한다.

그녀는 열여섯 살 때부터 부산에서 기생노릇을 하다가 배우가 되겠다는 일념으로 서울로 올라왔다. 본래 연극배우가 되고자 했으나 말을 더

듣었으므로 무성영화에 출연하게 되었다. 윤백남프로덕션에 들어가 1925년 〈심청전〉과 〈개척자〉에 연달아 출연하면서 영화배우로 데뷔했다. 〈심청전〉에서는 뺑덕어미(곱단이) 역을 맡았으며, 〈개척자〉에서는 주인공인 김성순 역을 맡아 인기를 끌었다.

당대의 인기 배우 김정숙

그녀가 당대의 스타로 확고히 자리 잡은 것은 1926년 〈장한몽〉에서 심순애 역할을 맡으면서다. 이후 그녀는 〈먼동이 틀 때〉(1927), 〈젊은이의 노래〉(1930), 〈금강한〉(1931), 〈화륜〉(1931) 등 여러 편의 영화에 출연했다. 하지만 1931년에 출연한 영화를 마지막으로 그녀의 행방이 묘연했는데, 간혹 카페에서 여급으로 일하고 있다는 소문이 들려올 뿐이었다고 한다.[1]

김정숙은 선천적 언어장애인이었으나 당시에는 무성영화 시대이고 여배우가 귀했기 때문에 별다른 문제없이 여러 편의 영화에 출연할 수 있었다. 물론 그만한 연기력을 갖추었음은 두말할 필요가 없을 것이다.

맹인 이야기꾼, 이몽득

이몽득(1915~2005)은 일제강점기와 현대의 판수이자 이야기꾼이다. 전라북도 무주의 평범한 농가에서 3남 4녀 중 다섯째로 태어났다.

그는 유아기엔 별 탈 없이 보냈다. 다섯 살 때 마을에 큰 불이 나서 민가 아홉 채가 불에 탔는데, 그도 형수의 등에 업혀 불구경을 나갔다가 이후로 점점 밤눈을 못 보게 되었다고 한다.

어머니는 그의 눈을 낫게 하려고 온갖 민간요법을 다 써보았다. 하지만 끝내 별다른 효험을 보지 못했고, 오히려 사약을 잘못 쓰는 바람에 상태가 더 나빠지고 말았다. 희미하게 보이던 눈이 이젠 아예 보이지 않아서 밝고 어두움만 겨우 분간할 수 있었다.

결국 그는 눈 치료에 대한 희망을 포기한 채 열한 살 때부터 짚신삼기를 배우고, 열네 살 때부터 맷방석 짜기를 익혔다. 다른 맹인들처럼 독경에도 관심을 가져 스스로 독경 연습을 하던 중, 마을에 경을 읽으러 온 조봉사라는 사람을 만나 본격적으로 독경을 배우기 시작했다. 그를 집에 들여 집중적으로 경문을 익힌 끝에 3개월 만에 60여 가지 경문을 외우게 되었다. 나아가 육갑과 점술도 익힘으로써 판수로서의 자신감을 갖게 되었다.

그는 열아홉 살 때 집을 떠나 자활(自活)의 길을 걷기 시작했다. 당시엔 점을 한 번 봐주면 적게는 3전에서 5전, 많게는 10전을 받기도 했는데, 그 역시 불과 몇 달 만에 30원이란 큰돈을 벌 수 있었다.

이후 해방이 되던 해인 서른한 살 때 잠시 집에 돌아와 열네 살의 처녀 박씨와 혼례를 올렸다. 하지만 결혼생활은 그리 오래가지 못했다. 한국전쟁 통에 아내와 아이를 차례로 잃은 것이다. 그는 또다시 집을 떠나 떠돌이 판수 인생을 살아갔다. 그렇게 발길 닿는 대로 전국을 떠돌며 점복과 독경 일을 하다가 75세 무렵에야 고향으로 돌아와 정착했다.[2]

한편 이몽득은 어려서부터 기억력이 아주 뛰어났다. 그는 "한 번 들으면 절대 잊지 않는다", "들은 것은 배 속에 꼭꼭 담아둔다"라고 말할 정도였다. 또한 열한 살 무렵부터는 마을 사랑방에 나가 짚신을 삼았는데, 그곳에서 잠을 자고 오는 경우도 많았다. 그런데 당시 사랑방은 돌아가며 이야기를 하는, 즉 이야기 구연의 살아 있는 교육 현장이었다. 게다가 그의 마을엔 박춘근, 박봉기, 주성조 등 고소설을 아주 잘 읽는 사람이 많았다. 이런 분위기에서 그 역시 청년 시절부터 이야기꾼의 재능을 보이며 여러 가지 이야기를 두루 구연했다. 그래서인지 그는 어디를 가든지 사람들의 환대를 받았다.

그는 대략 360여 편의 이야기를 구연할 수 있었다. 그의 이야기 목록을 정리해보면, ① 동물담, ② 민담, ③ 소화(笑話), ④ 풍월담, ⑤ 전문담, ⑥ 경험담, ⑦ 소설 등이었다.

이야기 구연 방식도 매우 다채로웠다. 우선 구연을 시작할 때는 "이거 봐요.", "~한다 이거여 응?"이라고 해서 청자의 주의를 환기시키고, 구연을 마친 뒤에는 "어때요? 좋지요?", "이런 얘기 못 들어봤지요?"라고 해서 그에 대한 감상이나 평가를 유도했다.

또한 그는 전해들은 이야기를 자기 나름대로 꾸며서 더욱 재미있게 구연했다. 인물이나 배경, 사건을 생생하게 묘사해서 이야기를 더욱 실감나게 들려주는 재주가 있었다. 특히 여러 등장인물의 성격을 파악해서 개성 있게 재현하는 데 아주 능란했다. 머슴은 어리숙한 말투, 힘센 장수는 묵직하고 느린 말투, 아들은 경쾌한 말투, 여자는 빠르고 가벼운 말투를 구사하는 식이었다.[3]

그뿐만 아니라 등장인물의 내면심리를 묘사하는 데에도 상당한 재능을 갖고 있었다. 다음은 「군불을 많이 때드려도 춥다고 하시는 홀어머니」라는 이야기의 일부분인데, 처음에는 완강히 거부하다가 점점 누그러지는 어머니의 심리 변화가 아주 잘 표현되어 있다.

"어머니?"

"왜 그라냐?"

"아, 아버님 하나 모셔왔습니다. 심심한디 담배나 같이 피고, 벗하라고 이케 데려왔습니다."

홱 돌아앉음선,

"〔아주 냉담한 말투로〕 별 지랄 다 하네. 별 지랄 다 하네. 그 눔덜."

벨 지랄 다 한다구 욕을 하더랴. 그래 인제,

"〔순박하고 어눌한 말투로〕 에, 그래 뭐, 그랴십니까?"

그라능 거 보구 인제 나와서 가마안히 봉께, 홱 돌아앉더랴?

돌아앉더니,

"〔여전히 냉담하게〕 워서 왔능거라우?"

"아 나는 집도 절도 읎넌 사람이요."

"아덜두 읎능거라우?"

"아덜두 딸두 하나두 읎습니다."

"〔이해하겠다는 말투로〕 아, 담배는 피능거라우?"

"예."

"〔누그러진 말투로〕 그래 담배나 피요."

쌈지를 주더랴. 자기. 할망 쌈지를 줌선,

"담배 피요."

〔웃으며〕 그래 가마안히 봉께 그렇게 숫기가 없더랴.

그래 그날은 불을 쬐끔 땟더라네. 방을. 불을 쬐끔 때구 인제, 저녁이 가서,

"어머니 방 안 따셔요?"

"〔당황하는 말투로 빠르게〕 잉 잉. 그 오지 마라. 오지 마. 방 따십다 방 따셔. 오지 마라 오지 마. 응? 행여 오지 마라. 방 따십다."[4]

이몽득은 어릴 때 부주의로 시력을 잃었지만 이처럼 뛰어난 이야기꾼으로 활약하기도 했다.[52] 오늘날로 치면 재주가 많은 예능인이었던 것이다.

마지막 황녀, 덕혜옹주

덕혜옹주(1912~1989)는 조선의 마지막 옹주다. 고종이 환갑 되던 해에 궁인 양씨에게서 얻은 늦둥이 딸이다. 고종은 그녀를 매우 사랑하여 다섯 살 된 딸을 위해 1916년 덕수궁 준명당에 유치원을 만들어 귀족의 딸들 가운데 또래아이 7~8명과 함께 공부하도록 해줄 정도였다.

1919년 고종이 승하하자 왕실의 보물이던 덕혜옹주에 대한 사람들의 관심은 더욱 커져갔다. 그녀는 1921년에 일본인 귀족 자제들을 위한 초등교육기관인 '일출심상소학교'에 입학하여 학교 규정에 따라 일본식 옷을 입고 일본어로 교육을 받았다. 당시 그녀는 공부를 잘했으며, 동요를 짓는 데도 능했다고 한다.[6]

1925년 일출심상소학교 5학년이 된 덕혜옹주도 여느 황손들처럼 일본 유학을 떠났다. 그녀는 도쿄의 영친왕 저택으로 가서 일본 황족과 귀족 자녀들을 위한 교육기관인 학습원의 여자 중등과 2학년에 입학했다.

그런데 이듬해인 1926년 4월에 아버지처럼 따르던 순종이 승하하고, 설상가상으로 1929년엔 어머니 양귀인마저 죽었다. 그녀는 급히 서울로 돌아왔는데, 어머니의 죽음으로 인한 비탄에 더해 상복 문제까지 일어났다. 일제가 어머니 양귀인을 왕족으로 인정하지 않았기 때문에 그녀는 상례에 참여할 수 없다는 것이었다. 결국 그녀는 어머니의 장례 행렬을

덕혜옹주의 결혼식.

그냥 보낼 수밖에 없었으며, 이틀 후에 다시 일본으로 돌아가야만 했다. 이후로 그녀는 점점 말수가 없어지더니, 다음 해에는 조현병(정신분열증) 진단까지 받게 되었다.[7]

다행히 증세가 조금 호전되었고, 학교도 무사히 졸업했다. 그러자 일제는 영친왕에 이어 덕혜옹주도 일본인과 혼인시키고자 했다. 그녀의 배우자로 선택된 사람은 쓰시마 도주의 후예인 백작 소 다케유키(宗武志)였다. 당시 그는 도쿄제국대학 영문과 3학년에 재학 중이었다. 1931년 5월 마침내 그녀의 결혼식이 일본식으로 거행되었고, 이듬해에 딸 정혜(正惠)가 태어났다. 하지만 덕혜옹주는 결혼 직후부터 실어증 증세를 보였고, 조현병도 상당히 진행되고 있었다. 목격자의 진술에 따르면, 그녀는 말을 전혀 하지 않은 채 고개만 숙이고 있었고, 계속 소리 내어 실소(失笑)하는 병적인 모습을 보였다고 한다.

이후 그녀는 조현병이 더욱 악화되어 1946년에 마쓰자와 도립정신병원에 입원했다. 설상가상으로 그녀가 정신병원에 입원해 있는 동안 딸 정혜마저 자살하겠다는 유서를 남기고 산에서 실종되었다. 남편 다케유키도 그녀의 입원 기간이 길어지자 이혼을 선언하고 일본 여자와 재혼해 버렸다.

덕혜옹주는 15년여 동안 마쓰자와 도립정신병원에서 지내다가 1962년 1월 38년간의 일본 생활을 끝내고 대한민국으로 영구히 귀국했다. 그녀가 무사히 귀국할 수 있었던 것은 서울신문 도쿄 특파원이던 김을한과 당시 국가재건최고회의 의장이던 박정희의 도움이 컸다고 한다. 이후 그녀는 서울대학교 병원에 입원해 있다가, 1967년 병세가 안정되자 퇴원했다. 1968년 가을 창덕궁 낙선재의 수강재로 옮겨 영친왕비 이방자 여사와 어린 시절의 유모 변복동과 함께 지냈다. 1989년 4월 78세의 나이로 수강재에서 세상을 떠났으며, 아버지 고종이 안장된 경기도 남양주시 홍릉 뒤편에 묻혔다.

그녀가 일본에 강제로 갈 때 가져간 조선왕실 전통복식과 장신구, 혼인할 때 친정에서 보낸 혼수품 일부가 일본문화학원 복식박물관과 규슈 국립박물관에 소장되어 있었다. 그중 일본문화학원에 있던 복식 7점이 2015년에 대한민국에 반환되어 현재 국립고궁박물관에서 보관하고 있다.[8] 2016년 8월 그녀의 일대기를 그린 영화 〈덕혜옹주〉가 개봉되기도 했다.

근대는 장애 문제의 태동기

근대의 장애인 정책

지금까지 개화기에서 일제강점기에 이르는 근대 장애인사에 대해 종합적이면서도 미시적으로 살펴보았다. 끝으로 이상의 논의를 정리하면서 근대 장애인사의 특징과 의의를 간략히 살펴보도록 하자.

근대는 한국사의 가장 큰 격동기이자 암흑기였다. 또한 이 시기는 장애인사에 있어서도 일대 전환기이자 암흑기였다. 근대, 특히 일제강점기에 이르러 장애 원인은 훨씬 다양해지고, 장애인 수도 급격히 늘어났다. 극심한 생활고와 태형 및 고문으로 각종 장애를 입었을 뿐 아니라, 자본주의 산업사회가 도래하면서 각종 산업재해와 의료사고, 교통사고 등으로 장애를 입기도 했다. 장애인 수도 해마다 급격히 늘었다. 시각장애인, 청각 · 언어장애인, 정신장애인, 한센인 할 것 없이 모든 유형의 장애인이 급격히 늘었던 것이다.

그럼에도 장애인 정책은 거의 시행되지 않았다. 근대의 한국 장애인사는 과거 조선시대보다도 오히려 후퇴하고 말았다. 조선시대 장애인 정책은 나름 체계적으로 시행되고 있었다. 장애인도 모두 직업을 갖고 자립하도록 했고, 자립하기 어려운 장애인은 구휼이나 진휼, 진제 등의 명목으로 국가에서 직접 구제했다. 특히 조선시대엔 점복, 독경, 악사, 그물 짜기 등 장애인을 위한 직업이 많았고, 명과학이나 관현맹인 같은 별도의 관직, 명통시 같은 장애인 단체를 만들어주기도 했다. 그 밖에도 정부는 세금이나 형벌, 시정(侍丁), 구휼기관 같은 다양한 지원정책을 펼쳤다. 뿐만 아니라 장애에 대한 사회적 인식도 대단히 개방적이어서 장애인도 능력이 뛰어나면 그에 걸맞은 존경과 대우를 받았다. 그리하여 조선시대엔 장애인 왕족과 관료층을 비롯한 각 분야의 예술가 등이 다양한 역사적 업적을 이루었다.

그러나 개화기에서 일제강점기에 이르는 근대엔 국가 차원의 장애인 정책이 거의 시행되지 않았다. 장애인을 위한 직업이나 관직도 급속히 사라졌으며, 관직 참여도 더는 불가능한 일이 되었다.

우선 개화기의 장애인 복지정책은 외국 선교사들에 의해 일부 이루어졌다. 특히 개항 이후 미국에서 온 개신교 선교사들은 기독교에 대한 반감을 줄이기 위해 의료나 교육, 복지사업 등을 통해 간접적으로 선교하는 방식을 택했다. 그와 함께 우리나라에도 장애의 특성을 고려한 과학적이고 체계적인 장애인 교육제도가 도입되기 시작했다.

또한 일제강점기에 이르면 장애인 수가 급증했음에도 불구하고 그들을 위한 정책은 거의 시행되지 않았다. 일제의 장애인 정책은 시각과 청각 · 언어장애인을 위한 교육기관으로 제생원 맹아부를, 정신장애인의 수용시설로 총독부의원 정신병동을, 한센인의 격리시설로 소록도 갱생원을 설립한 게 전부라고 해도 과언이 아니다. 그 밖에 위기에 처한 사람들의 기본 생존권을 보장하기 위해 1944년 3월 조선구호령을 제정했다. 하지만 이 역시 진정으로 장애인을 위한 것이 아니라 관리와 통제의 차원으로, 즉 원활한 식민통치의 수단에 불과했다.

더 나아가 일제강점기에는 장애에 대한 사회적 인식이 매우 부정적으로 바뀌었다. 그것은 우선 용어의 변화에서부터 확인할 수 있다. 조선시대만 해도 장애인은 '잔질', '독질', '폐질', '병신' 등처럼 몸에 병이 있는 사람, 다시 말해 몸이 아픈 사람으로 여겨졌다. 그래서 사람들은 장애인을 불쌍하고 측은하게 여기면서 어떻게든 도와야 한다고 생각했다. 하지만 근대엔 '불구자', 즉 뭔가를 갖추지 못한 사람이요, 몸의 기능이 결여되어 더 이상 세상에 쓸모없는 사람으로 여겨졌다.

게다가 근대엔 전통적인 공동체 의식이 무너지면서 장애인은 놀림의 대상이 되었다. 물론 조선시대에도 장애인을 놀림의 대상으로 삼긴 했지만, 그것은 일시적인 해학 수준에 불과했다. 하지만 근대에 이르면 악의적 감정으로 장애인을 놀릴 뿐 아니라 심지어 학대하고 배제하기까지 했다. 이 때문에 장애인들은 자신의 처지를 비관하여 스스로 목숨을 끊는 경우도 있었다. 설상가상으로 1930년대에는 우생학이 확산되어 장애에 대한 부정적 인식을 더욱 심화시켰다. 우생학은 특히 장애에 대한 차별과 배제를 정당화하는 과학적 토대를 제공했다. 또 1930년대 후반에는 시각과 청각 · 언어장애 등 삼중고를 딛고 세계적인 여류 사상가이자 사회사업가가 된 헬렌 켈러가 한국을 방문하여 장애를 극복의 대상으로 인식케 하는 데 일조했다.

근대 장애인의 삶과 사회적 처지

근대엔 국가 차원의 복지정책이 거의 시행되지 않았을 뿐만 아니라 근대화 · 산업화로 인해 기존 장애인의 직업도 급속히 사라져갔다. 이에 따라 많은 장애인들이 무직자나 걸인으로 전락하고, 심지어 생계형 범죄의 길로 빠져들기도 했다. 2부에서는 이처럼 암울한 시대상황에서 장애인이 어떻게 살아가고, 그들에 대한 사회적 인식 및 태도는 어떠했는지를 신체적 장애, 정신적 장애, 기타 장애로 분류하여 자세히 살펴보았다.

먼저 근대의 신체적 장애로는 시각장애인, 청각 · 언어장애인, 지체장애인, 뇌전증 등이 있었다. 그중에서도 시각장애인은 숫자가 가장 많을 뿐만 아니라 가장 활발한 활동을 펼치고 있었다. 그들은 비록 무직이 많긴 했지만 주로 점복과 독경업에 종사하는 판수가 되어 자립적으로 살아갔다. 하지만 근대, 특히 일제강점기에 이르러 장애인에 대한 사회적 인식이 날이 갈수록 부정적이 되면서 이들도 가정생활과 사회생활을 해나가는 데 많은 어려움을 겪었다. 가정적으로는 배우자의 가출이나 부정, 학대 등을 겪었고, 사회적으론 절도나 사기, 강도 등 각종 범죄와 사고의 위험에 노출되어 있었다.

그에 비해 청각 · 언어장애인은 의사소통의 문제로 살아가는 데 많은 어려움을 겪었다. 청각장애인은 귀가 들리지 않아 남들과 대화할 수 없기 때문에 사회생활은 물론 가정생활을 하기도 힘들었다. 마찬가지로 언어장애인도 의사소통이 어려워 직업을 구하거나 사업을 하기가 힘들었다. 그래서 먹고살기 위해 생계형 범죄를 저지르기도 했다.

지체장애인의 생활상은 한 마디로 비극적이었다. 특히 노동력을 최우선시하는 근대 산업사회에서 지체장애인은 그야말로 '불구자' 취급을 받으며 사회적으로 도태되어갔다. 그들은 결국 걸인으로 전락하거나, 그렇지 않으면 자살이라는 극단적인 선택을 할 수밖에 없었다.

그 밖에 뇌전증은 근대에도 여전히 치료가 불가능해서 인육(人肉)에 의존하곤 했다. 그래서인지 당시 사람들은 뇌전증 환자를 두려워하거나 범죄시하는 경향이 있었으며, 어떤 부모들은 부양을 포기하고 뇌전증이 있는 자식을 살해하기도 했다.

다음으로 정신적 장애로는 정신장애인과 지적장애인이 있었다. 당시 정신장애인도 해마다 증가하는 추세였는데, 이들은 장애의 특성상 발작할 때 살인이나 폭행, 방화 같은 범죄를 저지를 가능성이 있었다. 그래서 사람들은 정신장애인을 두려워하며 의도적으로 살해하거나, 아니면 그들 스스로 목숨을 끊기도 했다. 다른 장애인들이 어떻게든 일자리를 찾아 생계를 유지했던 것과 달리, 정신장애인은 세상 어디에도 발붙일 곳이 없었던 것이다.

그런가 하면 지적장애인은 지능이 떨어져 세상에 쓸모없는 사람으로 여겨졌다. 또 이러한 왜곡된 사회적 인식 때문에 가정에서도 배우자로부터 소외나 배신을 당하기 일쑤였고, 사회적으론 사기나 갈취, 폭행과 같은 범죄의 대상이 되기도 했다.

끝으로 기타 장애인으로는 성기능 장애, 기형아, 한센인, 장애 여성, 장애 일본인 등이 있었다. 오늘날엔 성기능의 문제를 병으로 인식하지만 근대에는 불구, 즉 장애로 인식했다. 당시 성기능 장애인에게 가장 힘든 문제는 역시 결혼 문제였다. 그들은 결혼하기가 무척 힘들었고, 설령 결혼했다 할지라도 그 사실이 알려지면 파혼이나 이혼소송을 당하곤 했던 것이다.

근대에도 다양한 유형의 기형아가 태어났다. 그런데 기형아에 대한 사회적 인식이 워낙 좋지 않아 부모들은 태어난 지 얼마 안 된 아기를 죽이거나 버리곤 했다.

한센병 환자도 일제의 식민 지배가 깊어가는 1920년대 말과 1930년대 초반에 급격히 증가했다. 그들도 여전히 인육으로 병을 치료하고자 했다. 이로 인해 당시 한센인들은 순사와 더불어 공포와 기피의 대상이 되었고, 집에서 쫓겨난 한센인은 걸인이 되어 떠돌아다니며 빌어먹어야 했다.

기타, 장애 여성은 가정 내에선 동정의 대상이요 사회적으론 범죄의 대상이었다. 특히 장애 여성은 결혼하기가 쉽지 않았고, 설령 결혼한다 해도 이혼당하는 경우가 많았다. 또한 당시 우리나라엔 다양한 유형의 장애 일본인도 함께 살고 있었다.

이렇게 근대, 특히 일제강점기는 보통 사람들에게도 고통의 시간이었지만, 장애인은 더 큰 고통을 겪어야 했다. 그리고 현재 우리가 겪고 있는 장애 문제는 이 시기부터 본격적으로 형성되었음을 다시금 확인할 수 있다.

장애를 넘어선 사람들

근대의 장애인은 세상 그 어디에서도 환영받지 못하는 비참한 상황에 처해 있었다. 그럼에도 불구하고 의병 · 독립운동가, 교육자, 예술가(작가, 화가, 음악가) 등이 다양한 방면에서 장애를 뛰어넘어 근대사의 한 축을 이루었다.

먼저 근대는 국난(國難)의 시기였기에 의병활동이나 독립운동을 하다 장애를 입는 경우가 많았다. 대표적으로 기산도, 윤태한, 강대주, 신규식, 정해익, 김창숙 등을 들 수 있는데, 이들은 일제에 체포되어 고문을 받은 끝에 장애를 입었다. 그래서인지 이들은 팔, 다리 등의 지체장애를 입는 경우가 많았다. 하지만 그들은 비록 장애를 입었음에도 끝까지 포기하지 않고 항일운동을 계속하다가 장렬히 죽음을 맞이하기도 했다.

또 근대엔 서구로부터 전문적인 장애교육, 즉 특수교육이 도입되면서 시각장애인을 중심으로 전문적인 장애 교육자가 배출되었다. 오봉래, 김성실, 한신경 등이 대표적이다. 오봉래는 의료선교사 로제타 홀의 도움으로 일본 유학까지 다녀와 한국 최초의 전문적인 시각장애 교육자가 되었고, 김성실도 로제타 홀의 평양맹아학교 출신으로 이화여자전문학교 영문과를 졸업하고 모교로 돌아와 교사생활을 했으며, 한신경은 일제강점기에 태어나 주로 현대에 활동한 인물이지만 시각장애 교육 및 복지기관을 설립했다.

한편 근대에는 장애인 정책이 거의 시행되지 않았고, 그들이 종사할 수 있는 직업도 많지 않았다. 이에 따라 장애인들은 그나마 장애에 대한 편견이나 차별이 덜한 예술계로 진출하여 생계를 유지하는 한편 사회적 자아를 실현하고자 했다. 예컨대 장애 작가로는 김명순, 서덕출, 최금동, 권오순, 한하운 등이 있었다. 이들은 시와 소설, 아동문학, 시나리오 등 다양한 분야에서 뛰어난 작품들을 많이 남겼다. 또 굵직한 장애 화가들도 있었는데, 대표적으로 구본웅은 척추장애인이었지만 일본 유학까지 다녀와 우리나라 최초의 야수파 화가가 되었고, 청각장애인 김기창은 일찍부터 그림에 두각을 나타내어 유명한 작품들을 많이 남겼다. 장애 음악가 박유전, 유동초, 편재준, 정해시, 안병소 등은 전통적인 국악과 양악 분야에서 최고의 활약상을 펼쳤다.

기타 주목할 만한 장애 인물로는 언어장애인 영화배우 김정숙, 시각장애인 판수이자 이야기꾼인 이몽득, 정신장애인이 된 조선의 마지막 황녀 덕혜옹주 등이 있었다.

결국 근대는 장애가 하나의 '낙인', 즉 사회적 질곡이 되고, 오늘날과 같은 편견과 차별, 배제로서의 장애 문제가 본격적으로 형성된 시기다. 다시 말해 현재 우리가 알고 있는 왜곡되고 한 맺힌 장애인사는 한국사의 최대 암흑기인 근대, 특히 일제강점기에 형성된 것이며, 여성사와 마찬가지로 5천 년 한국 역사에서 불과 100여 년밖에 안 된 것이다. 그러므로 앞으로는 일제의 식민사관이나 서구의 사대주의에서 벗어나 올바른 관점으로 한국 장애인사를 바라보면서 각종 장애인 정책과 장애인에 대한 사회적 인식의 개선을 추진해야 할 것이다. 장애인들 역시 자신들의 역사적 전통과 능력을 다시금 확인하고 좀 더 당당하게 세상과 맞섰으면 한다.

| 후주 |

1부 근대의 장애인 정책

1장 근대와 함께 출현한 장애

1. "한국민족문화대백과", 한국학중앙연구원. 역사신문편찬위원회 엮음, 『역사신문』5 · 6, 사계절, 1996; 가쿠 고조, 양억관 옮김, 『일본의 역사』, 고려원미디어, 1995 참조.
2. 『정종실록』, 정종 2년 7월 2일.
3. 정약용, 다산연구회 역주, 『목민심서』Ⅱ, 창작과비평사, 1979, 47쪽.
4. 정창권, 「조선시대 장애인 예술가의 존재양상」, 『한국학연구』 38, 고려대학교 한국학연구소, 2011, 425~427쪽.
5. 정창권 · 윤종선 · 방귀희 · 김언지, 『한국장애인사』, 솟대, 2014, 13쪽.
6. 『세종실록』, 세종 23년 4월 4일.
7. 『세종실록』, 세종 24년 6월 16일.
8. 『선조실록』, 선조 25년 11월 8일.
9. 『숙종실록』, 숙종 43년 7월 19일.
10. 박철상 외, 『정조의 비밀어찰, 정조가 그의 시대를 말하다』, 푸른역사, 2011, 184쪽.
11. 올리버 R. 에비슨, 황용수 옮김, 『구한말 40여 년의 풍경』, 대구대학교 출판부, 2006, 532~533쪽.
12. 이상의 내용은 정창권, 『역사 속 장애인은 어떻게 살았을까』, 글항아리, 2011, 363~370쪽 참조.
13. "한국민족문화대백과" '이원익'조, 한국학중앙연구원; 정창권 외, 『소설로 장애읽기』 1, 지성인, 2018, 49~50쪽.
14. 『광해군일기』, 광해군 5년 5월 18일.
15. "한국민족문화대백과" '김재로'조, 한국학중앙연구원; 이규상 저, 민족문화연구소 한문분과 옮김(1997), 『18세기 조선인물지』, 창비, 90~91쪽.
16. "한국민족문화대백과" '채제공'조, 한국학중앙연구원; 배한철, 『얼굴, 사람과 역사를 지록하다』, 생각정거장, 2016, 116~121쪽.

17. "한국민족문화대백과" '양성지'조, 한국학중앙연구원; 정조대왕 저, 홍기은 외 옮김, 『홍재전서』 17, 민족문화추진회, 1998, 58~59쪽.
18. 『중종실록』, 중종 35년 5월 27일.
19. 『미암일기』 3집, 1572년 12월 16일조, 담양향토문화연구회, 1994, 466~467쪽.
20. 정창권, 『홀로 벼슬하며 그대를 생각하노라』, 사계절, 2003, 6~9쪽.
21. "한국민족문화대백과" '장만'조, 한국학중앙연구원; 손철주, 『사람을 보는 눈』, 현암사, 2003, 103~105쪽; 배한철, 앞의 책, 121쪽.
22. 『영조실록』, 영조 16년 11월 21일.
23. 『영조실록』, 영조 14년 10월 15일.
24. 이상의 내용은 정창권, 앞의 글, 2011, 329~348쪽; 정창권 · 윤종선 · 방귀희 · 김언지, 앞의 책, 60~120쪽 참조.
25. 김영호, 『조선의 협객 백동수』, 푸른역사, 2002, 268쪽; "한국민족문화대백과" '박제가'조, 한국학중앙연구원.
26. 정창권, 앞의 글, 2011, 428~453쪽; 정창권 · 윤종선 · 방귀희 · 김언지, 앞의 책, 122~251쪽.
27. 정창권 · 윤종선 · 방귀희 · 김언지, 위의 책, 254~304쪽.
28. 황현, 임형택 외 옮김, 『매천야록』 상, 문학과지성사, 2005, 292쪽.
29. 김병하, 「로제타 셔우드 홀 여사에 의한 한국 특수교육 성립사고」, 『특수교육학회지』 7, 대한특수교육학회지, 1986; 변호걸, 「한국 근대 특수교육 성립에 관한 일고」, 『특수교육논총』 14, 한국특수교육학회, 1997; 여광응 · 강문주, 「개화기 선교사의 교육활동이 한국 특수교육에 미친 영향」, 『정신지체연구』 1, 한국정신지체아교육학회, 1999; 임안수, 「근대 한국 특수교육의 기원연대에 관한 연구」, 『특수교육저널』 6권 3호, 한국특수교육문제연구소, 2005; 정혜진, 「개화기 한국의 장애인교육론과 특수교육의 전개」, 서울시립대학교 석사학위 논문, 2007.
30. 한규원, 「일제에 대한 민족적 저항기의 특수교육」, 『한국교육사학』 16집, 한국교육사학회, 1994; 백남중, 「일제시대 장애인 복지 교육에 대한 고찰—제생원 맹아부를 중심으로」, 중앙대학교 석사학위 논문, 2000. 백남중은 또한 이후에 근대 시각장애인 관련 자료 모음집인 『한국맹인근대사』(한국시각장애인복지재단, 2004)를 편찬하기도 했다. 주윤정(a), 「식민지기 문화정책의 균열—박두성의 훈맹점자와 맹인」, 『인천학연구』 9, 인천대학교 인천학연구원, 2008년 8월; 주윤정(b), 「자선과 자혜의 경합—식민지기 '맹인' 사회사업과 타자화 과정」, 『사회와 역사』 80, 한국사회사학회, 2008; 이요한, 「1920~30년대 일제의 장애인 정책과 특징」, 동국대학교 석사학위 논문, 2009; 임안

수, 「한국 맹인직업사 연구」, 단국대학교 박사학위 논문, 1986.

31. 정근식(a), 「한국에서의 근대적 나 구료의 형성」, 『보건과 사회과학』 1, 한국보건사회학회, 1997 ; 정근식(b), 「'식민지적 근대'와 신체의 정치」, 『사회와 역사』 51, 한국사회사학회, 1997.
32. 정창권, 『세상에 버릴 사람은 아무도 없다』, 문학동네, 2005, 13~18쪽.
33. 권영민, 『서사 양식과 담론의 근대성』, 서울대학교 출판부, 1999, 436~462쪽.
34. 『매일신보』는 일제가 『대한매일신보』를 사들여 한일병합 직후인 1910년 8월 30일부터 '대한' 두 자를 떼고 『매일신보』로 개제한 것이다. 1920년 『조선일보』와 『동아일보』가 창간되기 전까지 유일한 한국어 신문이었고, 1940년 8월 두 신문이 일제에 의해 강제 폐간되면서 또다시 유일한 한국어 신문이 되었다. 다시 말해 『매일신보』는 일제강점기 전체의 한국어 신문이었다.

2장 다양해진 장애 원인

1. 실제로 전체 장애인구 중 65세 이상 노인의 비율이 2011년 38.8퍼센트에서 2014년 43.3퍼센트로 급증했다(「2014년 장애인실태조사 주요결과」, 『지역사회 재활사업 통합성과대회 자료집』, 보건복지부 국립재활원, 2015).
2. 황현, 임형택 외 옮김, 『매천야록』 상, 문학과지성사, 2005, 462쪽.
3. "世上盲人의 失明흔 根因을 調査하면 時痘를 因흔 者가 十에 八九가 되고 大段히 瘢面흔 者로 言하면 天이 與하신 美容을 一朝에 失却하얏스니 此는 其父母의 罪라 云흘 만하도다." 「권종우두설의학교장 지석영」, 『황성신문』, 1903년 3월 24일.
4. 박현순 외, 『코리안의 일상』, 청년사, 2009, 257~267쪽.
5. 올리버 R. 에비슨, 황용수 옮김, 『구한말 40여 년의 풍경』, 대구대학교 출판부, 2006, 582~583, 628~629쪽.
6. "再昨日下午二時黃土峴에서 一盲人이 過ᄒᆞ다가 電車에 撞觸ᄒᆞ야 頭骨이 破傷ᄒᆞᆫ지라 電車에 搭載ᄒᆞ야 濟衆院으로 送ᄒᆞ얏더라." 「맹인촉거」, 『황성신문』, 1900년 6월 18일.
7. 황현, 임형택 외 옮김, 앞의 책, 440쪽.
8. 「정신병자 2천5백, 총독부에서 보호법을 낼 듯」, 『시대일보』, 1926년 6월 26일.
9. 「맹인과 척안 평북에 이천」, 『동아일보』, 1935년 11월 3일.
10. 백남중, 「일제시대 장애인 복지 교육에 대한 고찰—제생원 맹아부를 중심으로」, 중앙대학교 석사학위 논문, 2000, 37쪽.
11. 「조광, 반조광은 위험, 정신병자의 발동기」, 『매일신보』, 1937년 3월 17일.
12. 「무책임한 의사 오진으로 병신」, 『동아일보』, 1934년 9월 18일.

13. 「병신된 고용인에게 위자료까지 불응」, 『동아일보』, 1936년 6월 24일.
14. 「로작타가 부상된 불구자 박료 주고 전부 해고, 십여 년간이나 일하는 사람들, 소야전 시멘트 회사의 처사」, 『동아일보』, 1931년 4월 27일.
15. 「팔 하나에 육천 원」, 『매일신보』, 1936년 9월 25일.
16. 이요한, 「1920~30년대 일제의 장애인 정책과 특징」, 동국대학교 석사학위 논문, 2009, 33쪽.
17. 「경적을 못 들은 두 귀머거리, 한 명은 무사 한 명은 중상」, 『매일신보』, 1924년 2월 26일.
18. 「불구자 됐으니 칠천 원 내오」, 『매일신보』, 1931년 9월 6일.
19. 「한쪽 다리 대가 사천 원」, 『동아일보』, 1940년 6월 13일.
20. "한국민족문화대백과", 한국학중앙연구원.
21. "한국민족문화대백과", 한국학중앙연구원.
22. 박용옥, 『한국여성독립운동』, 독립기념관 한국독립운동사연구소, 1989, 90쪽.
23. 박용옥, 위의 책, 94~95쪽.
24. "한국향토문화전자대전", 한국학중앙연구원.

3장 개화기 장애인 정책

1. "至於一里 一村에도 無不有塾有堂하야 全國之內에 雖役夫佃氓과 流丐廢疾之人이라도 迨乎無人不學." 「논설: 답율파산인기서」, 『황성신문』, 1903년 4월 13일.
2. "衛生이 全國에 普及케 하야 鰥寡孤獨廢疾일지라도 各自救護養育하고 實業에 就케 하자 하얏다이라." 「위생의견」, 『황성신문』, 1904년 12월 27일.
3. "民有鰥寡孤獨篤年廢疾窮無以爲養者着有司另加存恤." 「관보: 궁정녹사」, 『황성신문』, 1903년 11월 11일.
4. "各道人民에 孤貧殘疾者를 地方官이 加意撫恤ᄒᆞ라 ᄒᆞ사 以軫民困ᄒᆞ라 ᄒᆞ셧스니." 「논설」, 『황성신문』, 1907년 2월 2일.
5. 양옥경, 「구한말 민간 빈민구제시설 진민소에 관한 연구」, 『한국사회복지학』 제66권 제4호, 한국사회복지학회, 2014.
6. "죠ᄆᆡᆼ인호소. 각경찰셔에셔 인민의게 위ᄉᆡᆼ비를 득봉ᄒᆞ나 ᄆᆡᆼ인의게ᄂᆞᆫ 물시ᄒᆞ엿ᄂᆞᆫ데 즁부대표동사ᄂᆞᆫ ᄆᆡᆼ인 죠광익씨의게 위ᄉᆡᆼ비를 내라고 쟝ᄂᆡ슌사가 셩화독촉ᄒᆞᆷ으로 그 ᄆᆡᆼ인이 즁부경찰셔에 호소ᄒᆞ엿다더라." 「잡보」, 『대한매일신보』, 1909년 5월 2일.
7. "第百四十四條 癈疾의 人이 犯罪ᄒᆞᆫ 者ᄂᆞᆫ 本律에 一等을 減ᄒᆞᆷ이라 但 反逆이나 故意殺人ᄒᆞᆫ 者ᄂᆞᆫ 此限에 不在ᄒᆞᆷ이라 第百四十五條 癲狂ᄒᆞᆫ 者가 犯罪ᄒᆞᆫ 時ᄂᆞᆫ 左開에 依ᄒᆞ야

減等홈이라 一 死刑에 一等 二 流役刑에 二等 三 禁獄刑에 三等 四 笞刑에 四等 但 反逆을 行亨 者는 此限에 不在홈이라."「법률」, 『황성신문』, 1905년 6월 14일.

8. "죠칙을 법부에서 밧드러 감옥셔 증역 죄범 즁 나히 칠십 이상과 폐질된 사름을 방숑흐되 그 사름의 셩명을 다른 죠희에 긔록흐야 올니고."「관보」, 『독립신문』, 1897년 1월 12일.
9. 이사벨라 버드 비숍, 이인화 옮김, 『한국과 그 이웃나라들』, 살림, 1994, 63쪽.
10. 『고종실록』, 고종 31년 7월 14일.
11. 정혜진, 「개화기 한국의 장애인교육론과 특수교육의 전개」, 서울시립대학교 석사학위 논문, 2007, 16쪽 재인용.
12. 유길준, 채훈 옮김, 『서유견문』, 신화사, 1983, 284~285쪽.
13. 정혜진, 앞의 논문, 19쪽.
14. 유길준, 채훈 옮김, 앞의 책, 285~286쪽.
15. 유길준, 채훈 옮김, 위의 책, 286쪽.
16. 유길준, 채훈 옮김, 위의 책, 286~287쪽.

4장 근대식 장애인 교육기관

1. 백남중, 「일제시대 장애인 복지 교육에 대한 고찰—제생원 맹아부를 중심으로」, 중앙대학교 석사학위 논문, 2000, 19~20쪽.
2. 주윤정, 「자선과 자혜의 경합—식민지기 '맹인' 사회사업과 타자화 과정」, 『사회와 역사』 80, 한국사회사학회, 2008, 248쪽.
3. 정혜진, 「개화기 한국의 장애인교육론과 특수교육의 전개」, 서울시립대학교 석사학위 논문, 2007, 1~2쪽.
4. 교육부, 『특수교육백서』, 특수교육, 1993, 59~62쪽.
5. 정혜진, 앞의 논문, 39쪽.
6. 셔우드 홀, 김동열 옮김, 『닥터 홀의 조선회상』, 좋은씨앗, 2003, 158~159쪽.
7. 정해진, 앞의 논문, 27~28쪽.
8. 김병하, 「로제타 셔우드 홀 여사에 의한 한국 특수교육 성립사고」, 『특수교육학회지』 7, 한국특수교육학회, 1986, 15쪽.
9. 김병하, 위의 논문, 16쪽; 셔우드 홀, 김동열 옮김, 앞의 책, 184~185쪽.
10. 셔우드 홀, 김동열 옮김, 위의 책, 201쪽.
11. 셔우드 홀, 김동열 옮김, 위의 책, 203쪽.
12. 정혜진, 앞의 논문, 45쪽; 김병하, 앞의 글, 18쪽.

13. 김병하, 위의 글, 20쪽.
14. 정혜진, 앞의 논문, 46쪽.
15. 여광응 · 강문주, 「개화기 선교사의 교육활동이 한국 특수교육에 미친 영향」, 『정신지체연구』 I, 한국정신지체아교육학회, 1999, 29쪽; 정혜진, 앞의 논문, 47쪽.
16. *The Korea Mission Field*, 1909, 80쪽; 여광응 · 강문주, 앞의 글, 29쪽 재인용.
17. 여광응 · 강문주, 위의 글, 29쪽.
18. 변호걸, 「한국 근대 특수교육 성립에 관한 일고」, 『특수교육논총』 14, 한국특수교육학회, 1997, 16쪽; 정혜진, 앞의 논문, 49쪽.
19. Horace H. Underwood, *Modern Education in Korea*, New York : International Press, 1926, 253쪽; 변호걸, 앞의 글, 22쪽 재인용.
20. *The Korea Mission Field*, 81쪽; 여광응 · 강문주, 앞의 글, 30쪽 재인용.
21. 김병하, 앞의 글, 24쪽.
22. 『기독교대백과사전』 제15권, 855쪽; 정혜진, 앞의 논문, 51쪽 재인용.
23. 「평양의 맹아학교」, 『권업신문』, 1913년 9월 14일.
24. 주윤정, 앞의 글, 151쪽.
25. 주윤정, 위의 글, 152쪽.
26. 여광응 · 강문주, 앞의 글, 33~34쪽 참조.
27. H. H. Underwood, 앞의 책, 153쪽(변호걸, 앞의 글, 3쪽 재인용).
28. "僉君子ᄂᆞᆫ 平壤馬牧師夫人의 男盲校가 有學校와 京城폐례夫人의 男盲學흠을 播傳ᄒᆞ오며 學生을 薦擧ᄒᆞ심을 深望ᄒᆞ노라." 「盲人界의 大曙光」, 『대한매일신보』, 1908년 10월 7일.
29. 김은하, 「1890년대-1910년대 독립 여선교사 진 페리와 엘렌 패쉬의 교육활동」, 『교육문제연구』 37집, 한국교육사학회, 2010, 7~8쪽; 정혜진, 앞의 논문, 59~61쪽.
30. 김은하, 위의 글, 5~7쪽; 정혜진, 앞의 논문, 61쪽.
31. 김은하, 앞의 글, 14~17쪽.
32. *The Korea Review* 1, 1909, 252~253쪽(변호걸, 앞의 글, 6쪽 재인용).
33. 변호걸, 앞의 글, 6쪽; 김은하, 앞의 글, 10쪽.
34. *The Korea Missionfield* 10, 1914, 37쪽(변호걸, 앞의 글, 6쪽 재인용).
35. 변호걸, 위의 글, 6~7쪽.
36. "대져 하ᄂᆞᆯ이 사ᄅᆞᆷ을 내시ᄆᆡ 사ᄅᆞᆷ마다 다 ᄀᆞᆺ지 안ᄒᆞ며 여러 가지 병신이 잇ᄉᆞ니 압흘 보지 못ᄒᆞᄂᆞᆫ 니와 듯지 못ᄒᆞ고 말 못ᄒᆞᄂᆞᆫ 니와 안진방이와 져ᄂᆞᆫ 이며 또 여러 가지 병신이 잇ᄂᆞᆫ지라 태셔 문명ᄒᆞᆫ 나라에셔들은 이런 병신이라도 다 학교에 너허 여러 가지 공부

도 식히며 물건 졔조ᄒᆞᄂᆞᆫ 법과 또 져의 험의 능히 ᄒᆞᆯ만 ᄒᆞᆫ 것을 ᄀᆞᄅᆞ쳐셔 병신이라도 다 각각 제 직업이 잇게 ᄒᆞᄂᆞᆫ지라 특별히 눈먼 이를 위ᄒᆞ야 일쥬간에 ᄒᆞᆫ 번식 츌판ᄒᆞᄂᆞᆫ 신문과 월보가 만흐니 이 신문과 월보ᄂᆞᆫ 젼수이 ᄆᆡᆼ인을 교육ᄒᆞᄂᆞᆫ 일이 엇더케 ᄒᆞ여야 흥왕ᄒᆞᆯ 것과 각쳐에 잇ᄂᆞᆫ ᄆᆡᆼ인을 ᄀᆞᄅᆞ치ᄂᆞᆫ 학교에 보고만 긔ᄌᆡᄒᆞ고 큰 읍에ᄂᆞᆫ 학교와 졔조소가 잇스되 우리나라에ᄂᆞᆫ 이런 학교가 도모지 업더니 영국 션ᄇᆡ와 부인이 뎡동에 ᄒᆞᆫ 훈ᄆᆡᆼ학당을 셜시ᄒᆞ니 이런 학당은 우리나라에 쳐음 셜시되ᄂᆞᆫ 학당이오 ᄉᆞ쳔 년 ᄅᆡ에 업던 일이라 혹왈 훈ᄆᆡᆼ학당은 셜시ᄒᆞ여 무엇ᄒᆞ리오 ᄒᆞ나 그러ᄒᆞ나 이 학당을 셜시ᄒᆞᄂᆞᆫ 것이 세 가지 다ᄒᆡᆼᄒᆞ고 유익ᄒᆞᆫ 일이 잇스니 칫ᄌᆡᄂᆞᆫ 눈먼 이나 안 먼 이나 다 ᄀᆞᆺ흔 사ᄅᆞᆷ이라 사ᄅᆞᆷ이 만일 보고 쓸 쥴을 모론즉 금수보덤 나흘 것이 업ᄂᆞᆫ지라 눈이 업ᄂᆞᆫ 이ᄂᆞᆫ 우리들과 ᄀᆞᆺ치 보고 쓸 수ᄂᆞᆫ 업스나 손으로 만져 아ᄂᆞᆫ 것과 졍신이 눈 잇ᄂᆞᆫ 이보덤 온젼ᄒᆞ여 무엇이던지 잘 외오ᄂᆞᆫ지라 여러 가지 ᄎᆡᆨ을 이샹ᄒᆞ게 만드러 손으로 만져 알게 ᄒᆞ고 법국 사ᄅᆞᆷ 쌔레일의 발명ᄒᆞ여 논흔 쓰ᄂᆞᆫ 긔계로 쓰게 ᄒᆞ야 눈먼 이라도 ᄀᆞᄅᆞ쳐 알고 쓸 줄을 알게 ᄒᆞ야 바린 사ᄅᆞᆷ이 아니 되게 ᄒᆞ고 인류에 버셔나ᄂᆞᆫ 니가 되지 안케 ᄒᆞ니 다ᄒᆡᆼᄒᆞᆫ 일이오 둘ᄌᆡᄂᆞᆫ 눈먼 이라도 졔조소에 잇셔 무슴 일이던지 ᄒᆞ여 직업 잇ᄂᆞᆫ 샤ᄅᆞᆷ이 되고 우리나라 눈먼 이와 ᄀᆞᆺ치 졈이나 쳐셔 어리셕은 이들을 속이고 유혹ᄒᆞ게 ᄒᆞᄂᆞᆫ 일이 업스니 다ᄒᆡᆼᄒᆞᆫ 일이오 셋ᄌᆡᄂᆞᆫ 국즁에 ᄒᆞᆫ 사ᄅᆞᆷ도 버릴 사ᄅᆞᆷ이 업고 놀고 먹ᄂᆞᆫ 이가 업스며 다 알고 쓸 줄을 알면 일노 좃차 나라가 자연이 문명ᄒᆞ고 부강ᄒᆞᆫ 나라 되기가 쉬울 터이니 다ᄒᆡᆼᄒᆞᆫ 일이라 이 셰 가지를 볼진대 나라가 문명ᄒᆞ고 부강ᄒᆞᆫ 나라이 되랴면 불가불 학교와 졔죠소를 셜시ᄒᆞ여 여러 가지 병신이라도 다 ᄀᆞᄅᆞ칠 것이라 우리나라가 이러케 빈약ᄒᆞ고 외국에 슈치를 밧ᄂᆞᆫ 것은 셩ᄒᆞᆫ 사ᄅᆞᆷ이라도 다 놀고먹기를 됴화ᄒᆞ고 모식ᄒᆞ야 셔로 속기를 위쥬홈이라 그런즉 우리 동포들은 졔조소도 셜시ᄒᆞ야 다른 동포로 ᄒᆞ여곰 졔조소에 드러가 일을 ᄒᆞ게 ᄒᆞ던지 다른 일를 ᄒᆞ던지 ᄒᆞ야 다 직업 잇ᄂᆞᆫ 사ᄅᆞᆷ들이 되시오 일로 좃차 보드ᄅᆡ도 훈ᄆᆡᆼ학당을 셜시ᄒᆞᄂᆞᆫ 것시 대단이 유익ᄒᆞᆫ 일이라 이 훈ᄆᆡᆼ학당은 영국 션ᄇᆡ 안포영 씨 집이오 정동 미이미교회 회당 셔편에 잇스니 여긔셔 장찻 우리나라 팔셰 이샹 십팔셰 이하 된 눈먼 ᄋᆞ희와 계집ᄋᆞ희들를 모집ᄒᆞ야 의식을 주며 또 여러 가지 공부를 식일 터이며 차차 물건 졔조ᄒᆞᄂᆞᆫ 법도 ᄀᆞᄅᆞ친다 ᄒᆞ니 모든 ᄋᆞ희들과 계집ᄋᆞ희들은 이런 됴흔 긔회를 일치 말고 어셔 이런 학당에 드러가 실업을 공부ᄒᆞ여 이후에 우리나라에 잇ᄂᆞᆫ 눈먼 이들을 ᄀᆞᄅᆞ칠 교ᄉᆞ들이 되기를 바라노라." 「훈ᄆᆡᆼ학당론」, 『매일신보』, 1899년 1월 9일.

37. 김은하, 앞의 글, 10~11쪽.
38. 변호걸, 앞의 글, 8쪽.
39. 변호걸, 위의 글, 12쪽.

40) 변호걸, 위의 글, 11~15쪽; 정혜진, 앞의 논문, 53~59쪽.

5장 일제강점기 장애인 관리정책

1. 정창권, 『세상에 버릴 사람은 아무도 없다』, 문학동네, 2005, 18~26쪽 참조.
2. 「남편은 졸지맹인, 안해는 산욕신음」, 『동아일보』, 1929년 2월 2일.
3. 「질녀 살해한 병신녀 일심보다 경형」, 『매일신보』, 1936년 10월 6일.
4. 「병신 아우와 노부모 유기, 패륜자를 경찰 응징」, 『동아일보』, 1935년 12월 14일.
5. 「노안에 혈루지우며 병자를 한강에 투살」, 『동아일보』, 1928년 1월 25일.
6. 「병신 딸을 길에 버려 참혹히 죽게 한 그 아버지의 가슴속도 눈물의 죄인 박성희」, 『매일신보』, 1933년 3월 8일.
7. 「먹고살 수 없어 병신 딸을 죽여 경성지방법원서 공판개정 이년징역에 집유삼년」, 『매일신보』, 1933년 4월 7일.
8. 「불구자와 고아구호법 조선실시초미급」, 『매일신보』, 1935년 3월 1일.
9. 「생계 없는 노유 불구자 위해 조선에 구제법 실시 촉진」, 『동아일보』, 1938년 8월 22일.
10. 안상훈 · 조성은 · 길현종, 『한국 근대의 사회복지』, 서울대학교 출판부, 2005, 141~143, 200~205쪽.
11. 『한국민족문화대백과사전』 '사회보장'조; 백남중, 「일제시대 장애인 복지 교육에 대한 고찰—제생원 맹아부를 중심으로」, 중앙대학교 석사학위 논문, 2000, 17쪽.
12. 「불구자수용소준공」, 『매일신보』, 1944년 8월 4일.
13. 「불구자를 구타한 순사 두 명 고소」, 『동아일보』, 1923년 4월 11일.
14. 「불구자를 데리고 회사 문전에서 애소」, 『동아일보』, 1934년 5월 4일.
15. 「납세기를 시기 구분, 종전보다 삼할로 증징」, 『동아일보』, 1932년 5월 29일.
16. 「가족부양비공제 아동 노인 불구자에 한하여 납세자 소득에 따라」, 『동아일보』, 1938년 3월 12일.
17. 한규원, 「일제에 대한 민족적 저항기의 특수교육」, 『한국교육사학』 16집, 한국교육사학회, 1994, 123쪽.
18. 조선총독부, 『관보』 제242호, 명치 44년(1911) 6월 21일, 147쪽(백남중, 앞의 논문, 39쪽 재인용).
19. 한규원, 앞의 글, 124~125쪽.
20. 한규원, 위의 글, 126쪽.
21. 제6조 2항. 과정, 교수 일수 및 매주 수업시간은 원장이 정한다.
    제7조. 학년은 4월 1일 시작해서 다음 해 3월 31일에 끝난다.

제8조. 학년을 나누어 다음의 3학기로 한다. 제1학기: 4월 1일~8월 31일. 제2학기: 9월 1일~12월 31일. 제3학기: 1월 1일~3월 31일.

제9조. 휴업일은 다음과 같다. 사방배, 원시제, 기원절, 춘계황령제, 신무천황제, 추계황령제, 조선총독부시정기념일, 신상제, 명치절, 대정천황제, 일요일. 하계휴일: 7월 21일~8월 31일. 동계 휴일: 12월 29일~1월 5일. 학년말 휴업: 3월 26일~3월 31일. 전항 외 특별한 사유로 인해 필요하다고 인정될 때는 원장이 조선총독의 허가를 받아 임시휴업을 하고, 하계휴업 단축 시에는 동계휴업 기간을 변경할 수 있다.

제10조. 학과를 수료했을 때는 졸업증서를 수여한다.

22. 『조선총독부 제생원규칙』, 대정 2년(1913) 4월, 총령 제41호(백남중, 앞의 논문, 102~105쪽 재인용).
23. 한규원, 앞의 글, 128쪽.
24. 조선총독부, 『관보』 제134호, 대정 2년(1913) 1월 14일, 89쪽(백남중, 앞의 논문, 55쪽 재인용).
25. 백남중, 앞의 논문, 56쪽.
26. 백남중, 위의 논문, 64쪽.
27. 한규원, 앞의 글, 139쪽.
28. 한규원, 위의 글, 138~139쪽.
29. 한규원, 위의 글, 142~143쪽.
30. 한규원, 위의 글, 129~130쪽.
31. 「가엾은 동무들을 찾아서」, 『동아일보』, 1938년 1월 4일.
32. 「벙어리의 말 배고 글 배는 제생원」, 『동아일보』, 1924년 2월 2일.
33. 「제생원 맹아생 안가안마, 안마 수요자에게 대한 편의이다」, 『매일신보』, 1922년 11월 3일.
34. 「불구자의 환희 맹아부 졸업식」, 『매일신보』, 1923년 3월 27일.
35. 주윤정, 앞의 논문, 161쪽.
36. 「제생원 맹아부의 현상」, 『매일신보』, 1938년 9월 30일.
37. 「복음 맹아생의 학생 제생원 확충 증대하는 수용력」, 『매일신보』, 1937년 1월 20일.
38. 「맹 · 농 · 아 삼만이천 제생원 맹아부를 대대적으로 확충 계획」, 『매일신보』, 1938년 9월 28일; 「제생원 맹아부 신학기에 확장」, 『매일신보』, 1941년 1월 10일.
39. 백남중, 「송암 박두성 선생의 재활사업」, 『황해문화』 61, 새얼문화재단, 2008, 338~340쪽; 임안수, 「한글점자를 창안한 송암 박두성 선생의 생애와 업적」, 『황해문화』 61, 새얼문화재단, 2008, 320~321쪽.

40. 한규원, 앞의 글, 142~143쪽.
41. 백남중, 앞의 글, 2008, 341~342쪽.
42. 임안수, 앞의 글, 2008, 324~326쪽.
43. 임안수, 위의 글, 2008, 328쪽.
44. 임안수, 위의 글, 2008, 321쪽.
45. 「수십년 정드린 양 은사」, 『매일신보』, 1935년 5월 26일.
46. 「맹생의 은인인 박두성 선생」, 『매일신보』, 1935년 5월 26일.
47. 교육부, 『특수교육백서』, 특수교육, 1993, 117~119쪽 참조; 김병하 · 박경란, 「한국 청각장애교육 연구의 학사적 고찰: 1970년대 말까지」, 『특수교육저널: 이론과 실천』 제11권 1호, 한국특수교육문제연구소, 2010, 184쪽.
48. 백남중 편, 『한국맹인근대사』, 한국시각장애인복지재단, 2004, 41쪽.

6장 장애에 대한 인식이 바뀌다

1. 정창권, 『세상에 버릴 사람은 아무도 없다』, 문학동네, 2005, 14~15쪽.
2. "一은 각도 민인에 고빈 ᄌᆞᆫ질孤貧殘疾하야 누가 기르고 구원하여주 리 업ᄂᆞᆫ ᄌᆞᄂᆞᆫ ᄒᆡ 디방관이 별노히 어르ᄆᆞᆫ져 구휼하야 하여곰 곳을 일치 ᄆᆞᆯ게 하고." 「조칙」, 『독립신문』, 1899년 12월 1일.
3. "죠칙을 법부에셔 밧드러 감옥셔 증역 죄범 즁 나히 칠십 이샹과 폐질 된 사ᄅᆞᆷ을 방숑ᄒᆞ되 그 사ᄅᆞᆷ의 셩명을 다른 죠희에 긔록 ᄒᆞ야 올니고." 「관보 1월 11일 고등재판소 예비판사 마준령」, 『독립신문』, 1897년 1월 12일.
4. "第七十九條 罪ᄅᆞᆯ 共犯ᄒᆞᆯ 時에 造意ᄒᆞᆫ 者와 指揮ᄒᆞᆫ 者와 下手ᄒᆞᆫ 者이 有ᄒᆞ면 造意ᄒᆞᆫ 者ᄅᆞᆯ 首犯으로 論ᄒᆞᆷ이라 但 家人이 共犯ᄒᆞᆫ 境遇에ᄂᆞᆫ 尊長을 首犯으로 論ᄒᆞ되 若히 尊長이 年八十以上이나 篤疾이어든 次尊長을 首犯으로 論ᄒᆞ고 人에게 侵損ᄒᆞᆫ 者ᄂᆞᆫ 凡人首從과 同論ᄒᆞᆷ이라." 「관보, 법률」, 『황성신문』, 1905년 6월 7일.
5. "余ᄂᆞᆫ 本來 病身으로 아모것도 不知ᄒᆞᄂᆞᆫ 一個豚犬不若ᄒᆞᆫ ᄉᆞ람이나 近日에 邑內에셔 學校를 設立ᄒᆞ고 人才를 養成ᄒᆞ야 後日 國家에 有用ᄒᆞᆫ 材料를 供ᄒᆞᆫ다 ᄒᆞᆷ을 聞ᄒᆞ고 我心에 大段歡喜ᄒᆞ야 卽地에 赴校受業코ᄌᆞ ᄒᆞᄂᆞᆫ 意思가 有ᄒᆞᄂᆞ 一個身體不具者로 十年工夫ᄒᆞᄂᆞᆫ 것보다ᄂᆞᆫ 兩班子弟나 有才ᄒᆞᆫ 兒童의 一年工夫ᄒᆞᄂᆞᆫ 것이 遠勝ᄒᆞ깃기에 思想을 改ᄒᆞ고 造素을 營業ᄒᆞ야 食價를 除ᄒᆞᆫ 外에 餘在가 每日 十錢이라 五日을 貯畜ᄒᆞᆫ 五十錢을 寄附ᄒᆞ야 經費에 萬一을 補코ᄌᆞ ᄒᆞ오니." 「기발 연설」, 『황성신문』, 1909년 5월 9일.
6. 이요한, 「1920~30년대 일제의 장애인 정책과 특징」, 동국대학교 석사학위 논문,

2009, 10~11쪽.

7. 이요한, 위의 논문, 11쪽.
8. 권영민, 『서사 양식과 담론의 근대성』, 서울대학교 출판부, 1999, 436쪽.
9. 「평남맹인위안회」, 『매일신보』, 1921년 6월 26일.
10. 정창권, 『고전문학과 콘텐츠』, 월인, 2013, 310쪽; 정창권, 앞의 책, 2005, 94쪽.
11. 정창권, 앞의 책, 2013, 310쪽.
12. "우일신흠을 사룸마다 힘쓸 거시여늘 엇지하야 일향 귀먹고 눈먼 병신 모양으로 구습에만 빠져 잇ᄂᆞ뇨 이거시 한심헌 일이로다." 「별보」, 『독립신문』, 1896년 9월 8일.
13. 「편편기담」, 『대한매일신보』, 1908년 11월 24일.
14. 「편편기담」, 『대한매일신보』, 1909년 1월 29일.
15. 『강경애 작품집』, 「지하촌」, 지만지, 2013, 3~5쪽.
16. 정창권, 앞의 책, 2005, 111~113쪽.
17. 정창권, 위의 책, 2005, 123~124쪽.
18. 「간질병에 먹이려고 시체뇌장을 굴취」, 『매일신보』, 1932년 2월 1일.
19. 「나병환자의 전율할 범죄 아해의 생간을 내먹은 문둥병 환자에게 사형」, 『매일신보』, 1928년 9월 10일.
20. 「꼽사를 치료코저 척수액을 찾취」, 『동아일보』, 1926년 6월 16일.
21. 「백치병 고친다고 사자의 음경절단」, 『동아일보』, 1935년 2월 3일.
22. 「일중경관이 총검아래 예배당에 유혈참극」, 『동아일보』, 1926년 3월 5일.
23. 「별유천지 · 불구자의 인세관, 앉은뱅이가 여행한 이야기」, 『별건곤』 제47호, 1932년 1월 1일.
24. 「팔일간 단식시키고 치료튼 환자 절명」, 『동아일보』, 1929년 2월 19일.
25. 「불구자 액사」, 『동아일보』, 1928년 4월 6일.
26. 「불구자 소년 투신, 반신불수 된 십구세 소년이」, 『동아일보』, 1927년 4월 27일.
27. 「심야에 거처불명, 조조에 시체를 발견, 자기 몸이 백치로 태어난 걸 비관, 집안사람 잠든 틈을 타서 자살해」, 『동아일보』, 1929년 12월 19일.
28. 「눈 병신을 비관하여 15세 소녀 자살」, 『조선중앙일보』, 1934년 12월 1일.
29. 「병신 딸을 투강한 뒤 자기마저 창파에 투신」, 『동아일보』, 1938년 5월 26일.
30. 앙드레 피쇼, 이정희 옮김, 『우생학: 유전학의 숨겨진 역사』, 아침이슬, 2009, 126~127쪽 참조.
31. 신영전, 「식민지 조선에서 우생운동의 전개와 성격」, 『의사학』 29, 대한의사학회, 2006, 134쪽.

32. 신영전, 위의 글, 134~139쪽.
33. 신영전, 위의 글, 139~143쪽.
34. 「우생학상으로 본 단종법이란 어떤 것(上)—제대병원암정내과 김사일」, 『동아일보』, 1938년 6월 27일.
35. 「우생학상으로 본 단종법이란 어떤 것(中)—제대병원암정내과 김사일」, 『동아일보』, 1938년 6월 29일.
36. 「우생학상으로 본 단종법이란 어떤 것(下)—제대병원암정내과 김사일」, 『동아일보』, 1938년 6월 30일.
37. 「위대한 맹인사상가 헬렌 켈러 여사 금추 동경에 온다」, 『동아일보』, 1935년 1월 22일.
38. 「헬렌 켈러 여사 일행 부산에 상륙제일성」, 『매일신보』, 1937년 7월 12일.
39. 「헬렌 여사의 감각」, 『매일신보』, 1937년 7월 13일.
40. 「20세기의 대기적 헬렌 켈러 여사 내성」, 『매일신보』, 1937년 7월 14일.
41. 「헬렌 켈러 여사 경성서 3회 강연」, 『매일신보』, 1937년 7월 13일.
42. 「불구자들도 낙심 말고 유용의 인재가 되자—사회인들은 그들의 구조가 당연」, 『매일신보』, 1937년 7월 15일.
43. 「증설 바라는 것은 불구자 수용기관」, 『매일신보』, 1937년 7월 13일.
44. 「불구자에게도 문화은전 입도록」, 『매일신보』, 1937년 7월 14일.
45. 「국제친화회 주최 환영 오찬회 성황」, 『매일신보』, 1937년 7월 14일.
46. 「남총독을 방문」, 『매일신보』, 1937년 7월 14일.
47. 「진정한 광명도 영혼에 행복의 창조도 영혼에」, 『매일신보』, 1937년 7월 16일.
48. 「성녀석별리이양」, 『매일신보』, 1937년 7월 19일.

2부 근대 장애인은 어떻게 살았을까

1장 신체적 장애

1. 「가의생의 맹인목」, 『매일신보』, 1915년 3월 19일.
2. 「십이세 소년 작란으로 실명」, 『동아일보』, 1934년 4월 2일.
3. 백남중, 「일제시대 장애인 복지 교육에 대한 고찰—제생원 맹아부를 중심으로」, 중앙대학교 석사학위 논문, 2000, 25~29쪽; 「벙어리가 적은 것은 특유한 도덕의 은택」, 『매일신보』, 1926년 6월 21일.
4. 조선총독부 제생원, 『조선맹아자통계요람』, 소화 2년(1927) 5월 1일 조사; 백남중, 앞

의 논문, 25~29쪽 참조.

5. 「천연고의 맹아자 전조선에 삼만이천명으로 판명」, 『동아일보』, 1938년 9월 28일; 「맹, 농,아 삼만이천」, 『매일신보』, 1938년 9월 28일.
6. 정창권, 『세상에 버릴 사람은 아무도 없다』, 문학동네, 2005, 29~63쪽.
7. H. B. 헐버트, 신복룡 역주, 『대한제국멸망사』, 집문당, 1999, 420쪽.
8. H. B. 헐버트, 신복룡 역주, 위의 책, 486~492쪽; 이사벨라 버드 비숍, 이인화 옮김, 『한국과 그 이웃나라들』, 살림, 1994, 462~463쪽.
9. 정창권, 앞의 책, 2005, 45쪽.
10. 이사벨라 버드 비숍, 이인화 옮김, 앞의 책, 459~461쪽.
11. "사ᄅᆞᆷ이란 거ᄉᆞᆫ 학문이 업슬소록 허ᄒᆞᆫ 거살 밋고 리치 업ᄂᆞᆫ 일을 ᄇᆞ라는 거시라 그런고로 무당과 판슈와 션앙당과 풍슈와 즁과 각ᄉᆡᆨ 이런 무리들이 ᄇᆡᆨ셩을 쇽이고 돈을 ᄲᆡ시며 ᄆᆞᄋᆞᆷ이 약ᄒᆞᆫ 녀인네와 허ᄒᆞᆫ 거살 밋ᄂᆞᆫ 사나희들을 아혹히 유인ᄒᆞ야 ᄌᆡ물을 ᄇᆞ리고 악귀를 위ᄒᆞ게 ᄒᆞ니 그거ᄉᆞᆫ 다름이 아니라 사ᄅᆞᆷ들이 몰나셔 이러케 쇽ᄂᆞᆫ 거시요 이 사ᄅᆞᆷ들이 몰나셔 ᄂᆞᆷ을 쇽이ᄂᆞᆫ 거시니 엇지 가이 업지 안ᄒᆞ리요." 『독립신문』, 1896년 5월 7일.
12. "근일에 독립신문을 보니 죠션 대군쥬 폐하ᄭᅴ셔 요샤시런 부군당과 ᄇᆡᆨ셩을 쇽이ᄂᆞᆫ 무당과 판슈들을 모도 금ᄒᆞ시고 귀신이라고 ᄆᆞᆫ든 것들을 모도 불질느게 ᄒᆞ시며 군ᄉᆞ들과 슌검들을 졈졈 셔양법으로 교휵을 식히고 녯적 풍쇽은 차차 업서지게 ᄒᆞ신다니 아마 죠션도 차차 되야 가ᄂᆞᆫ 거시요 죠션 대군쥬 폐하ᄭᅴ셔 이러케 결심ᄒᆞ야 문명 진보ᄒᆞ신다니 외국 사ᄅᆞᆷ들은 다 치하를 ᄒᆞ노라고 ᄒᆞ엿더라." 『독립신문』, 1896년 8월 4일.
13. "盲入呈訴 南陽居盲人李恒鎭이 警務廳에 呈訴ᄒᆞ되 本人이 上年十月에 上京ᄒᆞ야 東門內水石亭에 來留ᄒᆞ야 香燭을 自備ᄒᆞ야 英親王殿下를 爲ᄒᆞ야 位祝ᄒᆞ더니 日昨에 水口門內居許奭鄭基德二人이 來到本亭ᄒᆞ야 稱以巡檢ᄒᆞ고 問卜ᄒᆞ다 空然作梗ᄒᆞ야 香卓을 破碎ᄒᆞ며 衣冠을 裂破ᄒᆞ얏스니 該兩人을 捉致嚴懲ᄒᆞ라 ᄒᆞ얏더라." 「맹인고소」, 『황성신문』, 1902년 3월 10일.
14. "판슈의 경 닑고 무녀의 굿ᄒᆞ고 긔도ᄒᆞᄂᆞᆫ 거슨 곳 혹셰무민ᄒᆞ야 사ᄅᆞᆷ의 돈을 ᄲᅢᆺᄂᆞᆫ 거신즉 강도에 다름이 업ᄂᆞᆫ고로 경무청에셔 인민을 위ᄒᆞ야 엄히 금ᄒᆞᆫ 거신ᄃᆡ 남셔 ᄌᆞᄂᆡ에셔 판슈 셔히 경을 닑고 무녀가 ᄯᅩ 긔도ᄒᆞ다가 남셔에 잡히여 경무청으로 보내엿다더라." 『독립신문』, 1897년 4월 20일.
15. 서형범 엮음, 『개화기소설 단편선』, 현대문학, 2010, 19~36쪽.
16. 백남중, 앞의 논문, 77~79쪽 참조.
17. 「개성무맹대소제」, 『매일신보』, 1912년 8월 15일.

18. 「맹자의 혹세무민」, 『매일신보』, 1914년 5월 20일.
19. 「맹인의 연명청원」, 『매일신보』, 1915년 7월 24일.
20. 「무당 판수 등 내명. 피해가 점차 늘어간다고 미온적으로 제재」, 『동아일보』, 1932년 11월 4일.
21. 「개성일대 성행하는 무당 판수를 엄금」, 『동아일보』, 1932년 12월 21일.
22. 「피폐한 농촌에 무녀맹인이 발호 일수입이 사원 이상」, 『동아일보』, 1939년 5월 16일.
23. 「복술업자 단속」, 『동아일보』, 1939년 3월 30일.
24. 「빽덕어멈 같은 내 안해 차져주오」, 『매일신보』, 1929년 8월 31일.
25. 「소경 도박단」, 『중외일보』, 1930년 9월 1일.
26. 「맹인을 구타탈금」, 『매일신보』, 1938년 4월 15일.
27. 「맹인의 헌금」, 『매일신보』, 1938년 11월 23일.
28. 「소경이 시계 라디오 수선」, 『동아일보』, 1936년 1월 11일.
29. A. H. 새비지-랜도어, 신복룡 역주, 『고요한 아침의 나라, 조선』, 집문당, 1996, 93쪽.
30. 「작효합동에 참극, 늙은 장님이 불에 타죽어」, 『매일신보』, 1923년 3월 29일.
31. 「오세아 루의에 점화, 장님 친모까지 소화」, 『동아일보』, 1935년 12월 19일.
32. 「처자 일은 김장님 눈물의 하소」, 『매일신보』, 1926년 6월 25일.
33. 「장님 남편 공모압살 불까지 노하」, 『매일신보』, 1927년 11월 27일.
34. 「내처 학대로 자살한 맹인」, 『매일신보』, 1935년 10월 27일.
35. 일제강점기 시각장애인의 전차사고 관련 기록들을 정리하면 대략 다음과 같다. 「맹인이 전차에 역상」, 『매일신보』, 1920년 8월 20일; 「전차가 맹인 역상」, 『매일신보』, 1921년 5월 26일; 「맹인의 참혹한 최후」, 『매일신보』, 1922년 3월 20일; 「맹인이 전차 충돌」, 『매일신보』, 1923년 5월 26일; 「전차에 치여 맹인이 부상」, 『매일신보』, 1924년 5월 17일; 「맹인의 전차 충돌」, 『시대일보』, 1924년 5월 17일; 「맹인이 다쳐 전차와 충돌」, 『매일신보』, 1927년 11월 9일; 「맹인역사」, 『매일신보』, 1932년 9월 14일; 「역사한 맹인 박준옥」, 『동아일보』, 1932년 9월 17일; 「맹인을 역상」, 『매일신보』, 1941년 6월 28일; 「맹인이 전군에 부상」, 『매일신보』, 1943년 8월 26일.
36. 「맹인이 전차 충돌」, 『매일신보』, 1923년 5월 26일.
37. 「맹인의 횡액, 전차에 치여 중상」, 『동아일보』, 1922년 3월 19일; 「역상된 맹인, 치료 중 사망」, 『동아일보』, 1922년 3월 20일; 「맹인 전차에 촉상」, 『동아일보』, 1923년 5월 26일.
38. 「백여 맹인도 봉도 조선맹인조합의 결의로」, 『동아일보』, 1926년 5월 21일.
39. 「수백간 되는 영산에서 맹인의 금을 강탈」, 『매일신보』, 1923년 1월 11일; 「맹인을 꼬

여서 소지금 강탈한 자」, 『매일신보』, 1926년 10월 18일; 「맹인을 찔러들든 십사세 소년강도」, 『동아일보』, 1928년 5월 15일; 「맹인의 집에 곤봉강도」, 『동아일보』, 1929년 5월 27일; 「맹인을 습격 현금을 강탈」, 『매일신보』, 1929년 12월 19일; 「맹인을 습격 단도로 위협 현금 85전 든 지갑 강탈」, 『매일신보』, 1930년 7월 3일; 「맹인을 종묘로 유출 구타 탈금한 악한」, 『동아일보』, 1938년 4월 15일.

40. 「맹인 찔러들든 십사세 소년강도」, 『동아일보』, 1928년 5월 15일.
41. 정창권, 앞의 책, 53~56쪽.
42. 「맹인회 부활」, 『동아일보』, 1924년 10월 30일.
43. 「맹인조합 일차사업으로 맹인직업」, 『동아일보』, 1924년 11월 9일.
44. 「맹인하기강습회」, 『매일신보』, 1932년 8월 1일.
45. 「백여 맹인도 봉도」, 『동아일보』, 1926년 5월 21일.
46. 정창권, 앞의 책, 182쪽.
47. 「백여 맹인이 결속코 진정」, 『매일신보』, 1931년 12월 29일.
48. 「맹인조합의 국방헌금」, 『매일신보』, 1938년 7월 14일.
49. 「맹인 삼십 명이 금연해서 헌금」, 『매일신보』, 1938년 8월 5일; 「맹인의 적성」, 『매일신보』, 1938년 9월 4일; 「맹인의 헌금」, 『매일신보』, 1938년 11월 23일; 「맹인헌금」, 『매일신보』, 1939년 11월 18일; 「맹인 애국헌금」, 『매일신보』, 1939년 11월 18일; 「맹인의 치성」, 『매일신보』, 1940년 3월 6일; 「맹인 등이 국방헌금」, 『매일신보』, 1940년 11월 9일; 「맹인들의 기관총 헌납」, 『매일신보』, 1941년 5월 29일.
50. 「하루도 안 빠지고 황군의 환송영」, 『매일신보』, 1937년 9월 19일.
51. 백남중, 앞의 논문, 85쪽.
52. 「제생원 맹인강습」, 『매일신보』, 1926년 7월 3일; 「장님들의 강습회」, 『동아일보』, 1929년 8월 21일; 「맹인하기강습」, 『동아일보』, 1932년 8월 3일; 「맹인하계강습」, 『동아일보』, 1938년 8월 25일; 「맹인하기강습」, 『매일신보』, 1943년 8월 10일.
53. 「제생원 맹인강습」, 『매일신보』, 1926년 7월 3일.
54. 「사기전문의 맹인조합」, 『매일신보』, 1925년 10월 22일.
55. 「몸은 비록 맹인이나 애국지정은 일반」, 『매일신보』, 1937년 11월 19일.
56. 정창권, 앞의 책, 2005, 56쪽.
57. 「납량음악회는 박도 맹인단이 일생일대의 심혈경주한 곡목」, 『매일신보』, 1938년 6월 26일.
58. 「납량음악회 성황」, 『매일신보』, 1938년 6월 29일.
59. 백남중, 앞의 논문, 30~32쪽.

60. 조선총독부 제생원, 『조선맹아자통계요람』, 소화 2년(1927) 5월 1일 조사; 백남중, 앞의 논문, 30~33쪽 참조.
61. 「뺨을 마져서 고막이 파열」, 『매일신보』, 1932년 7월 6일.
62. 「별유천지 · 불구자의 인세관. 귀먹어리가 드른 소문」, 『별건곤』 제47호, 1932년 1월 1일.
63. 「부정부의 방화」, 『매일신보』, 1923년 4월 22일.
64. 「농아의 철도역사」, 『매일신보』, 1914년 4월 25일; 「경적을 못 들은 두 귀머거리」, 『매일신보』, 1924년 2월 26일; 「귀머거리 노인 철도에 치여 참사」, 『중외일보』, 1930년 9월 18일; 「귀머거리 노인 철교에서 역사」, 『매일신보』, 1936년 8월 8일.
65. 「참혹한 귀머거리」, 『매일신보』, 1915년 3월 10일.
66. 「각 방면의 성공고심담(3), 맹아교육가 박두성 씨(1)」, 『중외일보』, 1929년 10월 15일.
67. 「각 방면의 성공고심담(4), 맹아교육가 박두성 씨(3)」, 『중외일보』, 1929년 10월 16일.
68. 「벙어리 삼룡이」, 『나도향 단편집』, 지만지, 2013, 33쪽. 원문을 토대로 필자가 현대역을 했다.
69. 「반벙어리 백부에 밥 빌다가 격분 끝에 살해한 벙어리 피해」, 『동아일보』, 1928년 6월 4일.
70. 「벙어리가 도적질, 말을 몰라서 취조가 곤난」, 『매일신보』, 1929년 3월 6일.
71. 「벙어리의 재판, 말을 몰라서 판사는 두통」, 『매일신보』, 1928년 8월 20일.
72. 「전문가의 통역 벙어리 공판」, 『매일신보』, 1932년 12월 17일.
73. 「손짓 몸짓으로 벙어리 재판」, 『중외일보』, 1929년 5월 30일.
74. 「상점에 침입하여 엽총 실탄을 절취」, 『동아일보』, 1929년 2월 22일; 「벙어리 절도」, 『매일신보』, 1929년 5월 5일; 「통역세고 벙어리공판」, 『매일신보』, 1933년 6월 13일.
75. 「통역세고 벙어리공판」, 『매일신보』, 1933년 6월 13일.
76. 「감심할 아자」, 『매일신보』, 1912년 8월 7일.
77. 백남중, 앞의 논문, 80~81쪽.
78. 「황해도의 맹아물경」, 『매일신보』, 1927년 8월 6일.
79. 「함흥도내 농아수」, 『매일신보』, 1936년 8월 25일.
80. 「벙어리 고용인」, 『매일신보』, 1940년 4월 25일; 「아자를 추격강탈」, 『매일신보』, 1925년 7월 18일; 「벙어리 머슴이 주인을 타살」, 『매일신보』, 1930년 8월 15일.
81. 「벙어리 삼룡이」, 『나도향 단편집』, 19쪽.
82. 「악수의 아자가」, 『매일신보』, 1921년 4월 1일; 「벙어리의 절도」, 『매일신보』, 1923년 11월 20일; 「벙어리 절도체포」, 『동아일보』, 1924년 4월 11일; 「벙어리 소도적」, 『매일

신보』, 1930년 9월 4일; 「아, 천치 불구자 절도 이중주」, 『동아일보』, 1930년 7월 20일.
83. 「벙어리도적 제버릇 못 고쳐」, 『매일신보』, 1931년 11월 12일.
84. 「벙어리절도」, 『동아일보』, 1933년 7월 4일.
85. 「무서운 벙어리」, 『매일신보』, 1916년 8월 1일; 「벙어리가 절도」, 『매일신보』, 1922년 9월 14일; 「벙어리의 절도상습자」, 『매일신보』, 1925년 7월 3일; 「벙어리도적 잡혀」, 『매일신보』, 1929년 9월 11일; 「벙어리 스리범」, 『매일신보』, 1942년 4월 3일.
86. 「벙어리의 말 못할 짓」, 『매일신보』, 1914년 12월 11일.
87. 「벙어리 여절도 취조에 곤난」, 『매일신보』, 1926년 8월 16일.
88. 「총지휘는 벙어리 열차 속에서 여객 금품 도적질」, 『동아일보』, 1935년 3월 25일; 「벙어리 단장 대적단 검거」, 『동아일보』, 1929년 12월 17일.
89. 「벙어리 단장과 소매치기 일당 검거」, 『매일신보』, 1929년 12월 16일.
90. 「벙어리를 동정하야 귀먹어리의 범행 병신 사이의 의리와 따뜻한 정」, 『매일신보』, 1934년 6월 11일; 「벙어리 절도」, 『매일신보』, 1938년 2월 22일.
91. 「괴적? 체포코 두통하는 경찰」, 『동아일보』, 1936년 4월 18일.
92. 「벙어리 도박군 할 일 업시 석방」, 『매일신보』, 1932년 1월 28일.
93. 「벙어리 가형사」, 『매일신보』, 1936년 7월 4일.
94. 「범인 단식 함구」, 『동아일보』, 1927년 5월 7일.
95. 「부산 부두의 악한 인처를 유인 능욕」, 『동아일보』, 1927년 10월 18일.
96. 「벙어리 된 기괴 살인범 미결감에서 팔년 생활」, 『동아일보』, 1934년 5월 19일.
97. 「벙어리 된 살인강도범 김덕룡 소성만정의 진 재판」, 『동아일보』, 1934년 9월 13일.
98. 「8년간 가짜 벙어리가 지금은 진증 벙어리」, 『동아일보』, 1934년 10월 28일.
99. 「벙어리 진좌담 부산형무소에서」, 『동아일보』, 1935년 2월 10일.
100. 「벙어리 살인범 사건 범죄현장을 검증」, 『동아일보』, 1938년 10월 14일.
101. 「십일년간 아자 행세한 괴살인강도범 공판」, 『동아일보』, 1938년 12월 1일.
102. 「가벙어리 원심대로 무기징역 대구복심법원서 언도」, 『동아일보』, 1938년 12월 9일.
103. 「살인한 가짜벙어리 원심대로 무기언도 고등법원에서 기각」, 『동아일보』, 1939년 6월 20일.
104. 「천생의 량수 업시 가진 재주가 비상」, 『동아일보』, 1932년 12월 6일.
105. 미네르바 구타벨, 이형식 옮김, 『조선의 소녀 옥분이』, 살림, 2008.
106. E. 와그너, 신복룡 역주, 『한국의 아동생활』, 집문당, 1999, 65~73쪽.
107. 「인두지주」, 『한국소설문학대계』 22, 동아출판사, 1995.
108. 「조선의 난쟁이 45세에 3척5촌」, 『매일신보』, 1940년 9월 11일.

109. 「외상값 독촉한다고 불구자를 난타」, 『동아일보』, 1935년 7월 30일.
110. 「경성의 걸인 원산지 경기와 전라가 수위」, 『매일신보』, 1928년 12월 26일; 「병신 거지를 습격코 일원여 현금 강탈」, 『매일신보』, 1933년 9월 1일; 「훈련교작야반소 절름발이와 장님부부에 용의」, 『매일신보』, 1939년 12월 22일.
111. 「팔다리 병신 50명, 걸인단장의 성묘식 거행」, 『별건곤』 제52호, 1932년 6월 1일.
112. 「사계와 남매」, 『이상의 비련』, 깊은샘, 1991, 280~281쪽.
113. 「행상 나갔다 실처, 병신서방을 싫다고」, 『매일신보』, 1917년 2월 24일.
114. 「불구자 액사」, 『동아일보』, 1928년 4월 6일.
115. 「불구자 자살 혼담 파열로」, 『매일신보』, 1935년 4월 28일.
116. 「급수중에 추락 간질병이 생겨서」, 『매일신보』, 1922년 2월 11일.
117. 정창권, 앞의 책(2005), 111~113쪽.
118. 「인고를 착취한 무서운 미신」, 『매일신보』, 1922년 10월 27일.
119. 「노파 참살한 임성진은 검사국」, 『매일신보』, 1923년 4월 18일.
120. 「방화소년은 대부분 간질병자」, 『매일신보』, 1931년 11월 18일.
121. 「과실로 실자 참살, 간질병 고치고자 불을 때 그만 죽여」, 『매일신보』, 1920년 1월 27일.
122. 「간질에 도벽까지 겸한 자식을 죽이게 된 아비의 마음」, 『동아일보』, 1923년 3월 19일.

2장 정신적 장애

1. 「조광, 반조광은 위험 정신병자의 발동기」, 『매일신보』, 1937년 3월 17일.
2. 「실진한 광인 충북에만 80여 명 원인도 가지가지」, 『매일신보』, 1935년 8월 22일.
3. 「광인의 나라 서팔호병실 탐방기」, 『별건곤』 제47호, 1932년 1월 1일.
4. 「조광성 정신병자 작년에 사십 명 실종」, 『동아일보』, 1929년 1월 25일.
5. 「평남 정신병자 구십사 명」, 『동아일보』, 1935년 5월 4일.
6. 「실진한 광인 충북에만 80여 명」, 『매일신보』, 1935년 8월 22일.
7. 「조광, 반조광은 위험 정신병자의 발동기」, 『매일신보』, 1937년 3월 17일.
8. 「가공한 정신병자 같이 자다가 찔러 죽여」, 『매일신보』, 1916년 8월 17일; 「정신병자가 장모 타살」, 『동아일보』, 1922년 11월 15일; 「광인의 자처」, 『시대일보』, 1924년 5월 17일; 「정신병자가 일곱 명을 자상」, 『매일신보』, 1927년 7월 10일; 「친척 살해한 정신병자 체포」, 『매일신보』, 1936년 6월 12일; 「다드미돌로 친모를 타살」, 『매일신보』, 1936년 6월 17일; 「안해와 자식 넷을 낫으로 살해도주」, 『매일신보』, 1938년 5월 9일; 「남의 병 치료하다 기도사 자신피살 정신병자의 살인참극」, 『매일신보』, 1941년 4월 23일; 「실모를 타살 정신병자의 패행」, 『매일신보』, 1941년 5월 14일; 「정신병자 흉행」, 『매일

신보』, 1941년 5월 16일.

9. 「발작적 정신병자가 남녀 사명을 살상」, 『매일신보』, 1931년 9월 9일.
10. 「두 남매 참살 정신병자가(인천)」, 『동아일보』, 1940년 6월 23일.
11. 「위험! 정신병자 강도인 줄 아럿스나 정신병자가 매마진 노인은 위독」, 『매일신보』, 1935년 2월 14일.
12. 「도야지 잡는다고 자녀를 자살」, 『동아일보』, 1927년 8월 1일.
13. 「정신병자가 방화하고 소사」, 『동아일보』, 1921년 11월 8일; 「서산이호전사, 정신병자가 방화」, 『동아일보』, 1925년 4월 29일; 「처남 집에 방화 정신병자가」, 『매일신보』, 1932년 2월 13일; 「전매지국방화범 정신병자로 판명」, 『매일신보』, 1932년 9월 25일; 「전율! 방화범은 당년십팔의 정신병자」, 『매일신보』, 1935년 4월 10일.
14. 「남산산화범인, 잡아본즉 정신병자」, 『동아일보』, 1922년 5월 7일.
15. 「정신병자가 실제자살 식칼로 죽이고 춤을 추고 잇셔」, 『매일신보』, 1925년 10월 22일.
16. 「사남매 투강한 생모—정신병자로 예심에서 면소」, 『매일신보』, 1941년 12월 5일.
17. 『한국정신의학 100년사』, 대한신경정신의학회, 2009, 35, 59쪽.
18. 「정신이상자를 곤봉으로 난타 중상」, 『매일신보』, 1934년 6월 29일; 「처와 손녀를 타살 정신병자가 일으킨 살인극」, 『매일신보』, 1941년 1월 22일.
19. 「사람 잡는 미신치료 정신병자를 타살」, 『매일신보』, 1937년 3월 17일.
20. 「정신병자가 침쟁이를 자살」, 『동아일보』, 1936년 6월 24일.
21. 이방현, 「일제시대 신문에 나타난 정신질환자 사회표상」, 이화여대 사회복지학과 석사학위청구 논문, 2010, 42쪽; 『한국정신의학 100년사』, 48쪽.
22. 「광인의 나라 서팔호 탐방기」, 『별건곤』 제47호, 1932년 1월 1일.
23. 「정신병자 탈주빈빈」, 『매일신보』, 1927년 6월 6일.
24. 『한국정신의학 100년사』, 48쪽.
25. 「제3세계에 사는 정신병자들」, 『별건곤』 제67호, 1933년 11월.
26. 『한국정신의학 100년사』, 36~37쪽.
27. 「정신병자 격증으로 정신병원 신설」, 『동아일보』, 1934년 6월 2일; 「조광, 반조광은 위험 정신병자의 발동기」, 『매일신보』, 1937년 3월 17일.
28. 『한국정신의학 100년사』, 29~31쪽.
29. 「정신병자 해마다 늘어 사회불안 점차 증대」, 『매일신보』, 1937년 5월 20일.
30. 「치료 중에 있는 정신병자 탈주」, 『매일신보』, 1934년 6월 18일.
31. 「정신병자들의 발호」, 『매일신보』, 1941년 2월 27일.
32. 「병신질을 생매장」, 『동아일보』, 1923년 12월 12일.

33. 「현해에 투신, 임신 중 여자와 정신병자」, 『매일신보』, 1921년 7월 19일; 「정신병자 액사」, 『매일신보』, 1923년 5월 16일; 「정신병자 액사, 그의 형도 역시 같은 병에 사망」, 『매일신보』, 1927년 10월 1일; 「자문한 정신병자 조대출신의 이씨」, 『동아일보』, 1928년 12월 12일; 「투신자살로 해양대활극 연출」, 『매일신보』, 1931년 6월 30일; 「경동맥 자르고 정신병자 자살」, 『매일신보』, 1936년 5월 5일.
34. 「정신병자 익사」, 『매일신보』, 1917년 12월 26일.
35. 표언복 엮음, 『늘봄 전형택 전집』 1, 목원대학교 출판부, 1994, 59~68쪽 참조.
36. 표언복 엮음, 위의 책, 188~196쪽 참조.
37. 「'내 아들 딸 아니오'. 불구의 남편인데 아내가 생산, 백치의 남편이 이혼소송」, 『동아일보』, 1937년 11월 7일.
38. 황현, 임형택 외 옮김, 『매천야록』 하, 문학과지성사, 2005, 400~401쪽.
39. 「백치의 재산 대사기사건」, 『동아일보』, 1928년 4월 24일.
40. 『한국정신의학 100년사』, 32쪽; 「거만부호를 중심으로 기기괴괴한 비밀흑막」, 『동아일보』, 1923년 12월 2일.

3장 기타 장애

1. 정창권, 『세상에 버릴 사람은 아무도 없다』, 문학동네, 2005, 135~149쪽.
2. 「별유천지 · 불구자의 인생관, 내시가 장가든 이야기」, 『별건곤』 제47호, 1932년 1월 1일.
3. 「별유천지 · 불구자의 인생관, 내시가 장가든 이야기」, 『별건곤』 제47호, 1932년 1월 1일.
4. 「불구자 딸 여위고 사기결혼 피소」, 『매일신보』, 1933년 12월 8일.
5. 「동거 4년 만에 돌연 이혼소송」, 『조선중앙일보』, 1936년 5월 16일.
6. 「개금하니 비남비녀」, 『매일신보』, 1913년 8월 12일; 「비남비녀의 불구」, 『매일신보』, 1913년 11월 12일; 「비남비녀의 성적 불구자, 시집을 갔다가 이혼소송 맞아」, 『중외일보』, 1927년 6월 2일; 「양성불구 안해라고 진무료의 이혼소」, 『매일신보』, 1927년 10월 15일.
7. 「비남비녀의 성적 불구자, 시집을 갔다가 이혼소송 맞아」, 『중외일보』, 1927년 6월 2일.
8. 「병신 신랑에게 희생된 처녀」, 『매일신보』, 1933년 12월 1일; 「결혼한 지 이십일에 남편을 독살」, 『매일신보』, 1913년 4월 5일.
9. 「병신이 장가들다가 망신」, 『매일신보』, 1928년 4월 17일.
10. 「불구자라고 남편 걸어 이혼소」, 『동아일보』, 1932년 5월 5일; 「성적 불구자인 남편과

는 살 수가 없소」, 『매일신보』, 1933년 12월 1일; 「성적 불구자와는 동거할 수 없소」, 『동아일보』, 1936년 4월 24일; 「돌연 이혼소송, 선천적으로 성적 불구자라고」, 『조선중앙일보』, 1936년 5월 16일; 「불구자 남편 걸어 이혼소를 제기」, 『동아일보』, 1939년 12월 22일.

11. 「오년이나 동거튼 남편 불구자로 판명돼」, 『동아일보』, 1933년 7월 5일.
12. 「남편은 성적 불구자, 비관 끝에 방화」, 『매일신보』, 1933년 7월 26일.
13. 「무엇이 그녀를 미치게 했는가? 남편은 불구자 시모학대는 혹심」, 『동아일보』, 1933년 8월 9일.
14. 「성의 불구자 돈 먹고 간통죄로 고소해」, 『매일신보』, 1926년 8월 10일.
15. 「남편은 불구자 신세는 기구」, 『매일신보』, 1937년 9월 23일.
16. 「이혼을 당하고자 일곱 번 방화」, 『동아일보』, 1933년 5월 5일.
17. 정창권, 앞의 책, 150쪽.
18. 「아귀 가튼 아귀의 부모」, 『동아일보』, 1921년 11월 21일.
19. 정창권, 앞의 책, 149~150쪽.
20. 「봉산의 기형아, 머리 둘 가진 아이」, 『매일신보』, 1935년 3월 3일.
21. 「병신의 여아를 아사케 하였다」, 『매일신보』, 1917년 12월 5일; 「타살은 허설, 병신 아이 죽음에」, 『동아일보』, 1923년 10월 2일; 「불구자라고 산후 삼일에 압살」, 『매일신보』, 1931년 2월 8일; 「불구자라고 분만차 압살」, 『동아일보』, 1931년 11월 12일; 「타살이 농후한 영녀시 유기」, 『매일신보』, 1932년 3월 8일; 「구렁이 먹고서 기형아 나아?」, 『매일신보』, 1935년 8월 25일.
22. 「생모에게 압살된 천생의 불행아」, 『매일신보』, 1923년 11월 23일.
23. 「기형아 버린 죄의 어머니」, 『매일신보』, 1940년 1월 14일.
24. "한국민족문화대백과", 한국학중앙연구원; 정창권, 앞의 책, 121~122쪽.
25. 최정기, 「일제하 조선의 나환자 통계에 대한 일연구」, 전남대학교 사회학과 석사학위 논문, 1994, 19쪽.
26. 「비참한 생의 욕구에 울고 웃는 5천 명 나병환자」, 『매일신보』, 1925년 4월 22일.
27. 「오천 명 나병환자 중 수용자는 불과 사할」, 『매일신보』, 1929년 7월 3일.
28. 「제일기 육십만 원 경비로 삼년에 이천 명 수용」, 『동아일보』, 1932년 11월 23일.
29. 「목포부 관내에 나환자 횡행」, 『동아일보』, 1934년 10월 28일.
30. 「전조선의 나병환자, 만사천여의 다수」, 『조선중앙일보』, 1935년 11월 9일.
31. 정창권, 앞의 책, 122~123쪽.
32. 「부친의 나병 고치려 할고공궤한 소녀」, 『매일신보』, 1928년 2월 28일.

33. 「나병환자의 전율할 범죄」, 『매일신보』, 1928년 9월 10일.
34. 「할복 후 간비를 결식 악귀 같은 나병환자」, 『매일신보』, 1929년 6월 10일.
35. 「난치의 나병을 대풍자유로 치료」, 『매일신보』, 1921년 12월 24일.
36. 『한센병, 고통의 기억과 질병 정책』, 국사편찬위원회, 2005, 63쪽.
37. 「경성 시중에 나병 걸인 점증」, 『매일신보』, 1924년 11월 17일.
38. 「오천 명 나병환자 중 수용자는 불과 사할」, 『매일신보』, 1929년 7월 3일.
39. 「제일기 육십만 원 경비로 삼년에 이천 명 수용」, 『동아일보』, 1932년 11월 23일.
40. 「목포부 관내에 나환자 횡행」, 『동아일보』, 1934년 10월 28일.
41. 「전조선의 나병환자, 만사천여의 다수」, 『조선중앙일보』, 1935년 11월 9일.
42. 「울산 부근 촌락에 나병환자가 성행」, 『매일신보』, 1936년 9월 13일.
43. 「나병환자 이송, 이십 명을 소록도에」, 『동아일보』, 1922년 10월 3일.
44. 「나병원 취체 대구서에서」, 『매일신보』, 1928년 7월 6일.
45. 「나병자 있던 소굴을 소각」, 『동아일보』, 1933년 10월 6일.
46. 정근식, 「한국에서의 근대적 나 구료의 형성」, 『보건과 사회과학』 1, 한국보건사회과학회, 1997, 1쪽.
47. 「문제의 나병원 여수로 이전」, 『매일신보』, 1927년 1월 13일.
48. 최정기, 앞의 논문, 37~38쪽.
49. 「여수 나병원 확장코자 만오천 원 기부모집」, 『동아일보』, 1932년 10월 14일.
50. 최정기, 앞의 논문, 38~39쪽.
51. 「나병환자의 은인 매견시 목사 송별회 성황」, 『동아일보』, 1938년 2월 15일.
52. 「불우자의 천국」, 『동아일보』, 1934년 7월 4일.
53. 최정기, 앞의 논문, 40~42쪽.
54. 최정기, 위의 논문, 18쪽.
55. 최정기, 위의 논문, 43쪽.
56. 「나병자와 사생자(2)」, 『매일신보』, 1923년 8월 11일.
57. 「나병환자 일만 명(1)」, 『매일신보』, 1923년 8월 20일.
58. 최정기, 앞의 논문, 46~48쪽.
59. 「나병예방기금 백만 원을 돌파」, 『중앙일보』, 1933년 2월 6일.
60. 최정기, 앞의 논문, 51쪽.
61. 최정기, 위의 논문, 48~51쪽.
62. 최정기, 위의 논문, 45~46쪽.
63. 『소록도 80년사』, 국립소록도병원, 1996, 43~44쪽.

64. 최정기, 앞의 논문, 45쪽.
65. 최정기, 위의 논문, 44쪽.
66. 정근식, 앞의 논문, 18~19쪽; 『소록도 80년사』, 52~53쪽.
67. 최정기, 앞의 논문, 23쪽, 35쪽.
68. 정창권, 앞의 책, 152~156쪽.
69. 김사량, 김소엽 편, 『한국근대단편소설대계』 5, 태학사, 1988.
70. 「벙어리여자 능욕범 2년역 불복상고」, 『조선중앙일보』, 1935년 7월 19일.
71. 「노처녀소사, 앉은뱅이병신(하동)」, 『동아일보』, 1926년 12월 1일.
72. 「백치 아다다」, 『계용묵전집』, 민음사, 2004, 36~52쪽.
73. 주요섭, 「추물」, 『사랑손님과 어머니』, 삼중당, 1983, 33~35쪽.
74. 조풍연, 『사진으로 보는 조선시대』, 서문당, 1986, 25쪽.
75. 조풍연, 위의 책, 17쪽.
76. 『한국정신의학 100년사』, 34쪽.
77. 백남중, 앞의 논문, 28쪽.
78. 주윤정(b), 앞의 논문, 2008, 157쪽.
79. 임안수, 「한국 맹인직업사 연구」, 단국대학교 특수교육학과 박사학위 논문, 1986, 87쪽.
80. 백남중, 앞의 논문, 31쪽.
81. 「경성내의 맹아 일백구십일 명」, 『동아일보』, 1927년 6월 3일.
82. 「조광성 정신병환자 작년 사십 명 실종」, 『동아일보』, 1929년 1월 25일.
83. 「광인의 나라 서팔호병실 탐방기」, 『별건곤』 제47호, 1932년 1월 1일.
84. 「아귀가튼 아귀의 부모」, 『동아일보』, 1921년 11월 21일.
85. 「결순 아자를 교살」, 『매일신보』, 1921년 11월 4일.
86. 「비참한 생의 욕구에 울고 웃는 5천 명 나병환자」, 『매일신보』, 1925년 4월 22일.

3부 근대사에 족적을 남긴 장애 인물들

1장 의병 · 독립운동가

1. "한국역대인물종합정보시시템", 한국학중앙연구원.
2. 박성순, 「을사5적의 처단을 도모한 기산도」, "이달의 독립운동가", 국가보훈처, 16쪽.
3. 박성순, 위의 글, 16~18쪽; 송상도, 강원모 외 옮김, 『기려수필』 1, 문진, 2014, 306쪽;

『대한민국독립운동공훈사』, 광부출판사, 1984, 371~372쪽.
4. “한국민족문화대백과”, 한국학중앙연구원; “독립유공자(공훈록)”, 국가보훈처.
5. 강영심, 『시대를 앞서간 민족혁명의 선구자 신규식』, 역사공간, 2010, 15쪽.
6. 강영심, 위의 책, 37~38쪽.
7. 송상도, 강원모 외 옮김, 앞의 책, 394~395쪽.
8. 송상도, 강원모 외 옮김, 위의 책, 395~396쪽.
9. 강영심, 앞의 책, 147쪽; “한국민족문화대백과”, 한국학중앙연구원.
10. 심산사상연구회, 『김창숙문존』, 성균관대학교 출판부, 2000, 219~220쪽.
11. 심산사상연구회, 위의 책, 237쪽.
12. 심산사상연구회, 위의 책, 237~251쪽; 송상도, 강원모 외 옮김, 앞의 책, 400~402쪽.
13. 심산사상연구회, 앞의 책, 287~304쪽; 송상도, 강원모 외 옮김, 앞의 책, 403~406쪽.
14. 심산사상연구회, 앞의 책, 159, 304~322쪽.
15. “한국민족문화대백과”, 한국학중앙연구원.
16. 『전라문화의 맥과 전북인물』, 전라문화연구소, 1990, 882쪽.
17. “이달의 독립운동가”, 국가보훈처; 채정근, 「국경의 흑선풍」, 『신천지』, 1946년 2월 창간호, 94~99쪽; 송상도, 강원모 외 옮김, 『기려수필』 3, 문진, 2014, 191, 197쪽.
18. “한국민족문화대백과”, 한국학중앙연구원; 남성숙, 『호남사람 이야기』, 광주매일신문, 2009, 348~349쪽.
19. “한국민족문화대백과”, 한국학중앙연구원; 「믿음의 딸들, 구국운동에 온몸 바쳤다」, 『국민일보』, 2015년 4월 9일; 서대문형무소 역사관 현장답사기.

2장 교육자

1. 셔우드 홀, 김동열 옮김, 『닥터 홀의 조선회상』, 좋은씨앗, 2003, 158~159쪽.
2. 셔우드 홀, 김동열 옮김, 위의 책, 201~203쪽; 정혜진, 「개화기 한국의 장애인교육론과 특수교육의 전개」, 서울시립대 교육대학원 역사교육전공 석사학위 논문, 2007, 42~53쪽.
3. 정창권 · 윤종선 · 방귀희 · 김언지, 『한국장애인사』, 솟대, 2014, 300쪽.
4. “한국역대인물종합정보시스템”, 한국학중앙연구원; “독립유공자(공훈록)”, 국가보훈처.
5. 주윤정, 앞의 논문, 2008, 151~152쪽.
6. 「보지도 못하는 세상에서 영광스런 여학사관, 맹인문학 처녀 김성실 양」, 『중외일보』, 1930년 3월 21일.

7. 「보도 못하는 세상에서 영광스런 여학사관(2), 맹인문학 처녀 김성실 양」, 『중외일보』, 1930년 3월 22일.
8. 「맹인이 본 세상」, 『별건곤』 47호, 1932년; 주윤정, 앞의 논문, 2008, 152쪽.
9. 한신경, 『땅에 떨어진 밀알이 되어』, 문예서관, 1987, 46~99쪽.
10. 한신경, 위의 책, 99~132쪽.
11. 한신경, 위의 책, 141~169, 246쪽.

3장 예술가

1. 서정자 · 남은혜 편저, 『김명순 문학전집』, 푸른사상, 2010, 829~830쪽.
2. 서정자 · 남은혜 편저, 위의 책, 830쪽.
3. 송호숙, 「최초의 여류소설가 김명순」, 『역사비평』 17, 역사문제연구소, 1992년 여름호, 228쪽.
4. 서정자 · 남은혜 편저, 앞의 책, 831쪽.
5. 서정자 · 남은혜 편저, 위의 책, 832쪽; 송호숙, 앞의 글, 227쪽.
6. 서정자 · 남은혜 편저, 앞의 책, 833쪽; 홍인숙, 『누가 나의 슬픔을 알아주랴』, 서해문집, 2007, 121~125쪽.
7. 송호숙, 앞의 글, 228쪽.
8. 송호숙, 위의 글, 228쪽; 서정자 · 남은혜 편저, 앞의 책, 837쪽; 홍인숙, 앞의 책, 129쪽.
9. 표언복 엮음, 『전영택전집』 3권, 목원대학교 출판부, 1994, 678~679쪽.
10. 『한국소설문학대계』4, 배따라기/화수분 외, 동아출판사, 1995, 409~410쪽.
11. 서정자 · 남은혜 편저, 앞의 책, 836쪽.
12. 신현득, 「봄편지의 시인 서덕출」, 『한국아동문학연구』 20호, 한국아동문학학회, 2011, 83쪽; 김지은, 「서덕출의 삶과 동시」, 『지역문화연구』 3, 경남부산지역문학회, 1998, 30쪽.
13. 서덕출, 「봄편지」, 『아동문학선집』 2, 어문각, 1980, 228쪽.
14. 신현득, 앞의 글, 74~76쪽.
15. 김지은, 앞의 글, 32~33쪽.
16. 김경민 정리, 「신체적 장애 딛고 〈아, 백범 김구 선생〉 등을 쓴 한국 최초의 본격적인 시나리오 작가」, 『씨네21』 2002년 1월호.
17. 김경민 정리, 위의 글 참조; "한국민족문화대백과", 한국학중앙연구원; 강옥희 외 지음, 『식민지 시대 대중예술인 사전』, 소도, 2006, 334~335쪽.

18. 전병호, 「구슬비에 담은 이슬 같은 생애」, 『아동문학평론』 33, 아동문학평론사, 2008, 34~35쪽.
19. 권오순, 「구슬비」, 『아동문학평론』 33, 아동문학평론사, 2008, 26쪽.
20. 전병호, 앞의 글, 39~43쪽.
21. 전병호, 위의 글, 37~38쪽; "한국향토문화전자대전, 한국학중앙연구원; 「'구슬비' 권오순 선생, 편지가 맺어준 인연」, 『오마이뉴스』, 2012년 5월 21일.
22. 성기조, 「나는 문둥이가 아니올시다」, 『한국어문교육』 3, 한국교원대 한국어문교육연구소, 1993, 9쪽.
23. 김창직 편저, 『가도가도 황톳길』, 지문사, 1982, 91~95쪽.
24. 성기조, 앞의 글, 11쪽.
25. 김창직 편저, 앞의 책, 247~248쪽.
26. 성기조, 앞의 글, 12~18쪽.
27. 조용훈, 『요절』, 효형출판, 2002, 270~275쪽.
28. "한국민족문화대백과", 한국학중앙연구원; 장석주, 『이상과 모던뽀이들』, 현암사, 2011, 315쪽; 조용훈, 앞의 책, 276~286쪽.
29. "한국민족문화대백과", 한국학중앙연구원; 조용훈, 앞의 책, 287~292쪽; 『허둔기』, 한국근대미술연구회, 1974.
30. 최병식, 『천연기념물이 된 바보』, 동문선, 1999, 18쪽.
31. 최병식, 위의 책, 21~22쪽.
32. 최병식, 위의 책, 23~49쪽.
33. 최병식, 위의 책, 52~102쪽.
34. 최병식, 위의 책, 107~160쪽.
35. 최병식, 위의 책, 161~299쪽.
36. 최병식, 위의 책, 299~339쪽.
37. "한국민족문화대백과", 한국학중앙연구원.
38. "한국민족문화대백과", 한국학중앙연구원; 김상엽, 『미술품 컬렉터들』, 돌베개, 2015, 249~273쪽.
39. 민족문화보존진홍회, 『국가와 민족을 빛낸 호남 출신 인물』, 민족문화보존진흥추진위원회, 2009, 430~435쪽; 서권식, 『남도 인물과 문화』, 홍익기획, 2005, 438~459쪽.
40. 「맹인음악가의 교수료청구소」, 『조선중앙일보』, 1936년 3월 29일.
41. "대금 · 퉁소 · 풀티리의 명인", 지구레코드, 1994, 복각제작.
42. 조석연, 「퉁소의 명인 유동초 생애에 관한 재검토」, 『한국음악사학보』 45, 한국음악사

학회, 2010, 373 ~ 380쪽.

43. 조석연, 위의 글, 385 ~ 386쪽; 이보형, 「퉁소 명인 편재준의 생애와 예술」, 『한국악기학』 2, 한국퉁소연구회, 2004, 7 ~ 14쪽.

44. "대금 · 퉁소 · 풀티리의 명인", 지구레코드, 1994; 송방송, 『한겨레음악대사전』, 보고사, 2012, 820쪽.

45. 「가여운 병신 몸으로 바올린의 대천재」, 『어린이』, 1926년 10월호(통권44호), 18~25쪽.

46. 한상우, 『기억하고 싶은 선구자들』, 지식산업사, 2003, 62~67쪽; 송방송, 앞의 책, 503~504쪽.

4장 그리고 기억해야 할 인물들

1. 김종원, 「식민지 조선영화 시대」, "웹진 민연" 46호, 고려대학교 민족문화연구소, 2011년 2월호; 강옥희 외 지음, 『식민지 시대 대중예술인 사전』, 소도, 2006, 64~66쪽.

2. 황인덕, 「맹인 이야기꾼 이몽득 연구」, 『인문학연구』 33, 충남대학교 인문과학연구소, 2006, 236~242쪽.

3. 황인덕, 위의 글, 246~272쪽.

4. 황인덕, 위의 글, 270~271쪽.

5. 황인덕, 위의 글, 235~275쪽.

6. 「덕혜옹주」, 덕혜옹주 탄생 100주년—환국50주년 기념 국립고궁박물관특별전, 2012. 11~2013. 1. 27. "위키백과".

7. 木馬恭子, 『덕혜옹주의 일생』, 아시아민족조형학회 국제학술회의자료집, 아시아민족조형학회, 2011, 32~33쪽.

8. 「덕혜옹주」, 덕혜옹주 탄생 100주년—환국50주년 기념 국립고궁박물관특별전, 2012. 11~2013. 1. 27. "위키백과".

| 참고문헌 |

[원전자료]

『조선왕조실록』, 『독립신문』, 『대한매일신보』, 『황성신문』, 『매일신보』, 『시대일보』, 『동아일보』, 『권업신문』, 『조선중앙일보』, 『중외일보』, 『국민일보』, 『오마이뉴스』, 『The Korea Mission Field』, 『별건곤』, 『신천지』, 『어린이』, 『씨네21』, 웹진 민연.

"대금 · 퉁소 · 풀피리의 명인", 지구레코드, 1994.
"독립유공자(공훈록)", 국가보훈처.
서대문형무소 역사관.
"위키백과".
"이달의 독립운동가", 국가보훈처.
『조선사회사업요람』.
조선총독부, 『관보』.
『조선총독부 제생원 규칙』.
조선총독부 제생원, 『조선맹아자통계요람』.
『지역사회 재활사업 통합성과대회 자료집』.
"한국민족문화대백과", 한국학중앙연구원.
"한국역대인물종합정보시시템", 한국학중앙연구원.
"한국향토문화전자대전, 한국학중앙연구원.
A. H. 새비지-랜도어, 신복룡 역주, 『고요한 아침의 나라, 조선』, 집문당, 1996.
E. 와그너, 신복룡 역주, 『한국의 아동생활』, 집문당, 1999.
H. B. 헐버트, 신복룡 역주, 『대한제국멸망사』, 집문당, 1999.
권오순, 「구슬비」, 『아동문학평론』 33, 아동문학평론사, 2008.
김사량, 김소엽 편, 『한국근대단편소설대계』 5, 태학사, 1988.
「덕혜옹주」, 덕혜옹주 탄생 100주년—환국50주년 기념 국립고궁박물관특별전.
미네르바 구타벨, 이형식 옮김, 『조선의 소녀 옥분이』, 살림, 2008.

『미암일기』 3집, 1572년 12월 16일조, 담양향토문화연구회, 1994.
박현순 외, 『코리안의 일상』, 청년사, 2009.
「백치 아다다」, 『계용묵전집』, 민음사, 2004.
「벙어리 삼룡이」, 『나도향 단편집』, 지만지, 2013.
「사계와 남매」, 『이상의 비련』, 깊은샘, 1991.
서덕출, 「봄편지」, 『아동문학선집』 2, 어문각, 1980.
서형범 엮음, 『개화기소설 단편선』, 현대문학, 2010.
셔우드 홀, 김동열 옮김, 『닥터 홀의 조선회상』, 좋은씨앗, 2003.
올리버 R. 에비슨, 황용수 옮김, 『구한말 40여 년의 풍경』, 대구대학교 출판부, 2006.
유길준, 채훈 옮김, 『서유견문』, 신화사, 1983.
이사벨라 버드 비숍, 이인화 옮김, 『한국과 그 이웃나라들』, 살림, 1994
「인두지주」, 『한국소설문학대계』 22, 동아출판사, 1995.
정약용, 다산연구회 역주, 『목민심서』 II, 창작과비평사, 1979.
정조대왕 저, 홍기은 외 역, 『홍재전서』 17, 민족문화추진회, 1998.
정창권 외, 『소설로 장애 읽기』 1~2, 지성인, 2018.
조풍연, 『사진으로 보는 조선시대』, 서문당, 1986.
주요섭, 「추물」, 『사랑손님과 어머니』, 삼중당, 1983.
「지하촌」, 『강경애 작품집』, 지만지, 2013.
표언복 엮음, 『늘봄 전형택 전집』 1 · 3, 목원대학교 출판부, 1994.
『한국소설문학대계』4, 배따라기/화수분 외, 동아출판사, 1995.
황현, 임형택 외 옮김, 『매천야록』 상 · 하, 문학과지성사, 2005.

[단행본]

가쿠 고조, 양억관 옮김, 『일본의 역사』, 고려원미디어, 1995.
강영심, 『시대를 앞서간 민족혁명의 선구자 신규식』, 역사공간, 2010.
강옥희 외 지음, 『식민지 시대 대중예술인 사전』, 소도, 2006.
교육부, 『특수교육백서』, 특수교육, 1993.
김상엽, 『미술품 컬렉터들』, 돌베개, 2015.
김영호, 『조선의 협객 백동수』, 푸른역사, 2002.
김창직 편저, 『가도가도 황톳길』, 지문사, 1982.
남성숙, 『호남사람 이야기』, 광주매일신문, 2009.

『대한민국 독립운동공훈사』, 광부출판사, 1984.
민족문화보존진흥회, 『국가와 민족을 빛낸 호남 출신 인물』, 민족문화보존진흥추진위원회, 2009.
박철상 외, 『정조의 비밀어찰, 정조가 그의 시대를 말하다』, 푸른역사, 2011.
박용옥, 『한국여성독립운동』, 독립기념관 한국독립운동사연구소, 1989.
배한철, 『얼굴, 사람과 역사를 지록하다』, 생각정거장, 2016.
백남중 편, 『한국맹인근대사』, 한국시각장애인복지재단, 2004.
서권식, 『남도 인물과 문화』, 홍익기획, 2005.
서정자 · 남은혜 편저, 『김명순 문학전집』, 푸른사상, 2010.
『소록도 80년사』, 국립소록도병원, 1996.
손철주, 『사람을 보는 눈』, 현암사, 2003.
송방송, 『한겨레음악대사전』, 보고사, 2012.
송상도, 강원모 외 옮김, 『기려수필』 1 · 2 · 3, 문진, 2014.
심산사상연구회, 『김창숙문존』, 성균관대학교 출판부, 2000.
안상훈 · 조성은 · 길현종, 『한국 근대의 사회복지』, 서울대학교 출판부, 2005.
앙드레 피쇼, 이정희 옮김, 『우생학: 유전학의 숨겨진 역사』, 아침이슬, 2009.
역사신문편찬위원회 엮음, 『역사신문』 5 · 6, 사계절, 1996.
장석주, 『이상과 모던 뽀이들』, 현암사, 2011.
『전라문화의 맥과 전북인물』, 전라문화연구소, 1990.
정창권, 『세상에 버릴 사람은 아무도 없다』, 문학동네, 2005.
정창권 · 윤종선 · 방귀희 · 김언지, 『한국장애인사』, 솟대, 2014.
정창권, 『역사 속 장애인은 어떻게 살았을까』, 글항아리, 2011.
정창권, 『고전문학과 콘텐츠』, 월인, 2013.
정창권, 『홀로 벼슬하며 그대를 생각하노라』, 사계절, 2003.
조용훈, 『요절』, 효형출판, 2002.
최병식, 『천연기념물이 된 바보』, 동문선, 1999.
『한국 정신의학 100년사』, 대한신경정신의학회, 2009.
한상우, 『기억하고 싶은 선구자들』, 지식산업사, 2003.
『한센병, 고통의 기억과 질병 정책』, 국사편찬위원회, 2005.
한신경, 『땅에 떨어진 밀알이 되어』, 문예서관, 1987.
『허둔기』, 한국근대미술연구회, 1974.
홍인숙, 『누가 나의 슬픔을 알아주랴』, 서해문집, 2007.

[학술논문]

김병하, 「로제타 셔우드 홀 여사에 의한 한국 특수교육 성립사고」, 『특수교육학회지』 7, 대한 특수교육학회지, 1986.

김병하 · 박경란, 「한국청각장애교육 연구의 학사적 고찰: 1970년대 말까지」, 『특수교육저널: 이론과 실천』 제11권 1호, 한국특수교육문제연구소, 2010.

김은하, 「1890년대-1910년대 독립 여선교사 진 페리와 엘렌 패쉬의 교육활동」, 『교육문제연구』 37집, 한국교육사학회, 2010.

김지은, 「서덕출의 삶과 동시」, 『지역문화연구』 3, 경남부산지역문학회, 1998.

백남중, 「일제시대 장애인 복지 교육에 대한 고찰—제생원 맹아부를 중심으로」, 중앙대 사회복지학과 석사학위 논문, 2000.

백남중, 「송암 박두성 선생의 재활사업」, 『황해문화』 61, 새얼문화재단, 2008.

변호걸, 「한국 근대 특수교육 성립에 관한 일고」, 『특수교육논총』 14, 한국특수교육학회, 1997.

성기조, 「나는 문둥이가 아니올시다」, 『한국어문교육』 3, 한국교원대 한국어문교육연구소, 1993.

송호숙, 「최초의 여류소설가 김명순」, 『역사비평』 17, 역사문제연구소, 1992년 여름호.

신영전, 「식민지 조선에서 우생운동의 전개와 성격」, 『의사학』 29, 대한의사학회, 2006.

신현득, 「봄편지의 시인 서덕출」, 『한국아동문학연구』 20호, 한국아동문학학회, 2011.

양옥경, 「구한말 민간 빈민구제시설 진민소에 관한 연구」, 『한국사회복지학』 제66권 제4호, 한국사회복지학회, 2014.

여광응 · 강문주, 「개화기 선교사의 교육활동이 한국 특수교육에 미친 영향」, 『정신지체연구』 1, 한국정신지체아교육학회, 1999.

이방현, 「일제시대 신문에 나타난 정신질환자 사회표상」, 이화여대 사회복지학과 석사학위 청구논문, 2010.

이보형, 「통소 명인 편재준의 생애와 예술」, 『한국악기학』 2, 한국통소연구회, 2004.

이요한, 「1920~30년대 일제의 장애인 정책과 특징」, 동국대 교육대학원 역사교육전공 석사학위 논문, 2009.

임안수, 「한국 맹인직업사 연구」, 단국대학교 특수교육학과 박사학위 논문, 1986.

임안수, 「근대 한국 특수교육의 기원연대에 관한 연구」, 『특수교육저널』 6권 3호, 한국특수교육문제연구소, 2005.

임안수, 「한글점자를 창안한 송암 박두성 선생의 생애와 업적」, 『황해문화』 61, 새얼문화재단, 2008.
전병호, 「구슬비에 담은 이슬 같은 생애」, 『아동문학평론』 33, 아동문학평론사, 2008.
정근식, 「한국에서의 근대적 나 구료의 형성」, 『보건과 사회과학』 1, 한국보건사회학회, 1997.
정근식, 「'식민지적 근대'와 신체의 정치」, 『사회와 역사』 51, 한국사회사학회, 1997년 봄호.
정창권, 「조선시대 장애인 예술가의 존재양상」, 『한국학연구』 38, 고려대학교 한국학연구소, 2011.
정창권, 「신문자료로 보는 일제강점기 장애인 생활상」, 『JKC』 32, 한국어문학국제학술포럼, 2016.
정창권, 「근대 장애예술가의 조망과 의의」, 『한국고전연구』 37, 한국고전연구학회, 2017.
정창권, 「일제강점기 장애인 대책과 한계」, 『건지인문학』 20, 전북대학교 인문학연구소, 2017.
정혜진, 「개화기 한국의 장애인교육론과 특수교육의 전개」, 서울시립대 교육대학원 역사교육전공 석사학위 논문, 2007.
조석연, 「통소의 명인 유동초 생애에 관한 재검토」, 『한국음악사학보』 45, 한국음악사학회, 2010.
주윤정, 「식민지기 문화정책의 균열—박두성의 훈맹점자와 맹인」, 『인천학연구』 9, 인천대 인천학연구원, 2008년 8월.
주윤정, 「자선과 자혜의 경합—식민지기 '맹인' 사회사업과 타자화 과정」, 『사회와 역사』 80, 한국사회사학회, 2008.
최정기, 「일제하 조선의 나환자 통계에 대한 일연구」, 전남대학교 사회학과 석사학위 논문, 1994.
한규원, 「일제에 대한 민족적 저항기의 특수교육」, 『한국교육사학』 16집, 한국교육사학회, 1994.
황인덕, 「맹인 이야기꾼 이몽득 연구」, 『인문학연구』 33, 충남대 인문과학연구소, 2006.
木馬恭子, 『덕혜옹주의 일생』, 아시아민족조형학회 국제학술회의 자료집, 아시아민족조형학회, 2011.

근대 장애인사

초판 1쇄 발행 2019년 4월 20일
초판 3쇄 발행 2023년 6월 15일

지은이 정창권
펴낸이 문채원
편집 오효순

펴낸곳 도서출판 사우
출판 등록 2014-000017호
전화 02-2642-6420
팩스 0504-156-6085
이메일 sawoopub@gmail.com

ISBN 979-11-87332-35-0

이 도서의 국립중앙도서관 출판예정도서목록(CIP)은 서지정보유통지원시스템 홈페이지(http://seoji.nl.go.kr)와 국가자료종합목록시스템(http://www.nl.go.kr/kolisnet)에서 이용하실 수 있습니다. (CIP제어번호 : CIP2019011188)